山东社会科学院出版资助项目和山东省社会科学规划重大委托项目"山东发展现代产业体系推动经济体系优化升级研究"(批准号：20AWTJ22）共同资助

城乡融合视域下
特色村转型发展研究

CHARACTERISTICS OF
THE VILLAGE

Research on the transformation and
development of characteristic villages
from the perspective of
urban-rural integration

颜培霞　著

中国社会科学出版社

图书在版编目（CIP）数据

城乡融合视域下特色村转型发展研究/颜培霞著. —北京：中国社会科学出版社，2021.12
ISBN 978-7-5203-8909-9

Ⅰ.①城… Ⅱ.①颜… Ⅲ.①农村经济发展—研究—中国 Ⅳ.①F323

中国版本图书馆CIP数据核字（2021）第166047号

出 版 人	赵剑英
责任编辑	刘晓红
责任校对	周晓东
责任印制	戴　宽
出　　版	中国社会科学出版社
社　　址	北京鼓楼西大街甲158号
邮　　编	100720
网　　址	http://www.csspw.cn
发 行 部	010-84083685
门 市 部	010-84029450
经　　销	新华书店及其他书店
印　　刷	北京君升印刷有限公司
装　　订	廊坊市广阳区广增装订厂
版　　次	2021年12月第1版
印　　次	2021年12月第1次印刷
开　　本	710×1000　1/16
印　　张	15.25
插　　页	2
字　　数	242千字
定　　价	88.00元

凡购买中国社会科学出版社图书，如有质量问题请与本社营销中心联系调换
电话：010-84083683
版权所有　侵权必究

前　言

　　城乡关系演变深刻影响着乡村转型的进程，而乡村转型也将通过重塑城乡力量对比格局，成为重构城乡关系尤其是新时期城乡融合发展的重要促进力量。改革开放以来，中国快速的城镇化、新型工业化、信息化与农业现代化进程，推动了乡村地区的剧烈分化。一部分村庄被城市"吞并"，一部分逐步走向衰退，一部分村庄异化为类城镇的"超级村庄"，还有一部分村庄在壮大优势特色产业、不断提升村域经济社会发展水平的同时，保留了良好的乡村传统和乡村属性，名副其实能够让城乡居民"看得见山、望得见水、记得住乡愁"，这部分村庄即为本书所研究的特色村。特色村的发展充分彰显了乡村的多维功能和价值，高度契合了乡村振兴战略的内在逻辑，是农业农村现代化和城乡融合发展进程中的一个重要发展载体。然而，历经四十余年的长足发展后，特色村面临的资源要素约束、环境恶化、社会治理滞后、传统乡土文化断裂等问题越来越突出，新时代背景下亟须全面转型以实现高质量发展。同时，新时代的城乡融合以乡村平等性、自主性和内生性发展为基本前提，将在新的历史基点更广泛、更深入地影响特色村转型发展的内在机理与实现路径。但总体而言，现有研究成果仍不能提供针对特色村转型发展过程与机理的理论解释，也无法对特色村的发展实践给予科学的理论指导。因此，在城乡融合视域下，本书对特色村转型发展的机理、过程、特征与路径等内容开展了系统性、科学性的研究。

　　本书综合运用区域经济学、发展经济学、产业经济学等学科相关理论，紧紧围绕"城乡融合视域下特色村转型发展"这一核心命题，采用逻辑归纳等理论分析方法，首先对特色村转型机理进行了科学探讨，构建了特色村转型发展的综合解释框架，并对中国特色村发展的基本过程与未来演进趋势进行了系统的实践梳理与高度的理论概括。然后选取山东省丁楼村、房干村和迟家村三个特色村作为典型案例，通过综合社会调查、计量检验等方法，分别就特色村的经济转型、社会转型和空间转型做了具体描述与分析，进而给出不同的转型路径设计，最后提出相应的政策建议。主要研究结论如下：

第一，从国家乡村振兴和城乡融合发展提出的背景和内在逻辑出发，特色村应成为中国推进乡村振兴战略的理想形态和重要主体，也应作为城乡融合发展进程中农村政策设计的基本关注类型。特色村转型是涉及多领域、多层面、多维度的全面转型，转型发展的核心机制是"市场扩张—功能集聚—模式创新"三大动力要素的传导互动，内圈层的微观影响因素和外圈层的宏观影响因素，均通过这一核心机制发挥作用，并从经济—社会—生态—文化—空间五大系统的协同演进中实现特色村的全方位转型。

第二，特色村的转型发展是一个相对动态、不断进化的过程，具有典型的阶段性特征。按照规律导向、问题导向和目标导向的基本逻辑，以时间轴为观察维度，归纳凝练出特色村转型发展的三阶段论。以专业化生产为主要特征的特色村1.0时代，产业、生态、文化"三位一体"发展的特色村2.0时代，以及以智慧村为主体形态的特色村3.0时代，总体刻画了中国特色村发展的一般过程以及转型发展的基本演替规律。

第三，特色村的经济转型表现出要素供需格局逐步扭转、特色生产网络走向专业化集约化、特色产业体系呈现多样化格局、专业化竞争优势不断巩固等多维特征，但总体上看，经济转型的初级性和不充分性仍较明显，不同特色村应根据自身的产业属性与发展瓶颈，推动市场扩张、功能集聚和模式创新等各有侧重的经济转型路径。

第四，特色村的社会转型具有一般乡村所不能比拟的快速性、深层性和剧烈性，在不断吸纳生产要素激发社会活力和创造力的同时，也面临发展主体以及利益诉求的多元化、收入增长与收入分层、社会关系重构、社会治理模式相对滞后等新特征和新问题，未来可选择农民主导型、组织支撑型、社会融合型、智慧服务型等不同路径予以推进。

第五，特色村的空间转型同时发生在农户、村庄和村域层面，主要表现为效率导向的农民居住空间改造、混合型的空间功能利用格局、多样化诉求下的基础设施供给等不同转型特征；在支撑经济社会转型的同时，也由于缺乏空间规划的顶层设计而更多表现为"自由发挥式"的空间利用模式，造成特色村空间功能混乱、与国家耕地红线和生态红线相冲突、空间极化乃至非公平利用等问题。为此，特色村应加快推进有序、高效、公平的空间转型进程，促进"三生空间"的总体优化。

全面建成小康社会和社会主义现代化强国，最艰巨最繁重的任务在农村，最广泛最深厚的基础在农村，最大的潜力和后劲也在农村。特色村作为农村发展的"排头兵"，在改革开放以来中国农村经济社会的大转型进程中，特色村的转型表现尤为突出，其转型取向和发展前景在国家乡村振兴战略中具有更加鲜明的导向意义和示范作用。因此，在城乡加速融合的新时代背景下，对"特色村转型发展"这样一个理论性和实践性都很强的问题展开具体探讨，不仅有助于推动特色村高质量转型发展、率先实现农业农村现代化目标，也对全面推进乡村振兴战略具有重要的理论价值和实践意义。

本书的出版，得到山东社会科学院出版资助项目和山东省社会科学规划研究项目（批准号：20AWTJ22）的支持，在此深表感谢。由于作者水平有限，书中难免存在不足与疏漏之处，敬请读者不吝赐教。

颜培霞
2021 年 7 月

目 录

第一章 导论 ·········· 1
第一节 特色村的概念内涵与主要类型 ·········· 1
第二节 研究背景与意义 ·········· 8
第三节 研究目标与基本思路 ·········· 17
第四节 创新点与不足之处 ·········· 19
第五节 研究方法与实地调查方案 ·········· 20

第二章 文献综述 ·········· 25
第一节 城乡关系视域下的乡村转型研究 ·········· 25
第二节 特色村形成发展的影响因素与机理研究 ·········· 36
第三节 农业发展阶段理论与特色村转型方向研究 ·········· 41
第四节 特色村转型发展思路与对策研究 ·········· 44
第五节 国内外研究进展评价 ·········· 47

第三章 特色村转型发展的理论解释框架 ·········· 50
第一节 特色村转型发展的内涵 ·········· 50
第二节 城乡融合视域下特色村转型发展的机理分析 ·········· 53
第三节 特色村转型发展的综合解释框架 ·········· 75

第四章 特色村转型发展的一般过程 ·········· 80
第一节 特色村发展阶段划分的基本依据 ·········· 80

第二节　特色农业专业化生产的特色村1.0时代 …………… 85
　　第三节　三位一体发展的特色村2.0时代 ………………… 93
　　第四节　智慧村为主体形态的特色村3.0时代 …………… 110

第五章　特色村经济转型的特征与路径 ………………… 122
　　第一节　特色村经济转型的内涵 …………………………… 122
　　第二节　特色村经济转型的特征 …………………………… 124
　　第三节　特色村经济转型的实证检验 ……………………… 137
　　第四节　特色村经济转型的路径 …………………………… 144

第六章　特色村社会转型的特征与路径 ………………… 149
　　第一节　特色村社会转型的内涵 …………………………… 149
　　第二节　特色村社会转型的特征 …………………………… 151
　　第三节　特色村社会转型的路径 …………………………… 167

第七章　特色村空间转型的特征与路径 ………………… 172
　　第一节　特色村空间转型的内涵 …………………………… 172
　　第二节　特色村空间转型的特征 …………………………… 174
　　第三节　特色村空间转型的路径 …………………………… 181

第八章　主要结论、政策建议与未来展望 ……………… 186
　　第一节　研究结论 …………………………………………… 186
　　第二节　主要政策建议 ……………………………………… 189
　　第三节　未来研究展望 ……………………………………… 197

附　录 ……………………………………………………………… 198

参考文献 ………………………………………………………… 211

后　记 …………………………………………………………… 235

第一章

导　论

改革开放以来，中国快速的工业化和城镇化推动了经济社会的迅猛发展，但也产生了明显的"乡村病"问题，成为中国社会主义现代化国家建设的短板和制约因素[①]。党的十九大报告提出，"实施乡村振兴战略""建立健全城乡融合发展体制机制和政策体系，加快推进农业农村现代化"，为农村地区尤其是为本书所关注的特色村带来了新的发展机遇。然而历经四十余年的长足发展之后，特色村面临着资源要素约束、环境恶化、社会治理滞后、传统乡土文化断裂等问题，新时代背景下亟须全面转型以实现高质量发展。因此，本书研究的宗旨即在于对城乡融合视域下特色村"为什么转型""如何转型""转型方向""转型特征与转型路径""转型的政策建议"等问题一一给出解答，为特色村实现高质量发展提供科学指导与理论依据，并将其发展成为促进城乡融合与农业农村现代化的一股重要推进力量。

第一节　特色村的概念内涵与主要类型

特色村，是中国农村在内外部环境共同作用下形成的一种乡村社会经济现象。虽然"特色村"的提法经常见诸媒体报端，但理论界却鲜少有统一连贯的探讨。因此，以乡村振兴战略的内在逻辑为依据，采用特色村概念对现有不同特色类型的村庄进行内涵整合和重新界定，为本

---

① 王颂吉、魏后凯：《城乡融合发展视角下的乡村振兴战略：提出背景与内在逻辑》，《农村经济》2019年第1期。

书研究建立一个统一的概念框架。

一 特色村的概念界定与辨析

（一）概念界定

改革开放以来，中国的乡村发展出现了剧烈分化。一部分被城镇"吞并"，一部分逐步衰退或基本停滞，一部分发展成为"超级村庄"[1]，还有一部分村庄，它们依托优越的资源禀赋形成优势特色产业、不断提升经济社会发展水平的同时，仍保留了良好的传统社会习俗和景观风貌特征，名副其实地能够让城乡居民"看得见山、望得见水、记得住乡愁"，这部分村庄即是本书所关注的特色村[2]。从乡村发展的分化趋势和实际功能出发，所谓特色村，就是具有较高经济社会发展水平，同时在产业发展、景观生态、地域文化等方面具有鲜明特色，而又能保持乡土特质的村庄类型。特色村的形成与发展，既是城镇化过程中居民消费水平提高和消费结构升级的结果，也可以归因于城乡融合趋势下城镇生产要素向乡村地区的流动，最终在乡村地区形成了一个个"增长极"，并成长为城乡融合的"拉力"载体和城镇化单一流向的有效"对抗力量"[3]。因此，特色村与城乡融合的双向互动作用，使其成为农村发展研究和城镇化相关研究共同关注的重要话题[4]。

从中国城镇化发展的历史趋势来看，乡村振兴是一个长期的过程，不可能是所有村庄齐头并进的同步振兴，而是部分特色村庄的率先崛起[5]；也不可能建立起大规模、系统化的经济体系，只能走基于少数关键优势的特色发展道路[6]；而灭失乡村特性、与城镇趋同的建设管理模式，也同样抛弃了保护和传承乡村文化基因的历史使命[7]。因此，特色村的形成具有一定的客观必然性，特别是特色村的发展形态能够紧密契合我国

---

[1] 张京祥等：《乡村复兴：生产主义和后生产主义下的中国乡村转型》，《国际城市规划》2014年第5期。
[2] 姜长云：《实施乡村振兴战略需努力规避几种倾向》，《农业经济问题》2018年第1期。
[3] 刘彦随：《中国新时代城乡融合与乡村振兴》，《地理学报》2018年第4期。
[4] 龙花楼等：《农业地理与乡村发展研究新近进展》，《地理学报》2014年第8期。
[5] 钟钰：《实施乡村振兴战略的科学内涵与实现路径》，《新疆师范大学学报》（哲学社会科学版）2018年第5期。
[6] 李小建等：《农区专业村的形成与演化机理研究》，《中国软科学》2009年第2期。
[7] 索晓霞：《乡村振兴战略下的乡土文化价值再认识》，《贵州社会科学》2018年第1期。

乡村振兴战略的提出背景和内在逻辑，应成为中国乡村振兴战略实施的理想形态和主体方向，也应作为城乡融合发展政策设计的基本关注类型。

（二）相关概念辨析

目前还没有专门以"特色村"为研究对象的研究文献，但有两类紧密相关的概念得到了较充分讨论。第一类是"专业村"。按照李小建等的定义，专业村是"某农村大部分农户商品性地从事一种或多种相互关联的生产或服务活动，并且该产值构成这个村的社会产值的主体"，具体识别标准包括产业或产品标准、增收效果和组织形式等[①]。由此看出，正如其字面含义，专业村更多强调的是经济层面的产业规模、组织化程度和对农户的带动能力等，较少考虑村庄乡土传统是否得到保持、生态环境状况等因素。诚然，以产业发展的较单一目标开展乡村研究抓住了乡村发展的要害和关键，但面对快速城镇化背景下日益增加的变异型村庄，这一概念显然还不能够充分响应国家对乡村全面振兴、留住田园乡愁等多维需要。

第二类是针对具体类型的特色乡村研究。其中，既包括学术界对旅游特色村、民宿特色村、淘宝村等不同类型村庄的研究，也包括国家各部门、各级地方政府进行的村庄特色化发展实践。应该说，不同类型的特色是特色村的核心特征之一，但显然还存在两点区别。一是村庄即便具备某些方面的特色，也并不一定能够形成明显的产业发展特色和农户收入来源；二是不同特色类型的乡村必然存在一定的规律性，但单独的讨论既不能提供一个统一的研究框架、奠定更深入理论研究的基础，在学术对话能力中还容易产生混淆、歧义等问题，尤其是在政策实践层面更易于导致彼此不相衔接、重复支持和缺少支持并存等现实矛盾。

因此，本书所定义的特色村，综合考虑了中国村庄的分异趋势、不同村庄未来功能定位的差异以及国家乡村振兴战略的内在逻辑，具有较好的时代适应性。但显然，这一概念囊括的内涵比一般所谓的特色村标准更丰富，在具体使用时应注意区分。

二　特色村的主要内涵

科学界定特色村内涵，必须遵循三个基本认识与价值判断。第一，

[①] 李小建等：《农区专业村的形成与演化机理研究》，《中国软科学》2009年第2期。

乡村特色产业是支撑特色村发展的产业基础，处于核心地位。第二，新时代背景下，高质量发展是特色村必须遵循的发展理念，要求特色村实现多元均衡发展。第三，特色村本质上是一种乡村功能地域，要保持显著的乡土传统和乡村特性。据此，图1-1给出了特色村的具体内涵。

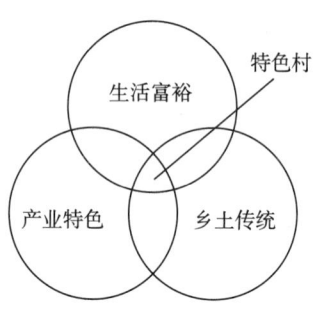

图1-1 特色村的概念内涵

（一）核心特征：形成特色鲜明的乡村产业

具有鲜明特色的乡村产业，是中国村庄分化进程中特色村得以脱颖而出的竞争力源泉，是构成特色村内涵的核心特征。乡村特色产业的竞争优势来自哪里？相较于全球化过程中资本、熟练劳动力、信息以及商品和服务流动性的增加，农村地区应该构建基于当地社会资本、文化资本、环境资本和地方知识资本等不可移动资源的竞争优势[1]，通过有形资源和无形资源的结合发展本地经济。中国乡村特色资源，既涵盖传统意义上影响与决定农产品结构与品质的地形、土壤、水等区域自然地理环境，以及生态山体、农业景观、特殊地貌等可供旅游开发的有形物质资源，也包括地理区位优势、社会资源，以及富有特色的民族文化、农耕文化、古迹遗址等无形的文化资源，等等。特色村正是立足本地资源优势，以市场需求为导向，充分挖掘不同资源的特色价值并与经济发展深度融合，最终把这种地域特色、文化特色转化为鲜明的产业特色和独特的竞

---

[1] Bryden, J. M. and S. P. Dawe, "Development Strategies for Remote Rural Regions: What do We Know so Far", presented at the OECD International Conference on Remote Rural Areas—Developing through Natural and Cultural Assets, Albarracin, Spain, 1998.

争优势。具有鲜明特色的产业不仅构成特色村的核心竞争力，在促进特色村经济发展方面也具有显著优势，并成为农民超额收入的重要来源。

(二) 内在价值追求：高质量发展

村庄是居民以农业经济活动为基本内容的一类聚落，是具有多元但是相对明确边界的社会共同体[①]。参考乡村振兴战略规划的界定，以村民委员会和涉农居民委员会所辖地域为村庄范畴，承担着维系乡村经济秩序、社会秩序、生态保育、文化等多重功能[②]。党的十九大报告指出，中国特色社会主义建设进入高质量发展的历史阶段。高质量发展是为满足人民美好生活需要的高效、公平和绿色可持续发展，是"五位一体"协调推进的发展，顾此失彼不符合高质量发展的本质内涵[③]。由此，也意味着特色村必须顺应改革开放进入新征程、经济社会发展出现新特征、城乡区域发展布局面临新调整等一系列重大变化，对新时期的高质量发展要求做出积极回应与动态调整。特色村的高质量发展，不仅仅是追求经济增长，还要实现经济、政治、社会、文化、生态等不同领域在更高水平的协调发展、均衡发展，是农村地区"具有鲜明产业特色、生态宜居宜业、注重历史文化保护与传承、治理更加有效、生活更加富裕"的引领型村庄。这就决定了特色村要让高质量发展成为内化自觉的目标追求，在乡村振兴进程中承担更多的历史使命，由此导致特色村与其他村庄发展路径的本质不同。

(三) 外在价值实现：乡村地域功能突出

在城乡地域系统中，特色村担负着城市无法替代的乡村地域功能价值。随着中国城乡关系趋于融合，居民对乡村品质农产品、乡村田园意象[④]和乡村多样化消费的需求越来越强烈，农业多功能逐步向外衍生为农产品生产、文化传承、生态保护等乡村地域多功能性[⑤]。根据区域输

[①] 田孟：《"合村并组"的政治逻辑与治理困境》，《华南农业大学学报》（社会科学版）2019 年第 3 期。

[②] 《国家乡村振兴战略规划（2018—2022 年）》，2018 年。

[③] 张军扩等：《高质量发展的目标要求和战略路径》，《管理世界》2019 年第 7 期。

[④] Rye, J. F., "Rural Youths' Images of the Rural", *Journal of Rural Studies*, Vol. 4, 2006, pp. 409 – 421.

[⑤] 刘自强等：《乡村地域主导功能的转型与乡村发展阶段的划分》，《干旱区资源与环境》2012 年第 4 期。

出基础理论,外部消费需求的扩大,会带动输出基础产业的扩张,促进区域经济的增长。特色村作为提供特色化、多元化乡村产品的重要载体,强劲的外部消费需求在壮大特色村经济规模的同时,也推动特色村孕育的乡村独特地域功能价值越来越凸显。从这个意义上说,特色村应该保持独特的乡村传统和乡村特性这些乡村属性[①],并发挥出明显区别于城市功能的乡村地域功能。这一内涵,将特色村与一般城市功能地域区分开来,也将中国快速工业化背景下发展起来的一些"超级村庄"排除在特色村的范畴之外。

以上有关内涵的探讨,看似不同层面,实则相互影响、相互作用。特色产业的支撑,是特色村实现内部价值与外部价值的基础,反过来,特色村的高质量发展和乡村地域功能的有效发挥,也进一步促进特色村的产业发展并壮大村级经济基础。结合当前中国特色村发展的地方实践看,以上对特色村内涵的界定内容丰富且标准较高,是一种较为理想的高级发展形态。因此,对满足具有鲜明产业特色这一核心指标、其他标准要求适当放松的特色村,均可纳入"特色村"的讨论范畴,它只是代表了特色村发展的不同阶段。

三 特色村的主要类型

由于资源禀赋、地理区位、产业基础等的差异,特色村的类型和分类方法丰富多样。从主导产业类型看,既有从事特色农业生产的专业村,又有生态环境秀美的休闲度假村庄,也有文化传承意义明显的传统村落;从地理区位看,根据特色村的区位条件及其与城市的关联互动,可区分为城郊融合型村庄、远郊生产型村庄等类型。但不管如何分类,乡村的地域功能属性应是特色村得以形成并不断演化的根本前提,也应成为路径类型分析的客观基础。

首先,乡村是一个具备农产品生产、生态环境保育、景观创造、文化传承、旅游休闲等多种潜在功能的有机整体,这是特色村形成演化的客观条件[②]。在前工业化时期和工业化中前期阶段,农业生产效率仍比较低,粮食生产最大化是国家政权和农民生产生活的首要目标,并以此

---

① Cloke, P. , "An Index of Rurality for England and Wales", *Regional Studies*, Vol. 1, 1977.
② 刘玉等:《乡村地域多功能的内涵及其政策启示》,《人文地理》2011年第6期。

为基础形成了传统的生产生活方式,也留存了丰富的农业文化遗产、自然生态格局和景观风貌特色,却并未得到足够重视和有效识别[1]。然而,从 20 世纪 80 年代开始,中国粮食短缺基本缓解,粮食生产的平均收益明显降低[2],再加上城镇化进程对乡村功能多样性需求的拉动[3],农业结构不断调整与优化,农产品加工制造等关联延伸产业不断壮大,最先催生了一大批种养殖型特色村。其后,农业生产之外的生态、文化等功能不断被挖掘,乡村旅游、休闲度假等乡村产业逐步形成,旅游观光特色村、农业生态特色村、康养特色村、历史文化特色村等不同特色村类型蓬勃涌现。近年来,持续挖掘农业农村潜在功能并创新性利用,又出现了创客空间、社会试验场等新型特色村形态。可以看出,特色村形成的根本前提在于乡村的多功能性,但只有当农业生产力达到较高水平以及社会消费结构发生显著转变时,才能成为一股显化的历史潮流。可以预见的是,随着城乡全面融合和农村生产力的持续发展,将会创新出更多特色鲜明、富有魅力的特色村新类型。

其次,乡村还具有承载经济社会活动的无差别一般空间属性,承接和引进并非依托本地资源的、外部嵌入式的相关产业,为特色村形成提供另一直接动力[4]。长期以来,城乡空间利用受到严格的差别化管控,非农产业高度集中在城镇地区。但随着对农业生产管制的放松,一些村落充分利用低成本优势和交通区位条件,成功培育了一批具有明显外生性的工业型特色村、专业市场特色村、工贸型特色村等类型。当然,乡村与城市相比存在明显的资源环境约束,一般而言必定在特色发展路径上逐步强化[5]。少数特色村打破了历史惯性成长为"超级村庄",实际上已经脱离了特色村的讨论范畴,但在初期阶段无疑也是特色村的一种类型。

---

[1] Wilson, G. A., "From Productivism to Post-productivism and Back Again? Exploring the (Un)changed Natural and Mental Landscapes of European Agriculture", *Transactions of the Institute of British Geographers*, Vol. 26, No. 1, 2001.

[2] Almstedt, Å., et al., "Beyond post-Productivism: From Rural Policy Discourse to Rural Diversity", *European Countryside*, Vol. 6, No. 4, 2014.

[3] Marsden, T., "Rural Futures: The Consumption Countryside and Its Regulation", *Sociologia Ruralis*, Vol. 39, No. 4, 1999.

[4] 于水、姜凯帆:《内生整合与外部嵌入:农村社会发展模式比较分析》,《华中农业大学学报》(社会科学版) 2017 年第 6 期。

[5] 李小建等:《欠发达区地理环境对专业村发展的影响研究》,《地理学报》2012 年第 6 期。

最后，按照特色村形成演化的基本逻辑，区分为内源和外源两种主要路径，形成了类型丰富的特色村谱系，具体类型难以一一尽述[①]，表1-1涵盖了中国特色村发展实践中的一些主要类型。需要加以说明的是，对于当前依托农村电子商务发展起来的淘宝村以及创客空间、社会试验场等最新形态的特色村类型，其形成演化也不外乎内源和外源这两种路径，但更强调了"互联网+"、创新导向等其他产业属性。

表1-1　特色村形成演化的不同路径与类型识别的基本逻辑

形成路径	客观基础	功能构成	特色村类型（包括但不限于）	典型案例
内源路径	农业多功能性及其延伸	农产品生产	种养殖型特色村	河北省唐山市迁西县汉儿庄乡太阳峪村
		生物多样性	农业生态特色村	浙江省丽水市青田县方山乡龙现村
		生态环境保育	休闲度假特色村、康养特色村	浙江省湖州市安吉县天荒坪镇余村
		景观保留	旅游观光特色村	江西省上饶市婺源县江湾镇篁岭村
		文化传承	历史文化特色村	山东省滨州市惠民县魏集镇魏集村
外源路径	承载人类活动的一般空间属性	加工制造	工业型特色村	辽宁省朝阳市建平县万寿街道小平房村
		现代服务	专业市场特色村	内蒙古自治区呼和浩特市新城区保合少镇恼包村

第二节　研究背景与意义

城乡融合和特色村转型发展，相互影响、相互促进。城乡融合是特色村转型发展的重要前提和基础，特色村的高质量转型发展反过来又是

---

① 林柄全等：《企业家行为与专业村形成及演变的关系研究——以江苏省宿迁市红庙板材加工专业村为例》，《经济地理》2017年第12期。

城乡融合的重要促进力量。在城乡融合视域下开展特色村转型发展研究，能够更深刻地把握特色村转型的现实背景和动力要素的时代特征，为提高特色村转型质量与效率提供科学的理论支撑和实践依据。

一 研究背景

（一）特色村的高质量转型发展是实现城乡融合和农业农村现代化的有力促进力量

改革开放以来，特色村顺应国内外市场需求的结构性变化，在破除生产关系束缚过程中逐步形成了有别于传统农业的特色产业形态，成为乡村地区经济社会发展的"增长极"，有效带动了农业提质、农民增收和农村进步。改革开放初期，虽然农村家庭联产承包责任制改革实现"包产到户"，但大多数村庄依然是从事农业生产尤其是粮食生产的组织单元，村庄的产业类型和功能结构相对单一化和同质化。到20世纪80年代中期，随着我国温饱问题基本解决，人们对蔬菜、水果、肉类、家用小商品等多样化消费的需求日益增加，再加上市场经济的初步发育，种养殖型专业村[1]和工业型特色村[2]大量涌现。图1-2显示，改革开放以来中国农业产值占农林牧渔业总产值的比例由1978年的79.99%持续下滑，到2008年下降到历史最低点48.35%，近些年基本稳定在略高于50%的水平；与此同时，林业、牧业、渔业占比整体呈稳步提高趋势，非粮食作物的播种面积占比也由1978年的19.66%增长到2003年的34.78%，而后逐步稳定在30%左右。尽管农业发展和粮食安全事关国家命脉，但多元化消费需求、农业边际收益递减压力以及农民增收的强烈诉求，仍然持续推动着农村产业结构的调整，也为特色村的形成与发展积累了条件。特别是在国家"一村一品"战略和农业产业化发展推动下，专业村的数量持续增长，到2011年全国专业村数量已达到5.2万个。总体上看，中国最早发展起来的这些种养殖型特色村，通过专业化生产、规模化集聚的发展路径，有别于传统的同质农

---

[1] 吴娜琳等：《特色种植专业村空间扩散及影响因素分析——以河南省柘城县辣椒种植为例》，《地理研究》2013年第7期。
[2] 林柄全等：《企业家行为与专业村形成及演变的关系研究——以江苏省宿迁市红庙板材加工专业村为例》，《经济地理》2017年第12期。

业区,成为农区经济均匀空间中的凸起①,带动了村域经济的快速增长和农民收入的大幅提高。

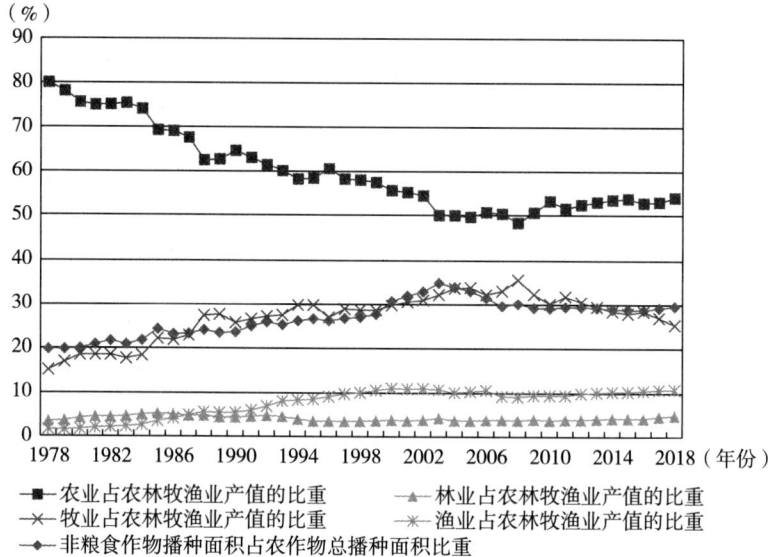

图1-2 改革开放以来中国农、林、牧、渔以及非粮作物产值的变动趋势

21世纪以来,特色村进入一个新的历史发展时期。一方面,随着城乡居民消费结构的升级,乡村的多功能性日益彰显,激发了特色村发展的新动力。对村庄文化、景观等不可移动资源和特色资源的挖掘利用,使历史文化特色村②、旅游观光特色村③、农家乐特色村④等不同类型特色村大量出现,并成为新兴的特色村发展模式。另一方面,最早成长起来的专业村,以优势特色产业为基础着力构建良好的产业生态。一部分特色种养殖村构建起一业(特色产业)带多业(农业体验、观光旅游、文化教育等)的发展模式,实现生产方式的变革;一部分特色

---

① 高更和、石磊:《专业村形成历程及影响因素研究——以豫西南3个专业村为例》,《经济地理》2011年第7期。

② 定光平等:《中国历史文化名村羊楼洞的旅游名村打造》,《湖北科技学院学报》2013年第4期。

③ 李小梨、吴昌庆:《自然风貌特色村规划探讨——以南雁镇堂基村为例》,《小城镇建设》2015年第6期。

④ 王莹、许晓晓:《浙江农家乐特色村(点)的空间分布与影响因素》,《河北师范大学学报》(自然科学版)2013年第5期。

村借助互联网技术,通过创新优势特色产品网络销售模式,催生了淘宝村的崛起①。这一时期的特色村发展,不仅拓宽了农民的增收渠道,推动了农村产业的融合化、多元化发展,也通过对生态环境、传统文化和风貌特色的保护与传承,使农民的生活品质显著改善。

特色村和特色产业的长足发展,逐步激发出特色村对资本、人才、信息技术等高级生产要素的有效需求,部分特色村还吸引了大量城镇居民的观光度假、休闲游憩甚至短期居住,打破了乡村衰败的普遍意象,在一定程度上缓解了城乡差距过大、发展对比悬殊的历史格局及其所造成的经济社会后果,成为促进城乡双向互动的重要物质空间载体。习近平总书记指出,"没有农业现代化,没有农村繁荣富强,没有农民安居乐业,国家现代化是不完整、不全面、不牢固的"②,《国家乡村振兴战略规划(2018—2022年)》中进一步指出,全面建成小康社会和社会主义现代化强国,最艰巨最繁重的任务在农村,最广泛最深厚的基础在农村,最大的潜力和后劲也在农村③。当前中国正在深入实施乡村振兴战略,那些具有明显发展优势的特色村,塑造着乡村更美好的发展前景。从农业农村部连续多年认定"全国一村一品示范村镇"和"中国美丽休闲乡村"、国家旅游局评选"中国乡村旅游模范村"等村级荣誉来看,国家早已赋予特色村在全国范围内探路子、创经验、树样板的重任,肯定了特色村在乡村振兴与城乡融合发展中的示范引领作用和重要地位,以及对中国全面实现小康社会和现代化强国的促进作用。面向新时代城乡关系演变的基本趋势与国家战略要求,特色村将加快向高质量发展的全面转型,在乡村振兴进程中发挥引领示范作用的同时,无疑也会成为拉动城乡全面融合的空间支点。因此,从城乡融合发展的视角出发,进一步明确特色村的历史地位,并对其转型发展的动力机制、基本过程和转型路径进行系统研究,对加速城乡融合、深入实施乡村振兴战略、实现小康社会和社会主义现代化都具有鲜明的理论价值与现实意义。

---

① 曾亿武:《淘宝村形成过程研究:以东风村和军埔村为例》,《经济地理》2015年第12期。
② 人民论坛编辑部:《2014年12月13日至14日习近平在江苏省调研时的讲话》,《习近平"三农"思想新观点新论述新要求》,http://theory.people.com.cn/n/2015/1021/c82288-27722874.html。
③ 《国家乡村振兴战略规划(2018—2022年)》,2018年。

（二）城乡关系变化深刻影响特色村转型发展的动力和进程

城乡关系为乡村经济社会发展设定了基础框架，尤其在城镇化水平达到较高阶段时，更成为影响乡村发展的主导力量。纵观世界乡村发展史，随着全球化、城镇化、工业化与信息化的推进，乡村发展经历了看似矛盾的两个过程：一方面，20世纪五六十年代，瑞典、日本等国家出现严重的去乡村化思潮，乡村发展陷入"乡村终结论"的悲观论调之中，面临乡村衰退、人口外流、乡村传统文化断裂、公共服务不足等一系列现实问题；另一方面，从20世纪70年代开始，在英美等西方国家出现了城市中产阶级为追求乡村田园风光、享受乡村生活而选择迁离城市的"逆城市化"现象，带动了乡村旅游、商贸等乡村产业的蓬勃发展，激发出乡村发展的创造力和活力。当然，这一双向流动的地域和人群指向并不相同，但无疑从正反两方面一致展现了城镇发展与居民消费结构变化所带来的显著影响。在此背景下，西方国家乡村的存在形态及其承担的功能角色显著分化，由此使城镇化及城乡关系转变背景下的乡村转型问题备受关注。

中国的城乡关系及其演变历程与西方国家存在巨大差别，尤其是计划经济时期的行政力量压制，使城乡之间的不平等关系和资源要素单向流动格局被不断"固化"，甚至"锁定"[1]。改革开放以来，通过取消统购统销制度、户籍制度改革、放松农村人口流动管理、减免农业税、加大"三农"领域的公共财政投入等主要途径，中国城乡之间的二元对立分割关系逐步被打破，确立了农民的市场主体地位，农民流动性和创造性得到极大释放。农民的流动性推动了中国快速的城镇化进程，但也导致了以"空心村"为代表的乡村衰退问题；而农民的创造性在优化农业内部结构、普遍提高农民收入的同时，还造就了一批产业优势突出的特色村庄。因此，乡村转型与分化以及特色村的形成演变，是一个耦合经济、社会、生态和空间聚落等多系统、多维度的变化过程[2]，是城乡关系演变在村庄层面的综合反映。作为新时期推动城乡关系转变的

---

[1] 张海鹏：《中国城乡关系演变70年：从分割到融合》，《中国农村经济》2019年第3期。
[2] 龙花楼等：《我国乡村转型发展动力机制与优化对策的典型分析》，《经济地理》2011年第12期。

又一重大战略,城乡融合以乡村发展的平等性、自主性和内生性为基本前提,着力改变农村被动接受城镇化带动和工业反哺的单向模式[①],无疑将在新的发展逻辑上和更加深入的体制机制改革上,推动城乡关系的全面重塑,从而在新的历史基点更广泛、更深入地影响特色村转型发展的内在机制与实现路径。

尤其是,当前中国特色村的发展模式整体上仍较为传统粗放,并存在着社会治理滞后、生态环境压力较大和历史文化资源的保护利用水平低等突出问题,借助城乡融合体制机制改革的历史机遇,实现全面转型的内在诉求十分迫切。一是特色村以增产增量为导向、依靠过量农药、化肥等物化技术推动的传统经济增长模式不可持续,所提供的产品数量、种类和质量还远远不能满足城乡居民高品质生活的现实需要。以中国设施蔬菜为例,其生产过程过度依赖于化肥、农药、农膜、机械和电力等工业品的投入,造成大量的碳排放和耕地的面源污染[②]。同时,特色村产业还面临小农分散经营、农业技术水平提高缓慢、产业链条相对较短、农业生产性服务业相对滞后等瓶颈制约,极大阻碍了农业生产效率和发展模式的转变。二是过于强调经济增长,相对忽视社会文化的同步发展。在快速城镇化背景下,乡土中国由亲缘、血缘作为社会联系纽带组成的"熟人社会"逐步瓦解,传统乡土文化逐渐消失,而社会阶层分化、村庄事务错综复杂、多种矛盾叠加频发等实际问题不断显化[③],社会治理难度不断增加,已经不能及时适应特色村现代化的发展需要,长期来看甚至会危及特色村持续稳定发展的社会根基。三是自然生态环境、历史文化资源保护面临巨大压力。在特色村专业化生产过程中,循环生产、绿色生产的生态理念还没有真正被落实[④],乡村地域景观与历史文化资源被严重破坏[⑤],村庄规划也未能与空间多功能拓展的

---

① 许彩玲、李建建:《城乡融合发展的科学内涵与实现路径》,《经济学家》2019年第1期。
② 宋博、穆月英:《我国省域设施蔬菜生产碳排放的影子价格》,《农业技术经济》2015年第8期。
③ 陈燕纯等:《基于行动者网络和共享经济视角的乡村民宿发展及空间重构——以深圳官湖村为例》,《地理科学进展》2018年第5期。
④ 刘亚琼等:《基于输出系数模型的北京地区农业面源污染负荷估算》,《农业工程学报》2011年第7期。
⑤ 冯骥才:《守护中华民族的"根性文化"》,《设计艺术》2012年第4期。

趋势相适应，人居环境恶化的挑战比较严峻。面对这些转型诉求，城乡融合发展不仅能够通过市场融合强化特色村发展的产业优势，也将通过社会融合、生态融合、文化融合与空间融合等多领域融合，为特色村发展注入新动力①。因此，在新时代背景下，对特色村转型发展的研究必须置于城乡关系转变的框架之中，尤其是关注城乡融合战略下所出现的新动向和新特征，才能更加深刻把握特色村转型发展的未来趋势与发展逻辑。

（三）城乡融合视域下特色村转型发展需要新的研究视角和理论解释

中国特色村的转型发展研究既有独特的制度与文化背景，也具备鲜明的时代性，当然也遵循其内在的一般规律。首先，尽管经过40多年的改革开放，中国已经从"乡土中国"转向"城乡中国"②，中国特色村也进入加快全面转型的新时代③。但是，"差序格局""熟人社会"等中国传统文化和亲缘关系依然在乡村治理中发挥着极为重要的影响，这一点与费孝通多年之前对乡土中国④的思考并无本质差别，这就决定了中国特色村的转型发展不可能照搬西方国家的经验和制度框架，必须在乡土习俗、历史基础等独特的政治文化逻辑下进行探讨。而以特色村为观察单元的转型发展研究，对于讲好中国乡村转型故事，"见微知著"地全面呈现中国农村经济社会变迁的过程、特征与机理，无疑能提供一个很好的尺度和视角。

其次，中国特色村的转型发展必须与城乡融合、乡村振兴、小康社会和社会主义现代化强国建设等新时期的国家重大战略紧密相连。国家城乡融合、乡村振兴的重大战略为乡村各个领域、各个维度的全面转型提供了外部条件；同时，乡村的转型发展也直接推动着国家重大战略目标的落实和实现。从乡村分化的客观趋势来看，具有较强发展活力和市场竞争力的特色村应成为乡村振兴的重要形态和城乡融合的拉动载体。而特色村的转型发展，必然改变长期以来对乡村地域价值的忽视和乡村

---

① 魏后凯：《把握四个关键点推动城乡融合发展》，《农民日报》2017年11月17日第1版。
② 刘守英、王一鸽：《从乡土中国到城乡中国——中国转型的乡村变迁视角》，《管理世界》2018年第10期。
③ 魏后凯、刘同山：《论中国农村全面转型》，《政治经济学评论》2017年第5期。
④ 费孝通：《乡土中国》，人民出版社2016年版，第25—34页。

严重的功能结构同构化现象①，发展形成富有地域特色、承载田园乡愁、体现现代文明的升级版乡村。但是，在国家城乡融合和乡村振兴的战略导向下，特色村转型发展将转向何方、遵循什么样的一般过程，以及在此过程中所发生的深层结构性变化特征及其实现机制、现实路径等问题，必须与国家政策框架进行更加紧密的结合。这一点显然有别于西方国家的乡村转型逻辑，一定程度上也有异于中国乡村转型的一般历史过程。

最后，从理论上来讲，城乡融合归根到底仍是中国城乡关系有序演进的延续，假如我们把以往的城乡关系变化视作城乡融合发展的特定阶段，那么特色村形成演化与转型发展过程应遵循与历史一脉相承的内在规律。尽管以往的乡村转型研究产生了许多成果，但在城乡融合发展的视阈下，面对特色村转型发展的系统性过程，如何打开交叉互锁的复杂关系，形成一个逻辑清晰的理论总结，就需要新的研究视角和自洽性解释。从本书的研究成果来看，特色村作为一种市场导向型的发展模式，市场扩张已经成为推动特色村转型发展的全局性深层次动力。同时，城乡要素利用结构及其空间流动、特色村产业融合、经济系统与其他系统的协同互动关系等重大变化，无不与城乡关系转变紧密关联。因此，在城乡融合视域下，从新的角度出发，有望为特色村转型发展提供一个科学的理论解释框架，并对宏观调控政策的制定和调整给予借鉴和启示。

二 研究意义

（一）理论意义

首先，在城乡融合视阈下丰富与完善特色村的转型发展理论。特色村虽然是一个微观地域单元，但却是涵盖了经济、社会、政治、文化、生态等众多领域的复杂系统。尤其是在城乡融合进程中，特色村这一微观尺度上发生着不同领域、不同层面的剧烈变迁，却鲜有针对性的系统理论作指导。同时，当前国内的特色村研究，重点关注某一侧面的研究，相对缺乏一个整体性的视角，对特色村转型机理的理论探讨更为欠缺。开展特色村转型发展的影响因素、内在机理、过程特征及转型路径及政策支撑体系的研究，可以一定程度上填补有关特色村转型研究方面

---

① 刘玉等：《乡村地域多功能的内涵及其政策启示》，《人文地理》2011年第6期。

的理论空白，并丰富和完善乡村转型理论的微观基础。同时，特色村作为乡村地区的增长极和城乡交互作用的重要空间载体，其转型发展必将成为重塑城乡关系的一股新动力，使本书的研究还具有为中国特色的城乡融合道路与支撑理论研究积累工作基础的价值。

其次，通过挖掘中国特色村转型发展的独特政治文化逻辑，与西方乡村转型理论能够起到比较和相互印证的作用。中国特色村是在长达数千年的农耕文明浸润以及改革开放以来快速城镇化和工业化的影响下发展起来的，尤其是受到国家政策和城乡关系变化的深刻影响，因此在经济发展、社会治理、空间规划建设等方面具有独特的历史文化背景，与西方国家相对渐进、机械、自主的乡村发展过程和机制有显著区别。建构在特色村落尺度上的研究，一方面，可以更直观地对比过去几十年在西方国家出现的波澜壮阔的乡村转型事实，验证西方乡村转型理论在中国依然具有的普适价值；另一方面，通过与西方转型理论的对比，可以深刻理解中国独特的政治文化逻辑在乡村转型中的影响，总结具有中国特色的乡村转型"特质"和转型规律。

（二）现实意义

第一，有助于完善国家城乡融合与乡村振兴战略的推进政策，更好服务于时代需求。根据理论性的研究和总结，本书将深入揭示城乡融合视阈下特色村转型发展的影响因素和内在机制，并探讨转型发展所需的外部政策条件。然而，对特色村转型发展进程的调控应以城乡空间系统的整体考虑为基础，使本书的研究也能够为城乡融合与乡村振兴战略实施的政策设计，提供一定的有益参考。

第二，有助于加快推动特色村转型和高质量发展。无论是高质量发展的时代背景，还是特色村经济社会亟须转型的内在诉求，都需要对特色村转型给予理论支撑和实践指导。但总体上看，中国村级层面的有效智力供给、政策制度供给明显不足，前瞻性、系统性地探讨特色村转型发展的相关研究更是少见。本书的研究正是适应了特色村转型发展的现实需要，推动中国数量规模庞大、发展类型多样的特色村加快转型发展、实现高质量发展目标，因而具有重要的实践意义。

第三节 研究目标与基本思路

一 研究目标

特色村"为什么要转型""如何转型""转型方向""转型特征与转型路径""转型政策建议"等问题,是本书的主要研究内容。"特色村为什么要转型",在研究背景中已经给出详尽阐释,因此,对尚未给出答案的问题进行科学的理论解答与实践检验,构成本书的主要研究目标,即提出特色村转型发展的理论解释框架,系统梳理城乡融合视阈下中国各类特色村发展演变的基本过程与动力结构变化,从不同维度深入探讨特色村的转型特征与转型路径,并给出促进特色村转型的政策建议。

第一,尝试建立一个城乡融合视域下特色村转型发展的理论解释框架。改革开放以来,在城乡二元分割体制被打破和乡村制度管控逐步放松的前提下,特色村率先抓住了城镇消费规模快速增长和消费结构升级的历史机遇,产品市场出现了显著扩张,并促进了产业和相关功能集聚、模式创新等系列变化,最终从广大乡村地区中脱颖而出。特别是这一过程在城乡统筹发展、城乡一体化、城乡融合等城乡关系的不断变革中,市场扩张、功能集聚和模式创新三大动力要素发挥了持续而深入的影响,并将继续推动特色村的转型发展。因此,从"市场扩张—功能集聚—模式创新"这一核心机制出发,考虑不同层面、不同系统的协同交互作用,为"特色村如何转型"建构一个综合性的解释框架提供理论支撑。

第二,科学把握城乡关系转变背景下特色村形成演变的基本过程与发展趋势。特色村转型发展是一个相对动态的过程,并受村域内外部环境和多种因素的综合影响。本书将在厘清特色村形成演变过程的基础上,准确把握城乡融合趋势下特色村的未来发展趋势,从理论高度上厘清中国特色村发展的一般过程,并给出"特色村应该转向哪里"的整体性判断。

第三,刻画特色村的多维转型特征,提出相应的转型路径。根据特色村转型发展的丰富内涵,从经济、社会、空间等不同层面,以案例特色村的综合社会调查资料为支撑,实证检验特色村的转型特征,并开展不同类型特色村的比较研究,从而对所提出的理论解释框架进行反馈检验。而后分别提出不同类型特色村的差异化转型路径，为特色村的高质量发展提供科学指导。

第四，提出促进特色村转型发展的政策建议。在理论与实证分析的基础上，从整体顶层设计的角度，给出新时期促进特色村转型发展的政策建议。

二 研究思路

研究思路总体上具有两条主线。第一，从理论指导实践、再由实践对理论进行丰富和完善的理论建构思路，首先结合文献分析、理论分析和实践归纳总结，提出一个先验性的解释框架，而后在具体案例分析中对其进行检验和修正，最终形成具有良好可检验性的理论观点。第二，解剖麻雀和比较分析的思路，即通过对不同类型特色村的深入系统考察，并通过对比分析，总结形成适用范围较广的一般性研究结论。结合各部分研究内容和研究目标，形成本书的主要研究思路，如图1-3所示。

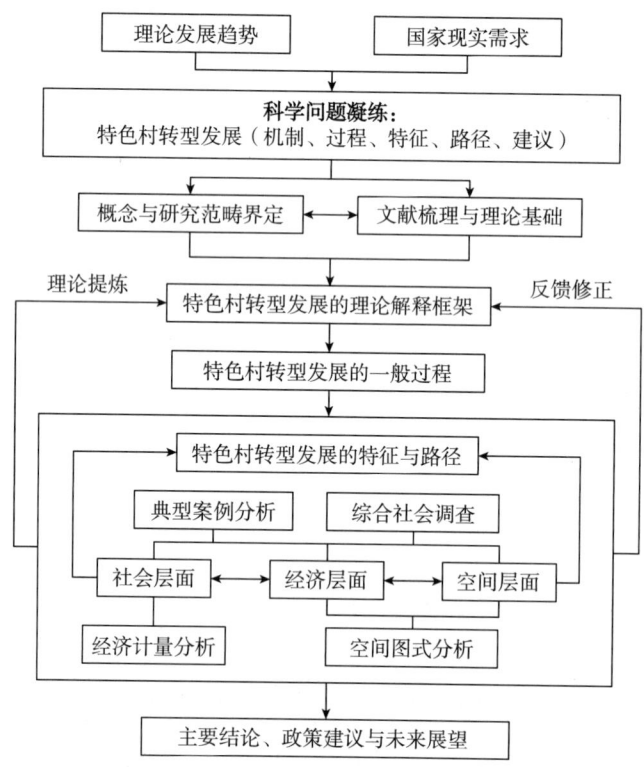

图1-3 本书研究的核心内容与基本思路

第四节 创新点与不足之处

一 创新点

本书以国内外乡村转型和不同类型特色村的相关研究成果为依托，选择在国家乡村振兴战略实施进程中具有突出地位和作用的特色村为研究对象，按照理论与实证相结合的研究思路，对特色村转型发展进行了较为系统的探讨，在以下两个方面有所突破：

第一，通过理论归纳，提出特色村"市场扩张—功能集聚—模式创新"的转型核心机制，并综合考虑特色村内外部影响因素以及经济—社会—文化—生态—空间多系统的协同演化，最终构建了一个包含"三圈层五系统"的特色村转型综合解释框架。"三圈层五系统"的解释框架打开了交叉互锁、复杂多元的特色村转型发展机理，能够深化特色村转型发展的理论研究，对政策实践也具有较好的启示意义。

第二，按照规律导向、目标导向和问题导向的基本逻辑，以时间轴为观察维度，将具象特色村抽象化，抽取其共性特征并加以理论概括，科学提炼出改革开放以来中国特色村转型发展的三阶段论。从以专业化生产为核心的特色村 1.0 时代，到产业、生态、文化"三位一体"发展的特色村 2.0 时代，最后走向以智慧村为代表的特色村 3.0 时代，总体刻画了中国特色村发展的一般过程以及特色村转型发展的基本演替规律。

二 不足之处

限于时间精力和内容篇幅，本书仍存在一些不足之处，有待进一步提升与完善。

一是应加强特色村不同系统的演进机理研究。为清晰理解特色村转型发展过程中各种影响因素的交织影响，本书把经济转型作为主要切入点和核心驱动力，并通过逻辑归纳、综合建构等方式考察了其内在逻辑。在特色村全面转型的进程中，尽管经济转型占据着十分重要的位置，但也必须深入理解其他系统的运作规律和内部动力。而本书对这些系统的研究中仅做了协同机理、基于样本案例的转型特征与转型路径分析，并未进行更深入的探究。同时，为了研究的方便，没有将文化转型和生态转型做单独讨论,也有待在今后逐步完善。

二是案例实证研究的覆盖度和连续性存在一定局限。由于村级数据的统计指标相对欠缺,难以在全国层面建立特色村发展的基础数据库。虽然本书在山东省按照东中西三个地区、三个类型的思路选择典型案例,基于综合社会调查获取了第一手资料,得到了许多有益的结论和思考。但从长远来看,还不能有力支撑跨区域、跨时期和更多类型特色村之间的比较研究,使研究的广度和深度受到较大限制。为此,笔者将通过对三个特色村开展持续的跟踪研究,并尝试在全国其他地区开展可比调查分析,进一步提升研究成果的科学性。

第五节 研究方法与实地调查方案

一 研究方法

本书拟采用的研究方法主要包括文献分析归纳法、综合社会调查法、经济计量分析法和空间图式分析法四类。

(1) 文献分析归纳法。通过系统梳理西方乡村转型以及中国特色村发展的相关理论和研究文献,对特色村转型发展的国内外研究现状进行总结,明确本书研究的切入点和可能创新点;通过逻辑归纳,建构本书的研究内容体系和理论解释框架,为特色村转型发展机制的推理演绎和实证分析提供基础。同时,整理国家关于城乡融合、乡村振兴、现代农业和新六产发展、各类特色村培育、乡村规划建设、基础设施和公共服务供给等方面的政策文件,梳理特色村转型发展所经历的政策演变,明确国家对特色村发展的政策意图,从而确立本书的研究意义和政策价值,也为从政策层面判断特色村转型发展趋势及其内在机制奠定基础。结合国家和相关部委对不同类型特色村的认定标准、特色谱系架构、发展要求,为本书的特色村概念范畴、类型划分、发展过程等研究内容提供政策依据。

(2) 综合社会调查法。在典型省份选取具备较好覆盖性和代表性的特色村样本,开展综合社会调查。调查内容和形式包括:①参与式观察法。以公开研究者身份进入村庄,对案例村庄的农户、企业、村两委等进行观察,详细记录和体验村庄日常管理经营、各类行动者的活动特点。在这一过程中对特色村发展特征形成感性认识，为数据收集、案例分析等确立工作方向。②问卷调查法。选择规模适度的村庄，对特色村农户开展全样本问卷调查。通过对问卷调查结果的统计分析和计量分析，支撑特色村转型特征、转型路径的相关研究，并对建构的理论框架进行反馈验证。③半结构式访谈法。分别针对县乡干部、村两委成员、特色经营户等相关人群进行访谈，内容围绕相关政策落实情况、生产决策影响因素、发展诉求、瓶颈矛盾等研究者所关心的话题进行半开放式访谈，而后对访谈结果进行总结归纳或统计分析。此外，根据特色村发展过程中的历史记录和相关访谈，梳理不同主体在特色村转型发展中的作用，以及他们背后相互协调或妥协的博弈过程，为不同维度上的深入分析提供事实依据。

（3）经济计量分析法。以样本特色村的农户调查问卷为基础，计量检验特色村的转型发展趋势及其特征。受到农户层面长期连续资料缺失的限制，计量分析中将农户样本按照收入水平进行分组，以高收入组为参照系，对比分析产品升级、市场范围、经济组织化水平、专业化分工程度等因素对不同收入群体的影响效应或影响强度。同时，考虑不同村庄属性，选择更擅长处理等级结构数据的多层 Logit 方法进行参数估计，以最大限度消除结果误差。

（4）空间图式分析法。依托高分辨率卫星影像和地形测绘数据，结合农村土地确权颁证的工作成果、与村两委的交流以及村庄的实地调研数据，对特色村的房屋建筑质量、村庄空间布局、土地利用现状等属性进行空间表达，用于特色村空间转型特征分析。

二 实地调查方案

（一）区域选择

在特色村的遴选范围上，以中国农业大省——山东省为例。山东省是中国农业专业化、产业化发展的先行区域，新时代背景下，多种业态、各类特色村蓬勃发展。从数量上看，在目前由农业农村部认定的 2409 个"全国一村一品示范村镇"中，山东省以 183 个的规模数量位居首位，比同为农业大省的河南、四川分别高出 87 个、60 个；2014 年至今，农业农村部推介了 710 个中国美丽休闲乡村，山东省入选 28 个；有 61 个旅游特色村被国家旅游局命名为"中国乡村旅游模范村"荣誉称号,位居全国首位①。从淘宝村数量看,2014—2018年,山东省淘宝村经历了井喷式的快速增长,从13个迅速增长至367个,居全国第四位;其中,菏泽市是中国淘宝村数量最多的城市,以267个的数量规模高居全国榜首②。同时,山东省也是中国城乡建设用地增减挂钩、多村—社区模式等农业农村改革的试点先行区域,近年来山东省积极探索乡村振兴的齐鲁样板,取得显著成效。因此,选择山东省研究特色村的转型发展,具有较好的典型意义。

(二) 案例特色村基本情况

在特色村的具体选择方面,按照以小见大、解剖麻雀的思路,选择3—4个典型案例村进行深入调查分析。案例村落的选择标准和思路包括:①优先选择特色村发展历程更长、发展水平更高、特色更明确的村庄;排除邹平市西王村、龙口市南山村等规模和建设标准类似城镇、乡村性已经所剩无几的"超级村庄";②所选村庄要能覆盖第一产业特色村(主要是种植业和养殖业)、第二产业特色村(主要是特色加工制造产业)、第三产业特色村(主要是商贸物流、文化旅游、体育休闲等服务业);③尽量与山东省区域经济发展梯度有一定结合;④人口规模中等的特色村(200—300户为宜);⑤具有较好的前期工作基础和调研条件。根据以上标准,最终选定表1-2中丁楼村(表演服饰加工与农村电子商务特色村)、迟家村(花卉种植特色村)、房干村(生态旅游特色村)三个特色村作为典型案例分析。

表1-2　　　　　　　　案例特色村基本情况

特色村	人口规模(人)	农户数量(户)	所在地区	2018年所在县区人均GDP(元)	有效调查户数(户)	调查户中特色经营户占比(%)
丁楼村	1296	320	菏泽市曹县	22931	134	64.18
迟家村	1602	381	潍坊市青州市	73031	233	45.49
房干村	615	211	济南市莱芜区	67661	101	12.87

---

① 数据来源:根据国家各部委公布的不同类型特色村评选名单进行整理得到。
② 南京大学空间规划研究中心、阿里新乡村研究中心:《中国淘宝村发展报告》,2018年,第3—5页。

1. 丁楼村

丁楼村所属的菏泽市曹县，地处鲁豫交界的鲁西南地区。2018年末，曹县总户籍人口达到170.5万人，是山东省劳务人口的重要输出地，净流出人口达到28.38万人，占其户籍人口规模的16.65%。丁楼村是一个具有户籍人口300余户、1296人、耕地面积1800余亩的行政村，距曹县县城15千米，距所属的大集镇镇驻地3千米，地理位置并不突出。改革开放后，随着城乡劳动力流动限制的解除，外出务工成为当地村民就业增收的重要形式，但也有部分村民自20世纪90年代初开始从事服装贸易，尤其是影楼布景和摄影服饰的加工与销售业务。自2009年部分农户开始从事电商销售，形成了一定的示范带动效应，随后快速发展。到2010年，丁楼村经营演出服装的网店达到14家，2011年突破100家，并在2013年首届中国淘宝村高峰论坛上被授予"中国淘宝村"称号，成为中国第一批、山东省第一个以演出服饰加工销售为主的淘宝村。至2018年，全村共有280余户开有淘宝网店，成立了100余家服饰有限公司，主营产品由最初的摄影服扩展到表演服饰的各个主要系列，全年演出服饰销售额达到3亿元，连续六年蝉联中国淘宝村称号。目前，全村年销售收入超过100万元的服饰加工户有40家，其中过500万元的15家。淘宝村发展带动返乡务工青年200余名，返乡大中专毕业生40余名，成为省内外乡村发展的一个典型。

2. 迟家村

青州市黄楼街道于2010年由镇改建制而成，但其驻地与青州市区并不毗邻，相距约5千米。由于当地良好的水资源条件和养花的历史传统，自20世纪80年代开展花卉种植，黄楼街道先后获得"中国花木之乡""仙客来之乡""江北花卉第一镇"等荣誉称号，是全国最大的草花和盆栽花生产基地，曾举办了第七届中国花卉博览会。截至2018年，全街道花卉种植总规模达到6万亩，花卉专业村数量达到54个，从业人员超过5.8万人，年产值和交易额分别达到50亿元、70亿元。

迟家村隶属于青州市黄楼街道，位于街道驻地西南，紧邻弥河、省道S102和长深高速青州南出入口，据青州市区约10千米，距黄楼街道驻地4千米，交通区位较为便利。2009年，迟家村被青州市委市政府授予"市级文明村"称号。迟家村并不是青州市黄楼街道最早开始花卉种植的村庄，而是在2千米之外同属黄楼街道的卢李村带动下，20世纪80年代初期开始特色经营。相较于粮食和蔬菜种植，花卉种植的经济效益非常明显，有"一亩花、十亩园，一亩园、十亩田"之说，花卉种植逐步成为迟家村的主导产业。2011年，青州市在迟家村以南新建了占地1680余亩中国（青州）花卉苗木交易中心，促进了当地花卉产业的发展，并进一步强化了迟家村的特色村地位。

3. 房干村

房干村隶属于济南市莱芜区雪野镇，地处济南市莱芜区（原莱芜市莱城区）、济南市章丘区、泰安市岱岳区三个县区交界的鲁中山区，距济南市约50千米，距莱芜区（原莱芜市政府驻地）约40千米。全村平均海拔800米，山场面积2万亩，耕地面积仅有508亩。20世纪70年代，房干村经济发展落后，群众生活水平很差。为了改变靠天吃饭、靠国家救济的状态，时任村支部书记韩增旗从管区文书岗位上辞职，带领群众开展山林整治和基础设施建设，并在20世纪90年代走上发展生态旅游的道路。目前，房干村已经成为远近闻名的"中华生态第一村"，并先后获得全国先进基层党组织、全国文明村镇、全国生态文化村、国家AAAA级旅游景区、全国农业示范旅游点、全国绿色小康村、山东省旅游特色村、好客山东最美乡村、山东十大名村、山东省十大新景点等荣誉称号。2018年，房干村共接待游客50万人次，实现村经济收入1.3亿元，人均纯收入3万元。

（三）实际调查过程

通过招募经济学、社会学、旅游管理和城乡规划等相关专业的调查员，在县乡政府和村两委协助下，于2020年1月3日至1月18日，分三批对三个案例村进行了集中调查。调查过程中，剔除了以下三类样本：①常年不在村庄居住的农户；②村庄居住但已经不具备独立经济收入来源的农户；③其他具有精神疾病、特殊家庭原因或无法完成入户调查的农户。对县区主管部门、乡镇党政领导以及村两委干部的半结构性访谈，与问卷调查同步进行。此后，通过电话访谈形式对一些缺失或不确定数据资料进行补充完善。

第二章

文献综述

本章主要对特色村转型发展的相关理论和研究现状进行梳理,并做简要评价。首先对城乡关系视域下的乡村转型做了全景式梳理,然后对特色村形成演化的影响因素及其机理、农业发展阶段与特色村的转型方向、转型思路与对策等相关研究进行更为具体的探讨。两者相辅相成,共同构成开展本书研究的前期基础。

第一节 城乡关系视域下的乡村转型研究

把对乡村转型的相关研究置于城乡关系的视野之下,首先梳理了理论界有关城乡关系发展演进的理论探讨,并重点关注了国内城乡融合研究的最新进展,而后对国内外学者关于乡村转型的相关研究作了具体阐述。

一 城乡关系及其演变的相关研究

(一)城乡关系的基本演进

城乡关系是在社会分工不断深化的推动下,随着城市出现而产生的一个历史性概念,是以城乡功能的差异性和互补性为基础的多维相互作用关系[1]。作为经济社会关系的基本类型之一,城乡关系根本上受到生产力水平的推动或制约,因而表现出动态演变的基本特点[2]。关于城乡

---

[1] Potter, R. B. et al., *Geographies of Development*, Routledge, N.C.: Duke University Press, 2004.
[2] [美]刘易斯·芒福德:《城市发展史:起源、演变和前景》,宋俊岭、倪文彦译,中国建筑工业出版社2005年版,第59页。

关系的发展规律，最为熟知的是马克思主义的城乡关系理论①。马克思、恩格斯以生产力与生产关系的作用原理为依据，论述了城乡关系转变的历史必然性，并把城乡关系的演变过程划分为原始社会时期的城乡混沌一体阶段、社会大分工以来的城乡分离对立阶段和共产主义时期的城乡融合发展阶段三个历史阶段②。与此相对，以刘易斯为代表的部分发展经济学家，则以农村劳动力的无限供给为假设前提，认为城乡关系是一个以城市和工业部门为核心的二元结构，城乡一体化只有在农村剩余劳动力完全转移的条件下才能实现，实际上是把城乡关系界定为一个线性的两阶段过程，在具体发展策略上实行城市偏向的政策③。随后，城市偏向理论不断受到批判，随着西方学者对发展中国家问题的关注，对城乡关系的研究逐步回归到城乡融合的道路上，形成了麦基的"desakota"模型、道格拉斯的区域网络模型、肯尼斯·林奇的"城乡动力学"等代表性理论④。

与西方国家市场主导的城乡关系调整与演变不同，中国的城乡关系历来受到行政体制的强烈干预，中华人民共和国成立初期表现得尤为明显。整体而言，国内学者对中国城乡关系演变的阶段划分较为一致，均充分体现了计划经济时期的特殊阶段和国家城乡关系政策的重大转变⑤。如张海鹏把中华人民共和国成立以来的城乡关系划分为二元体制的形成与巩固阶段、二元体制破冰阶段、二元体制改革向社会领域延伸阶段和全面建立城乡融合体制机制阶段⑥；武小龙则从生态共生关系的角度，把70年来城乡关系的演变划分为寄生关系、偏利共生关系、非

---

① 傅歆、孙米莉：《马克思主义城乡融合发展理论的逻辑演进》，《浙江学刊》2019年第6期。
② 中共中央马克思恩格斯列宁斯大林著作编译局：《马克思恩格斯文集》（第1卷），人民出版社2009年版，第556—689页。
③ [美]迈克尔·P. 托达罗、斯蒂芬·C. 史密斯：《发展经济学》，聂巧平等译，机械工业出版社2014年版，第77—81页。
④ 叶超、陈明星：《国外城乡关系理论演变及其启示》，《中国人口·资源与环境》2008年第1期。
⑤ 高耿子：《从二元分割到城乡融合发展新思路》，《现代经济探讨》2020年第1期。
⑥ 张海鹏：《中国城乡关系演变70年：从分割到融合》，《中国农村经济》2019年第3期。

对称互惠共生关系和对称互惠共生关系四个阶段①。党的十六大以来，国家城乡关系的治理理念与调控政策不断深化，城乡关系不断优化②。王颂吉和魏后凯总结了党的十六大以来中国城乡关系依次经历的统筹城乡经济社会发展、统筹城乡发展、城乡经济社会一体化、城乡发展一体化、城乡融合的政策演变，认为这是中央对城乡关系认识不断深化的过程③。宋迎昌在比较了"城乡一体化""城乡统筹"和"城乡融合"等概念之后，认为"城乡一体化"强调的是城乡关系调整的目的和结果，"城乡统筹"关注的是政府主导和城市主导格局下的实现手段，而"城乡融合"则是以城乡平等、互促互动和全面参与为基础的过程和路径，三者之间关注重点不同④。

（二）城乡融合发展的内涵与研究重点

党的十九大以来，城乡融合发展成为新的研究热点。与本书紧密相关的研究内容主要包括以下内容。

一是城乡融合的内涵研究。按照《中共中央国务院关于建立健全城乡融合发展体制机制和政策体系的意见》，城乡融合发展是"以缩小城乡发展差距和居民生活水平差距为目标，以完善产权制度和要素市场化配置为重点""促进城乡要素自由流动、平等交换和公共资源合理配置，加快形成工农互促、城乡互补、全面融合、共同繁荣的新型工农城乡关系"⑤，指明了城乡融合发展的主要目标、推进重点和政策意图，但并未清晰界定城乡融合的科学内涵。围绕这一问题，学术界进行了广泛探讨，基本形成以下共识。第一，城乡融合是城乡平等的融合。许彩玲、李建建认为城乡融合更加注重增强乡村自我发展的内生能力，改变农村被动接受城镇化带动和工业反哺的单向模式，突出乡村发展的平等

---

① 武小龙：《新中国城乡治理70年的演进逻辑》，《农业经济问题》2020年第2期。
② 景普秋、张复明：《城乡一体化研究的进展与动态》，《城市规划》2003年第6期。
③ 王颂吉、魏后凯：《城乡融合发展视角下的乡村振兴战略：提出背景与内在逻辑》，《农村经济》2019年第1期。
④ 宋迎昌：《城乡融合发展的路径选择与政策思路——基于文献研究的视角》，《杭州师范大学学报》（社会科学版）2019年第1期。
⑤ 中共中央、国务院：《关于建立健全城乡融合发展体制机制和政策体系的意见》，2019年，http://www.gov.cn/zhengce/2019-05/05/content_5388880.htm?trs=1。

性、自主性和内生性[1]。黄渊基等持同样的观点，指出城乡融合发展与以往政策的本质不同在于确立了城乡之间的平等地位，通过"求同存异"实现共同发展[2]。第二，城乡融合是全面融合的过程。周佳宁等从人的融合、空间融合、经济融合、社会融合和生态融合五个角度[3]，朱翠明从要素融合、产业融合、空间融合和政策融合四个方面[4]，李爱民提出了要素、城乡经济、城乡空间、基础设施建设、公共服务、生态环境六个领域[5]，分别对城乡融合进行多维分析。第三，城乡融合是一个长期互动的发展过程[6]，发展方式是影响城乡关系的根本因素，制度安排是直接因素，市场化改革取向是重要手段，向农民赋权是重要途径。第四，城乡融合也是一种状态。赵德起、陈娜从要素流动、基础设施和环境承载力、居民收入消费和公共服务水平等方面构建指标体系，对全国和各省市的城乡融合水平进行了综合评价[7]。

二是促进城乡融合的思路和模式。宋迎昌总结了学术界关于城乡融合发展的四种主要思路，包括发挥城市聚集效应推动区域和城乡协调发展、根据城乡关系的不同阶段采取差异化策略、通过城乡统筹实现城乡融合发展以及通过乡村振兴实现城乡融合发展，并提出了乡村融入城市、城乡互动、城市带动乡村三类面向不同类型村庄的差异化模式[8]；其他学者则分别从市场一体化[9]、强化土地和劳动力市场机制的发挥[10]、

---

[1] 许彩玲、李建建：《城乡融合发展的科学内涵与实现路径》，《经济学家》2019年第1期。
[2] 黄渊基等：《新时代城乡融合发展：现状、问题与对策》，《城市发展研究》2019年第6期。
[3] 周佳宁等：《多维视域下中国城乡融合水平测度、时空演变与影响机制》，《中国人口·资源与环境》2019年第9期。
[4] 朱翠明：《如何促进城乡融合发展》，《人民论坛》2019年第19期。
[5] 李爱民：《我国城乡融合发展的进程、问题与路径》，《宏观经济管理》2019年第2期。
[6] 刘俊杰：《我国城乡关系演变的历史脉络：从分割走向融合》，《华中农业大学学报》（社会科学版）2020年第1期。
[7] 赵德起、陈娜：《中国城乡融合发展水平测度研究》，《经济问题探索》2019年第12期。
[8] 宋迎昌：《城乡融合发展的路径选择与政策思路——基于文献研究的视角》，《杭州师范大学学报》（社会科学版）2019年第1期。
[9] 李文宇：《城乡分割会走向城乡融合吗》，《财经科学》2015年第6期。
[10] 郭珍：《密度、距离与城乡融合发展——基于可持续地理变迁视角的分析》，《求索》2019年第5期。

人地钱的制度改革①、发展乡村产业②、促进农村资源价值发现和资源的流动匹配③、优化乡村空间布局和创新制度供给④等角度,提出针对性的对策建议。此外,还有学者从社会学角度出发,按照"可持续生计—共享发展—美好生活"的研究框架,面向城乡基础设施的非均衡性、公共服务体系的非包容性、生产方式的非开放性、空间布局的非协调性、公民权利的非对称性、生活形态的非共享性六大结构性特征,提出城乡融合发展应建立"平等互惠、开放包容、共建共享、各美其美、和谐共生"的目标体系⑤。

三是城乡融合与乡村振兴和新型城镇化的关系。多数学者认为城乡融合与其他两大战略之间尽管关注重点不同,但互为支撑并不矛盾。如刘彦随认为城乡融合与乡村振兴战略相辅相成,乡村振兴实施的重点在于构建城乡融合发展的体制机制,而城乡融合发展是乡村振兴的重要前提,并提出推动乡村极化发展、建设乡村振兴极的多极目标体系⑥。杨仪青探讨了城乡融合视阈下的乡村振兴内涵和要求,从各系统发展的全面协同性、区域整体性、政府与市场调控方式的紧密结合、可持续性、科学技术应用、以人为本等方面进行了探讨⑦。李红玉则把城乡融合看作中国新型城镇化的一种战略模式,认为通过城乡一体化发展可以有效促进城镇化的健康发展⑧。

此外,围绕城乡融合发展的具体领域,学者从城乡融合程度的多维

---

① 盛开:《以城乡融合发展推动乡村振兴战略》,《调研世界》2018年第6期。
② 付伟:《城乡融合发展进程中的乡村产业及其社会基础》,《中国社会科学》2018年第6期。
③ 王文彬:《基于资源流动视角的城乡融合发展研究》,《农村经济》2019年第7期。
④ 何仁伟:《城乡融合与乡村振兴:理论探讨、机理阐释与实现路径》,《地理研究》2018年第11期。
⑤ 杨发祥、杨发萍:《乡村振兴视野下的新型城乡关系研究——一个社会学的分析视角》,《人文杂志》2020年第3期。
⑥ 刘彦随:《中国新时代城乡融合与乡村振兴》,《地理学报》2018年第4期。
⑦ 杨仪青:《城乡融合视域下我国实现乡村振兴的路径选择》,《现代经济探讨》2018年第6期。
⑧ 李红玉:《城乡融合型城镇化——中国新型城镇战略模式研究》,《学习与探索》2013年第9期。

评价①、城乡融合的差异化策略②、特殊类型地区的城乡融合特征③、农业功能拓展的作用与价值④、对小城镇的影响效应⑤、住房等重点领域的融合⑥、具体调控路径⑦等不同角度开展了各有侧重的研究。总体上看，城乡融合发展的历史趋势与国家战略为学术研究带来了丰厚的素材，为相关理论的重大创新提供了良好机遇⑧。

二 国外学者对乡村转型的相关研究

（一）从生产主义向后生产主义的经济转型

在相对平稳发展的城乡关系下，"二战"后西方发达国家对乡村转型的研究大体经历了从"生产主义"向"后生产主义"研究范式的转变。

乡村作为一个有机整体，是一个包含经济发展、社会文化、景观生态等丰富内容的复杂系统。但长期以来，乡村是以农业生产为主体的地域空间，并与农业生产生活相适应形成了不同于城市的社会关系网络以及空间聚落形态。特别是"二战"以后，西方国家基于粮食安全目标，不断强化乡村的农业生产功能，追求粮食产出的最大化，乡村表现出传统农作物种植、较低的人口密度、农民依赖自我力量实现发展等特征⑨，即农业生产主义阶段。发展至20世纪70年代，依赖于政府政策的支持、农业技术进步和全球化进程中粮食贸易的自由化，粮食剩余大量出现。再加上西方国家先后进入后工业化、逆城市化阶段，大大弱化

---

① 杨林、郑潇：《城市具备城乡融合发展的承载力吗？——来自100个地级市的证据》，《东岳论丛》2019年第1期。
② 陆铭、陈钊：《在集聚中走向平衡：城乡和区域协调发展的"第三条道路"》，《世界经济》2008年第8期。
③ 张军以等：《西南喀斯特地区城乡融合发展乡村振兴路径研究》，《农业工程学报》2019年第22期。
④ 杨培源：《农业功能拓展与城乡融合》，《中共福建省委党校学报》2012年第9期。
⑤ 陈前虎等：《城乡融合对小城镇区域专业化分工的影响——以浙江省为例》，《城市规划》2019年第10期。
⑥ 钟荣桂等：《中国城镇化进程中城乡住房融合研究》，《经济问题探索》2017年第10期。
⑦ 李国正：《城乡二元体制、生产要素流动与城乡融合》，《湖湘论坛》2020年第1期。
⑧ 金成武：《中国城乡融合发展与理论融合——兼谈当代发展经济学理论的批判借鉴》，《经济研究》2019年第8期。
⑨ Halfacree, K., "Talking about Rurality: Social Representation of the Rural as Expressed by Residents of Six English Parishes", *Journal of Rural Studies*, Vol. 11, No. 1, 1995.

了乡村农业生产的重要地位与作用①,"去农化"思潮随之出现,也推动乡村发展进入一个新的历史时期——后生产主义乡村阶段。这一阶段,怀揣"乡村田园梦"的城市中产阶层对消费乡村的市场需求不断增加②,乡村领域的多维功能不断被挖掘,致使乡村地区的消费功能日益凸显,形成了消费导向的乡村发展。与此同时,人们开始反思农业产量最大化造成的生态环境问题,认为自然也应该是乡村重构的合法主体③,强调修复与保护乡村环境的绿色理念被认为是向后生产主义转变的真正指标④。对乡村绿色生态的重视以及乡村经济、社会和生态的不可分割性⑤,也成为国家乡村政策的基本价值取向。受乡村多元消费需求导向以及对乡村功能认知的深入,西方发达国家进入了多功能性乡村发展阶段⑥。农业"多功能性"的提出,更好地包含了农村经济社会的"多样性、非线性和空间异质性",是超越生产主义和后生产主义"二分法"的一条有益途径⑦。

(二)从经济转型到全面转型

乡村从以农业生产为主导的经济形态向商品经济的转变,成为塑造乡村全面转型的重要基础性力量。在社会重构方面,西方乡村转型理论更加重视资本主义生产转型和市民社会之间的关系,强调生产转型对社

---

① Goodwin, M., "Uneven Development and Civil Society in Western and Eastern Europe", *Geoforum*, Vol. 20, No. 2, 1989.

② Marsden, T., "Rural Futures: The Consumption Countryside and its Regulation", *Sociologia Ruralis*, Vol. 39, No. 4, 1999.

③ Cloke, P. and O. Jones, "Dwelling, Place and Landscape: An Orchard in Somerset", *Environment and Planning A*, Vol. 33, No. 4, 2001.

④ Wilson, G. A., "From Productivism to Post-productivism and Back Again? Exploring the (Un) changed Natural and Mental Landscapes of European Agriculture", *Transactions of the Institute of British Geographers*, Vol. 26, No. 1, 2001.

⑤ Losch, B., "Debating the Multifunctionality of Agriculture: From Trade Negotiations to Development Policies by the South", *Journal of Agrarian Change*, Vol. 20, No. 4, 2004.

⑥ Wilson, G. A., "From Productivism to Post-productivism and Back Again? Exploring the (Un) changed Natural and Mental Landscapes of European Agriculture", *Transactions of the Institute of British Geographers*, Vol. 26, No. 1, 2001.

⑦ Åsa Almstedt, et al., "Beyond Post-productivism: From Rural Policy Discourse to Rural Diversity", *European Countryside*, Vol. 6, No. 4, 2014.

会分层地方体系产生的影响①。特别是随着乡村休闲和旅游活动的兴起，乡村越来越是一个消费场所而不是一个生产场所②，乡村外来人员在社会建构方面承担的角色越来越重要。例如，在芬兰，乡村第二套旅游住房已经是后生产主义时代的一个普遍现象，鉴于二套房主比本地居民具有更强的地方依赖，在社区发展中不是只做旁观者而应该被接纳为社区一分子，塑造乡村景观并参与乡村社区的建构③。伴随着乡村经济社会的转型，乡村文化转向的趋势也越来越明显。特别是在全球化背景下，在乡村性、城市性与全球性的互动中，一些乡村的传统社会文化凭借其强大生命力与其他外来文化广泛交流与互动，成为驱动全球化乡村形成的一个力量④。但Woods在研究全球化乡村的基础上，也提出了对乡村世界主义不稳定性的担忧⑤。同时，乡村发展中不仅重视乡村文化的生产价值，也越来越强调文化在促进社会正义、乡村发展等方面所发挥的重要作用⑥。在一些具有鲜明地域特色的乡村地区，社区遗产组织通过数字化乡村建筑、提供社区文化服务等社区文化遗产活动，对乡村知识、历史和习俗进行表现和构建，实现对乡村文化的保留与传承，以发展更有韧性的社区⑦。

三　国内学者对乡村转型的相关研究

乡村转型首先表现为村庄转型，一些社会学者把"村落"作为基本研究单位，以"村庄转型"为研究对象，重点探讨市场力量冲击下

---

① Goodwin, M., "Uneven Development and Civil Society in Western and Eastern Europe", *Geoforum*, Vol. 20, No. 2, 1989.

② Eusebio, C. et al., "Who is Consuming the Countryside? An Activity – based Segmentation Analysis of the Domestic Rural Tourism Market in Portugal", *Journal of Hospitality and Tourism Management*, Vol. 31, 2017.

③ Mia Vepsäläinen, Kati Pitkänen, "Second Home Countryside. Representations of the Rural in Finnish Popular Discourses", *Journal of Rural Studies*, Vol. 26, No. 2, 2010.

④ Woods, M., "Precarious Rural Cosmopolitanism: Negotiating Globalization, Migration and Diversity in Irish Smalltowns", *Journal of Rural Studies*, Vol. 64, No. 4, 2018.

⑤ Woods, M., "Precarious Rural Cosmopolitanism: Negotiating Globalization, Migration and Diversity in Irish Smalltowns", *Journal of Rural Studies*, Vol. 64, No. 4, 2018.

⑥ Scott, K., F. Rowe and V. Pollock, "Creating the Good Life? A Wellbeing Perspective on Cultural Value in Rural Development", *Journal of Rural Studies*, Vol. 59, April 2018.

⑦ Beel, D. E. et al., "Cultural Resilience: The Production of Rural Community Heritage, Digital archives and the Role of Volunteers", *Journal of Rural Studies*, Vol. 54, August 2017.

农村社会发生的变迁[①]、村庄转型的动力机制[②]、村庄治理模式的转型[③]等社会转型问题。也有学者基于典型村庄的实证调研，系统总结改革开放以来我国农村发生的经济结构、收入结构、生活质量、家庭功能与类型、农民思想观念以及人际关系等多个维度的变迁[④]。但更多学者是从宏观视野出发，研究农村在各个领域、各个方面发生的重大变化和转折，涉及村镇空间组织结构、农村产业结构、就业方式、消费结构、工农关系、城乡关系和城乡差别等方方面面的转变[⑤]。具体来看：

一是经济转型。目前，中国农业已进入传统农业向现代农业转型的关键时期[⑥]，处在大规模非农就业、人口自然增长减慢和农业生产结构转型三大历史性变迁的交汇之中[⑦]。农业生产性服务业日益成为促进小农户与现代农业发展有机衔接和农业服务化转型的重要路径[⑧]，家庭农场[⑨]等新型农业经营主体逐步壮大，农业的生产经营模式面临重大变革；农业产业化的进程面临重大的路径转换[⑩]，通过农村第一、第二、第三产业融合发展，不断培育农村新业态、新模式[⑪]，实现"农业＋"多业态发展；农业劳动力效率和效益明显提高[⑫]。这种乡村多元经济相

---

① 毛丹：《村庄的大转型》，《浙江社会科学》2008年第10期。
② 王萍：《村庄转型的动力机制与路径选择》，博士学位论文，浙江大学，2013年。
③ 李兵园：《一核多元：新时期村庄治理模式的转型研究》，博士学位论文，华中师范大学，2017年。
④ 陆学艺等：《转型时期农民的阶层分化——对大寨、刘庄、华西等13个村庄的实证研究》，《中国社会科学》1992年第4期。
⑤ 龙花楼等：《我国乡村转型发展动力机制与优化对策的典型分析》，《经济地理》2011年第12期；黄季焜：《乡村振兴：农村转型、结构转型和政府职能》，《农业经济问题》2020年第1期。
⑥ 刘松涛等：《日本农业六次产业化及对推动中国农业转型升级的启示》，《世界农业》2017年第12期。
⑦ 黄宗智、彭玉生：《三大历史性变迁的交汇与中国小规模农业的前景》，《中国社会科学》2007年第4期。
⑧ 姜长云：《科学把握农业生产性服务业发展的历史方位》，《南京农业大学学报》（社会科学版）2020年第3期。
⑨ 高强等：《家庭农场的制度解析：特征、发生机制与效应》，《经济学家》2013年第6期。
⑩ 孙中叶：《农业产业化的路径转换：产业融合与产业集聚》，《经济经纬》2005年第4期。
⑪ 周立等：《乡村振兴战略中的产业融合和六次产业发展》，《新疆师范大学学报》（哲学社会科学版）2018年第3期。
⑫ 刘彦随：《中国东部沿海地区乡村转型发展与新农村建设》，《地理学报》2007年第6期。

互渗透、融合、发展的一种状态,是整个乡村的整体进步①。

二是社会转型。城市化、乡村工业化的发展,推动农村人口数量、就业结构发生革命性变革。1990—2005年,东部沿海地区农业劳动力比重由90.8%降为47.9%②。新时期,农村人口非农产业的就业比重逐步提高③,形成了一个基于家庭生命周期的"外出—回流"机制和多元、分散、灵活的就业体系④。在一些外向度较高的特色村,随着外来人员以及工商资本的进入,一定程度上给特色村的社会发展带来重构效应,原来基于血缘、地缘的社会关系联结纽带被撕裂,而代以业源的联结⑤;与此伴随的是社会治理的变革,外来消费者和经营者成为社会治理主体⑥,构造新的村庄治理结构⑦。从农民收入来看,随着农村三产融合的加深,农民增收的渠道不断被拓展,农民增收动力也正在向内部增收动力和外部增收动力相结合转变⑧。但是,由于非农产业的异质性,也造成了农民收入的不均等。白雪梅、段志民研究表明,总体非农产业和高收入非农产业拉大了农村居民的收入差距,而低收入非农产业有缩小收入差距的作用⑨。总体上看,随着乡村经济社会结构的转型和收入水平的持续提高,越来越多的村域实现农民市民化,农民生产生活方式、基本公共服务的方式和水平日益趋同于城镇⑩。

三是空间转型。乡村是由多层次的集镇、村庄及其所管辖的区域组

---

① 朱启臻:《乡村振兴背景下的乡村产业》,《中国农业大学学报》(社会科学版)2018年第3期。
② 刘彦随:《中国东部沿海地区乡村转型发展与新农村建设》,《地理学报》2007年第6期。
③ 李玉恒、刘彦随:《中国城乡发展转型中资源与环境问题解析》,《经济地理》2013年第1期。
④ 付伟:《城镇化进程中的乡村产业与家庭经营——以S市域调研为例》,《社会发展研究》2018年第1期。
⑤ 陈燕纯等:《基于行动者网络和共享经济视角的乡村民宿发展及空间重构——以深圳官湖村为例》,《地理科学进展》2018年第5期。
⑥ 陈培培、张敏:《从美丽乡村到都市居民消费空间》,《地理研究》2015年第8期。
⑦ 焦长权、周飞舟:《"资本下乡"与村庄的再造》,《中国社会科学》2016年第1期。
⑧ 尹成杰:《农民持续增收动力:内部动力与外部动力相结合》,《中国农村经济》2006年第1期。
⑨ 白雪梅、段志民:《非农产业对农村内部收入不均等的异质性影响》,《统计研究》2013年第8期。
⑩ 王景新:《中国农村发展新阶段:村域城镇化》,《中国农村经济》2015年第10期。

合而成的空间系统[1]。社会生产力的发展及城市化推进，传统乡村经济、社会、文化和聚落形态的转型带动了地域的转型[2]，形成农业型、工业型、市场型、旅游型等不同村庄经济类型同时并存的村庄分化格局[3]。目前对乡村空间转型的研究，主要是围绕某种或几种空间要素特征以及形成的总体空间格局进行展开，如农村居民点土地利用转型和功能演变[4]、宅基地管理和使用制度改革[5]、居民点功能演变和空间分异[6]、农村空心化问题[7]、土地利用转型[8]、大城市边缘区乡村产业空间的多维优化[9]、乡村空间系统的功能多元化发展[10]、农业现代化空间格局演变和动因[11]、空间重塑[12]等各个方面。另外，随着互联网和现代交通的发展，乡村被连接进以流动性为支撑的空间网络里，逐步生成乡村流动空间。刘传喜、唐代剑以淘宝村和旅游村为例，研究表明，浙江乡村流动空间格局呈现出"巢状"网络化结构模式，具有动态变化性、弹性和网络性特征[13]。

---

[1] 石忆邵：《城乡一体化理论与实践：回眸与评析》，《城市规划汇刊》2003年第1期。
[2] 张小林：《乡村概念辨析》，《地理学报》1998年第4期。
[3] 王景新、支晓娟：《中国乡村振兴及其地域空间重构——特色小镇与美丽乡村同建振兴乡村的案例、经验及未来》，《南京农业大学学报》（社会科学版）2018年第2期。
[4] 朱凤凯：《北京市郊区农村居民点用地转型与功能演变研究》，博士学位论文，中国农业大学，2014年。
[5] 刘守英、熊雪锋：《经济结构变革、村庄转型与宅基地制度变迁——四川省泸县宅基地制度改革案例研究》，《中国农村经济》2018年第6期。
[6] 张佰林：《农村居民点功能演变与空间分异研究》，博士学位论文，中国农业大学，2015年。
[7] 刘彦随等：《中国农村空心化的地理学研究与整治实践》，《地理学报》2009年第10期。
[8] 龙花楼：《论土地利用转型与乡村转型发展》，《地理科学进展》2012年第2期。
[9] 卞广萌、程文：《大城市边缘区乡村产业空间的多维优化研究》，《农业经济》2017年第6期。
[10] 刘自强等：《乡村空间地域系统的功能多元化与新农村发展模式》，《农业现代化研究》2008年第5期。
[11] 于正松等：《陕、甘、宁三省（区）农业现代化水平格局演变及其动因分析》，《地理科学》2014年第4期。
[12] 李敢、余钧：《空间重塑与村庄转型互动机制何以构建》，《城市规划》2019年第2期。
[13] 刘传喜、唐代剑：《浙江乡村流动空间格局及其形成影响因素——基于淘宝村和旅游村的分析》，《浙江农业学报》2016年第8期。

第二节 特色村形成发展的影响因素与机理研究

特色村发展的影响因素及其机理研究涉及区域经济学、发展经济学以及公共管理学等多个学科,在此重点从经济学角度对各个领域的研究成果进行综合归纳,并借鉴非农产业的发展理论作一定拓展,以便对本书研究起到更好的理论支撑作用。

一 特色村形成发展的影响因素

通过对不同学者关于不同类型特色村形成发展的研究,可以发现,资源禀赋、区位条件、村庄能人、社会网络等内部资源要素,以及工业化、城镇化的外部驱动和政府推动,被看作是特色村形成发展的主要影响因素。

一是区位条件和资源禀赋。一个地区的区位条件或资源禀赋,是特色产业形成发展的基础性要素[1]。例如,花卉、蔬菜、茶叶等农作物种植需要投入较多的劳动力,劳动力资源丰富的地区有利于这些类型专业村的形成;土地丰裕、人均耕地面积多有利于形成粮食和油料作物、茶叶、水果专业村[2];交通通达性较好、具有特色景观风貌以及人文资源丰富的乡村,更易于形成旅游特色村[3]。

二是村庄能人或企业家。在初期,专业项目的发展需要一定的前期投入、技术、信息和管理经验,作为农村新技术、新品种最先尝试者和传授者的"农村能人"[4],是专业村形成的关键[5]。近年来全国各地蓬勃发展的淘宝村,也正是农村创业家的示范带头效应、知识溢出效应和社会网络效应综合作用的结果[6]。郑风田、程郁以云南斗南花卉产业集

---

[1] Wan, G., Zhou, Z., "Income Inequality in Rural China: Regression-based Decomposition Using Household Data", *Review of Development Economics*, Vol.1, 2005.

[2] 李小建等:《欠发达区地理环境对专业村发展的影响研究》,《地理学报》2012年第6期。

[3] 魏超等:《大城市边缘区旅游开发引导的乡村转型发展模式——以武汉市为例》,《经济地理》2018年第10期。

[4] 符钢战等:《农村能人与农村发展》,《中国农村经济》2007年第3期。

[5] 高更和、石磊:《专业村形成历程及影响因素研究——以豫西南3个专业村为例》,《经济地理》2011年第7期。

[6] 雷兵、刘蒙蒙:《创业家对淘宝村成长的影响研究》,《科技和产业》2016年第12期。

群的产生与成长为个案，认为创业家是产业集群从低级向高级演进的最根本的动力因子，促进产业集群的成长、升级和演化①。

三是本地社会网络的影响。村域所处环境是村域经济形成与演化的根源与动力②，乡土社会的人际关系与社会伦理使全球生产体系嵌入农村成为可能，使工业下乡成为可能，并塑造了独具特色的乡村发展和社会转型道路③。但是，本地社会网络有时又具有复杂性影响，以温州纽扣专业市场为例，根植于本地社会网络的纽扣市场形成的产业分工网络，在较短时间内能迅速推动市场扩张，但由于分工网络始终不能超越本地社会网络，制约了纽扣市场的扩张边界，导致纽扣专业市场早熟早衰④。

四是工业化、城市化的外部驱动。区域农村发展系统是由农村发展内核系统和农村发展外缘系统组成的庞大系统，其中，区域工业化、城市化发展是农村发展重要的外援驱动力⑤。随着工业化、城市化进程的加快，非农产业已成为塑造乡村经济空间的主导力量⑥，东部发达沿海地区的乡村率先步入转型升级的新阶段⑦。

五是政府政策的推动。政府在促成农业产业集群形成中担负着重要角色⑧，甚至起主导作用⑨。政府强劲的推动力，体现在农村政策的有效执行上，农业专业村的形成与中国政府大力推进农村"一村一品"

---

① 郑风田、程郁：《创业家与我国农村产业集群的形成与演进机理——基于的实证分析》，《中国软科学》2006 年第 1 期。
② 乔家君：《村域经济研究的国际进展》，《人文地理》2010 年第 2 期。
③ 付伟：《城乡融合发展进程中的乡村产业及其社会基础——以浙江省 L 市偏远乡村来料加工为例》，《中国社会科学》2018 年第 6 期。
④ 白小虎：《本地社会网络、分工网络与市场扩张的边界——桥头纽扣市场的经济史研究》，《浙江社会科学》2012 年第 12 期。
⑤ 张富刚、刘彦随：《中国区域农村发展动力机制及其发展模式》，《地理学报》2008 年第 2 期。
⑥ 陈晓华等：《快速城市化背景下我国乡村的空间转型》，《南京师大学报》（自然科学版）2008 年第 1 期。
⑦ 刘彦随：《中国东部沿海地区乡村转型发展与新农村建设》，《地理学报》2007 年第 6 期。
⑧ 兰肇华：《政府在农业产业集群中的作用》，《宏观经济管理》2006 年第 4 期。
⑨ 白丹丹、乔家君：《服务型专业村的形成及其影响因素研究——以河南省王公庄为例》，《经济地理》2015 年第 3 期。

的发展战略紧密相关①。近年来，国家和一些省市又密集出台了一系列关于推动农村三次产业融合发展以及农家乐特色村、旅游特色村、传统村落等特色村发展的政策指导性文件，推动了乡村旅游、体验采摘、文化教育等新产业的发展和特色村的转型升级。

二 特色村形成发展的机理分析

特色村的概念当中，不仅有分工与专业化、产业集聚的内涵，也暗含了希望其区域影响力不断扩大的市场扩张意义，更涵盖推动特色村不断转型的创新目标。因此，分工、产业集聚、市场扩张和创新成为解释特色村形成演化的重要机理。

首先，基于分工与专业化的研究。一是从地域分工角度，探讨特色村形成的内在机理。乡村地域功能是乡村对促进区域经济、社会、文化发展以及生态环境保护所承担的职能，它与城市地域功能在一定程度上实现了广义上的"地域分工"②。较成功村域一般都会融入更大区域经济的发展环境之中，并担负其他区域所不能替代的作用③。二是从专业化的角度，讨论特色村之间如何建立协同生产格局。李小建等认为，分工与专业化、邻里效应与距离衰减理论是专业村形成机理的重要组成部分④。罗必良从社会化分工与生产性服务外包的角度，论证了生产性服务的市场容量对于农业服务主体产生的关键影响，通过纵向和横向专业化能够有效促进分工深化⑤，对于推动专业化发展具有重要的政策启示价值。

其次，基于产业集聚的相关研究。新古典经济学代表人物马歇尔，认为产业集聚的动力主要来自地理集中生产带来的专业化投入和服务、劳动力市场共享以及知识外溢⑥。以克鲁格曼为代表的新经济地理学认

---

① 黄映晖等：《北京郊区"一村一品"发展特点、问题及对策分析》，《三农问题研究》2008年第8期。

② 刘自强等：《乡村地域主导功能的转型与乡村发展阶段的划分》，《干旱区资源与环境》2012年第4期。

③ 乔家君：《村域经济研究的国际进展》，《人文地理》2010年第2期。

④ 李小建等：《专业村类型形成及影响因素研究》，《经济地理》2013年第7期。

⑤ 罗必良：《论服务规模经营——从纵向分工到横向分工及连片专业化》，《中国农村经济》2017年第11期。

⑥ Marshall, A., *Principles of Economics*, London: Macmilllan, 1890.

为，产业集聚是由循环累积因果效应引起的，并从本地市场效应、价格指数效应和生产成本效应方面解释产业集聚的形成机制①。对于农业而言，特色农业也呈现出区域专业化分工与地理集聚的发展特征。但与制造业相比，因为农业生产的特殊性，农业集聚的形成机制也表现出独特的自身特征②，农业集聚格局演变的动力，由自然集聚向社会集聚演变③。并且，农业集聚的阶段性特征越来越明显，初级阶段，农业资源禀赋发挥主导作用，农业集聚主要发生在局部区域；到了中高级阶段，因为产业的关联效应和累积效应，有利于形成一个集种植、加工、物流于一体的专业化市场组织网络④。

再次，基于市场的相关研究。市场是一个历史悠久的概念，从一开始狭义地理解为产品交换的有形场所，逐渐演化为包括有形市场和无形市场的较广义概念，并开始被理解为商品活动和交换关系的总和，或者说是一种组织化和制度化的交换。在《国富论》中，斯密最早提出"分工受市场范围的限制"的著名论断，被称为"斯密定理"⑤。马歇尔认为，企业只有靠近市场规模大的地区才能获取更多利润⑥。杨格定理则对此进行了更进一步的揭示，认为经济增长过程源自市场和分工形成的良性动态循环，并将市场范围扩大区分为内涵式和外延式两种⑦。在斯密和杨格定理的基础上，学者又对市场与经济增长、分工等的关系做了大量研究。克鲁格曼等为代表的新贸易理论和新经济地理理论，则从不同角度对市场规模与产业集聚、生产率提升之间的关系进行了规范的理论与实证分析⑧。刘晓玲探讨了城乡产业一体化背景下，城乡之间

---

① Krugman, P., "Increasing Returns and Economic Geography", *Journal of Political Economy*, Vol. 99, No. 3, 1991.
② 贺亚亚：《中国农业地理集聚：时空特征、形成机理与增长效应》，博士学位论文，华中农业大学，2016年。
③ 李二玲等：《中国农业地理集聚格局演化及其机制》，《地理研究》2012年第5期。
④ 王艳荣、刘业政：《农业产业集聚形成机制的结构验证》，《中国农村经济》2011年第10期。
⑤ [英]亚当·斯密：《国富论》，高格译，北京联合出版公司2015年版，第15页。
⑥ Marshall, A., *Principles of Economics*, London: Macmilllan, 1890.
⑦ Young, A., "Increasing Returns and Economic Progress", *The Economic Journal*, Vol. 38, 1928.
⑧ Krugman, P. R., "Increasing Returns, Monopolistic Competition and International Trade", *Journal of International Economics*, Vol. 9, No. 4, 1979.

在产业分工、布局、合作中进行的广泛联合,实现生产要素在城乡间双向自由流动和优化配置格局下的城乡优势互补效应①。这种城乡互动中要素的优化配置,会带来特色村经济绩效的提高②。王勇等基于波兰尼"双向运动"理论,认为市场扩张和社会保护的过程对苏南乡村集体经济发展产生了至关重要的影响③。也有学者验证,理论上交通基础设施可以通过市场扩张、市场竞争和运输成本三种路径影响经济增长,而在实际计量检验中发现市场扩张是交通基础设施影响经济增长的首要因素④。

最后,基于农业创新的相关研究。早在20世纪50年代,舒尔茨就曾指出,技术是改造传统农业的一个关键变量⑤。更进一步,日本农业经济学家速水佑次郎和美国经济学家弗农·拉坦提出"技术诱导农业发展模式",指出农业技术的变革途径倾向于消除缺乏供给弹性的要素对农业生产的制约⑥。针对农业专业特色乡镇,其发展以国内外市场为导向,要在市场竞争中求发展,就必须引进新品种、新技术,提高科技含量,增强市场竞争力⑦。在特色资源产业化方面,围绕着"特"字,从产业的设计、开发到运营,也必须依赖于创新,才能在激烈竞争环境中创造并维持竞争优势。郝世绵等根据动态竞争战略的研究框架:资源整合—协同创新—动态能力—竞争优势,提出构建文化产业化区域协同

---

① 刘晓玲:《城乡产业一体化的内涵分析与演进路径》,《北华大学学报》(社会科学版)2012年第6期。
② 景普秋、解阁阁:《城乡互动的国际经验及其对中国的启示》,《高等财经教育研究》2015年第2期。
③ 王勇等:《"双向运动"视角下苏南乡村集体经济发展的三次浪潮》,《农村经济》2016年第11期。
④ 张睿等:《基础设施与企业生产率:市场扩张与外资竞争的视角》,《管理世界》2018年第1期。
⑤ [美]西奥多·W.舒尔茨:《改造传统农业》,梁小民译,商务印书馆2018年版,第28—29页。
⑥ [日]速水佑次郎、[美]弗农·拉坦:《农业发展:国家前景》,吴伟东、翟正惠等译,商务印书馆2018年版,第63—64页。
⑦ 王海燕、张永森:《建设特色专业乡镇,促进农村经济发展——山东省的实践与启示》,《中国农村经济》2002年第6期。

创新网络以及设计协同创新机制是特色村落文化产业化的最佳路径①。

第三节 农业发展阶段理论与特色村转型方向研究

技术发展和生产力进步,决定了农业发展也同与其他产业一样,存在明显的阶段性特征,乡村特色产业尤其如此。以乡村特色产业为核心的特色村转型,显然要受到乡村特色产业发展规律和发展阶段的深刻影响,同时特色村作为囊括多种领域、多种维度的综合地域空间,其区域转型又具有比乡村产业的发展演进更丰富的内涵。

一 对农业发展阶段的相关研究

农业经济学或发展经济学,对农业发展阶段做了大量的理论分析。舒尔茨利用新古典分析方法分析农业经济,把农业区分为传统农业和现代农业。传统农业的生产要素长期不变,农业技术处于停滞,要素边际收益率低下;现代农业采用新型生产要素,能够持续降低收入流的相对价格②。刘易斯在二元结构理论的基础上,根据农业中的剩余劳动力以及农业和非农产业的劳动生产率比较,划分农业发展阶段。1966年美国农业经济学家约翰·穆勒,提出了以资源互补论为核心的农业发展阶段论。第一个阶段为技术停滞阶段,农业生产的增长,依赖于土地、劳动力等传统要素的投入。第二个阶段是劳动密集型技术进步阶段。在这一阶段,因为人口增长和收入增加,对农产品需求增加;因为资本相对稀缺,农业发展主要依赖于劳动投入或资本节约型技术,重在提高土地产出率。第三个阶段是资本密集型技术的农业发展阶段。资本相对丰裕,劳动力成本开始上升,更多采用劳动节约型和土地生产率提高的技术,劳动生产率持续提高③。中国学者蔡昉立足中国农业发展的现实,将中国农业发展划分为农业劳动边际生产力极为低下的解决食品供给问题阶段、农业劳动力边际生产力向非农产业收敛的解决农民收入问题阶

---

① 郝世绵、胡月英:《新型城镇化背景下特色村落文化产业化研究综述》,《阿坝师范学院学报》2017年第11期。

② [美]西奥多·W.舒尔茨:《改造传统农业》,梁小民译,商务印书馆2018年版,第72页。

③ 张培刚:《发展经济学教程》,经济科学出版社2001年版,第542—544页。

段和资本加速替代劳动，但需要扩大经营规模避免资本报酬递减的解决农业生产方式问题阶段①。李国祥在舒尔茨区分传统农业和现代农业的基础上，提出后现代农业。后现代农业也是现代农业的范畴，但不同于大家普遍探讨的现代农业的常规动能，是通过增加机械投入、化学投入物和种子改良等物化技术提高产量；而是更加依赖于信息、技术、知识、数据等新生产要素和生态环境，通过发展新产业新业态实现农业多功能，培育农村新的主导动能②。

总结几种不同的农业发展阶段理论，可以看出：每个发展阶段都是采用供给弹性较大的资源要素，不同发展阶段是农业不同资源要素相互匹配的结果；农业逐步从自给自足经济走向商品经济；农村农业功能从相对单一走向多元化，农业发展动能随之切换；随着农村生产力的发展，农业劳动生产率、土地产出率逐步提高。

二 特色村的转型发展方向研究

科学发展观、五大发展理念和高质量发展，为特色村的转型发展奠定了坚实的思想基础。在新的发展理念指引下，并基于"多功能性乡村"③的价值判断，特色村发展面临四个重大转向。

（一）特色村发展的绿色转向

在"保增产"为核心目标的增产导向型农业政策下，农产品安全和乡村环境安全受到严重威胁，应在质效导向型农业政策下大力发展绿色产业④。2016年中央一号文件也曾指出，要"大力发展休闲农业和乡村旅游。依托农村绿水青山、田园风光、乡土文化等资源，大力发展休闲度假、旅游观光、养生养老、创意农业、农耕体验、乡村手工艺等，使之成为繁荣农村、富裕农民的新兴支柱产业"⑤。为此，把乡村建设

---

① 蔡昉、王美艳：《从穷人经济到规模经济——发展阶段变化对中国农业提出的挑战》，《经济研究》2016年第5期。

② 李国祥：《论中国农业发展动能转换》，《中国农村经济》2017年第7期。

③ Viktória Vásáry, "Review on Multifunctional Agriculture: A New Paradigm for European Agriculture and Rural Development by Huylenbroeck, G. and Durand, G.", *Acta Oeconomica*, Vol. 55, No. 2, 2005.

④ 魏后凯：《中国农业发展的结构性矛盾及其政策转型》，《中国农村经济》2017年第5期。

⑤ 中共中央、国务院：《关于落实发展新理念加快农业现代化实现全面小康目标的若干意见》，2016年，http://www.moa.gov.cn/ztzl/jj2019zyyhwj/yhwjhg/201701/t20170124_5465022.htm.

成具有生态功能的有效载体,特色村在多元化的产业发展上就有一个共同的选择标准,那就是符合环境低冲击的价值取向①。对承载特色文化景观资源的生态脆弱区,尤其要注重资源环境的承载能力,发展绿色产业、生态产业。实际上,特色村不仅重视产业的绿色化,也越来越重视农村地区的生态系统安全以及良好的人居环境建设。特色村的绿色转向是生态文明理念在乡村地区落实的具体彰显。

(二) 特色村发展的文化转向

乡村文化是乡村的"魂",在特色村发展过程中,遵循地方特色,挖掘地方文化,延续乡村文化机理②,从乡村古建筑的修复与保护、特色地域文化的弘扬、优秀传统文化的传承等多个方面,重振乡村文化魅力。特色村作为特色产业、传统文化、特色建筑的微观空间单元,强调在现代语境下重塑乡村耐人寻味、不可或缺的文化传统与独特价值③。针对古村落、古遗址等各具特色的传统文化名村,不少学者认为保护和传承历史文化资源的最佳路径是进行产业化开发、旅游化生存④。目前,在传统村落产业化、民俗文化产业化等方面,已经涌现出众多典型案例⑤。特色村的产品价值实现,已经突破"生产主义"导向下的"卖产品",更加重视"卖风景""卖温情""卖文化""卖体验"⑥。

(三) 特色村发展的社会转向

如何完善乡村治理体系、提升乡村治理能力,应当成为"十三五"期间乡村发展政策关注的重要方面⑦。目前,随着对乡村地位的重视,乡村中的各类建设项目大量涌现,仅 2013 年全国就有 1.3 万亿元的投

---

① 张京祥等:《乡村复兴:生产主义和后生产主义下的中国乡村转型》,《国际城市规划》2014 年第 5 期。
② 朱小娟:《特色村如何延续乡村文化机理》,《人民论坛》2016 年第 26 期。
③ 申明锐、张京祥:《新型城镇化背景下的中国乡村转型与复兴》,《城市规划》2015 年第 1 期。
④ 邵秀英:《关于山西古村落及其旅游开发保护问题的探讨》,《今日国土》2007 年第 9 期。
⑤ 郝世绵、胡月英:《新型城镇化背景下特色村落文化产业化研究综述》,《阿坝师范学院学报》2017 年第 1 期。
⑥ 姜长云:《科学理解推进乡村振兴的重大战略导向》,《管理世界》2018 年第 4 期。
⑦ 申明锐、张京祥:《新型城镇化背景下的中国乡村转型与复兴》,《城市规划》2015 年第 1 期。

资落在农村地区①。具有发展活力的特色村在承接国家各类建设项目中具有很大的优势，项目和资金的大量进入，考验着特色村的治理能力。王京海和张京祥通过对资本下乡的利弊进行分析，提出监管机制建立、乡村自主发展与治理体系的完善等政策建议②。理顺乡土社会基础、充分利用乡土社会资源、激发乡村社会的内生性动力应成为乡村振兴的重要考量。比如，面对淘宝村1.0迈向3.0的"中等收入陷阱"升级困境，其实现路径就在于乡村治理的现代化和恰当的规划引导③。

（四）特色村发展的空间优化

特色村空间功能的多元化发展，使乡村多维空间正历经转型与重构过程。如何在有限的特色村域空间实现合理化布局，成为空间转型必须重视的内容。王景新、支晓娟认为，农村地域空间内同时嵌入"基本公共服务均等化""留得住绿水青山""记得住乡愁"等多重愿景和综合价值追求，推动着特色村在村庄规划布局和建设、生产空间整备、生活空间改造、生态空间修复拓展等方面发生"翻天覆地"的空间重构④。在空间重构中，针对不同的特色村类型，需要有空间优化的整体思维和智慧。

第四节　特色村转型发展思路与对策研究

在城乡加速融合和全面实施乡村振兴战略背景下，大量学者就不同类型特色村面临的不同具体问题，从不同角度给出了不同解决方案，可以为本书"特色村如何实现转型"议题提供参考借鉴。

一　重视挖掘利用农业农村的多功能价值

从中国乡村建设和特色村发展历程看，从早期从事农业生产的专业

---

① 赵群毅：《城乡关系的战略转型与新时期城乡一体化规划探讨》，《城市规划学刊》2009年第6期。
② 王京海、张京祥：《资本驱动下乡村复兴的反思与模式建构》，《国际城市规划》2016年第5期。
③ 罗震东等：《迈向淘宝村3.0：乡村振兴的一条可行道路》，《小城镇建设》2019年第2期。
④ 王景新、支晓娟：《中国乡村振兴及其地域空间重构——特色小镇与美丽乡村同建振兴乡村的案例、经验及未来》，《南京农业大学学报》（社会科学版）2018年第2期。

化集聚形态，到雨后春笋般发展起来的各种类型的文化特色村、旅游特色村等，是乡村价值再发现的过程，与欧美发达国家从生产主义、到后生产主义再到多功能性乡村的发展路径基本吻合。刘自强等将乡村发展阶段划分为维持生计型、产业驱动型与多功能主导型三个阶段，研究表明，2009年中国总体上处于产业驱动型乡村发展阶段，若干大都市区的郊区已进入了多功能主导型乡村发展阶段，也有一些省区乡村仍将长时间地处于产业驱动型乡村发展阶段[①]。特色村的转型发展，也必须在"多功能乡村"这一基本价值判断基础上，从传统的产业集聚型向产业、生态、文化的深度融合转变。

二 制定各有侧重的多元转型战略

基于产业基础、区位优势、资源禀赋等，探究差异化的转型发展战略。对种养殖型特色村，张哲晰、穆月英以蔬菜产业为例，提出逐步由以增加面积为主的粗犷扩张型发展向以改进质量、提高效率和效益为主的发展模式转变，以做大做强优势特色产业[②]；也可以在优势特色产业基础上向外衍生农业体验、观光旅游、文化教育等新产业，拓展农民增收空间。对生态环境良好、具有景观资源的特色地域，则要秉承"你有我优、你优我特"的创新发展思路，让生态、文化成为特色村经济发展的统领，既要发挥绿色产业化过程对村域经济的带动作用，又要防止村落旅游对村落景观生态的破坏。对具有乡村文化传承意义的特色村落，将特色村落微观文化融入新型城镇化宏观环境，通过区域资源整合、协同创新发展，实现组织化、规模化、生态化、国际化发展是特色村落保护和发展的最佳路径[③]。在具体发展模式选择上，魏超等分析了大城市边缘区旅游开发引导的乡村转型发展模式，总结提炼了社区提升模式、景区依托模式、文化重构模式和近郊休闲模式等五种具体模式[④]。

---

① 刘自强等：《乡村地域主导功能的转型与乡村发展阶段的划分》，《干旱区资源与环境》2012年第4期。

② 张哲晰、穆月英：《农业产业集聚的生产效应及提升路径研究》，《经济经纬》2018年第5期。

③ 郝世绵、胡月英：《新型城镇化背景下特色村落文化产业化研究综述》，《阿坝师范学院学报》2017年第1期。

④ 魏超等：《大城市边缘区旅游开发引导的乡村转型发展模式——以武汉市为例》，《经济地理》2018年第10期。

三 培育特色村转型发展的内生动力

"乡村复兴"应确定乡村主体地位,通过构建城乡要素互通系统,重振乡村产业活力、重塑乡村文化魅力、重组乡村治理结构、重构城乡平等互补格局、重建乡村政策保障机制[1],让乡村主动向价值回归、自身造血、繁荣复兴的方向转型[2],特色村的发展尤其如此。对特色村的发展,还要以本地农民为主体,通过农民的自主创业、返乡农民工回乡创业,激发特色村发展活力,带动特色村发展转型。这需要在教育、医疗、基层文化服务、社会保障、就业创业等方面,不断提高农民自身素质和就业能力,为特色村转型发展提供人才支撑;同时,加强多元乡村治理[3],重构农村合作组织[4],为特色村的转型发展提供组织保障。

四 强化特色村转型发展的要素支撑

乡村劳动力、土地、资本这三大传统要素长期单向净流失是"三农"问题产生的本质[5],使特色村发展面临着资本短缺、人才短缺、农民增收难的难题[6]。因此,在动力机制上,乡村复兴离不开"三农"要素的重新定位和活化流动[7]。但对工商资本下乡,一种观点认为资本和农民结合可以实现双赢,另一种观点认为不可控的"资本下乡"往往带来资本吞没小农甚至乡村的现象[8]。如何借助外来资本并实现资本与特色产业发展的有效结合,是特色资源产业化过程中须正视的一个关键问题。王京海构建了乡村复兴内涵的资本驱动模式,通过自上而下的资

---

[1] 沈费伟、刘祖云:《村庄重建的实践逻辑与运作模式——以湖州市荻港村为例》,《南京农业大学学报》(社会科学版)2017年第2期。

[2] 朱霞等:《中国乡村转型与复兴的策略及路径——基于乡村主体性视角》,《城市发展研究》2015年第8期。

[3] 申明锐、张京祥:《新型城镇化背景下的中国乡村转型与复兴》,《城市规划》2015年第1期。

[4] 温铁军、杨帅:《中国农村社会结构变化背景下的乡村治理与农村发展》,《理论探讨》2012年第6期。

[5] 温铁军等:《中国农村社会稳定状况及其特征:基于100村1765户的调查分析》,《管理世界》2011年第15期。

[6] 魏后凯:《实施乡村振兴战略的目标及难点》,《社会发展研究》2018年第1期。

[7] 赵晨:《要素流动环境的重塑与乡村积极复兴——"国际慢城"高淳县大山村的实证》,《城市规划学刊》2013年第3期。

[8] 仝志辉、温铁军:《资本和部门下乡与小农户经济的组织化道路——兼对专业合作社道路提出质疑》,《开放时代》2009年第4期。

本投入与监管机制的建立，和自下而上的乡村自主发展与治理体系的完善，寻求资本与乡村合作带来乡村复兴而非乡村被吞噬的模式与路径①。

五 打造利于特色村转型发展的政策环境

在城乡管理制度方面，以往城乡相对割裂的规划法规、产业管理政策、财政金融制度、土地制度、就业管理制度等管理体制，成为产业融合发展的制约因素。因此，在城乡政策和管理方面，既要正视城乡有别，也要从根本上破除城乡分离的传统思维和做法，制定城乡一体、具有联动性的体制机制，为特色村的发展提供坚实的政策支撑。同时，加强乡村规划，合理布局村庄三生空间，推动空间重构。一些学者围绕着土地利用转型②、不同类型区域的农村居民点整治③等，提出制定差别化的乡村发展策略、探索激活乡村存量土地规划和利用的新方法、推进相关的政策与机制体制改革等推动乡村空间重构④。

第五节 国内外研究进展评价

总体上看，针对城乡融合视域下乡村转型以及特色村转型发展的相关研究，已经有了丰富的文献积累，为本书奠定了研究基础。但同时，在城乡融合和乡村振兴的时代背景下，有关不同类型特色村的研究尚未建立起一个统一的分析框架，造成已有研究成果对特色村转型发展的理论解释力偏弱，也在一定程度上欠缺了更具全局性和普适性的现实指导意义。

一 把特色村作为一个整体的转型发展研究仍较少

因为区位条件以及资源禀赋的差异，特色村呈现为多种类型与形态。已有研究以具体某类特色村为研究对象，做了大量研究工作，积累

---

① 王京海、张京祥:《资本驱动下乡村复兴的反思与模式建构》，《国际城市规划》2016年第5期。
② 龙花楼:《论土地利用转型与乡村转型发展》，《地理科学进展》2012年第2期。
③ 刘春芳:《基于乡村转型的黄土丘陵区农村居民点整治模式》，《经济地理》2014年第11期。
④ 罗小龙、许骁:《"十三五"时期乡村转型发展与规划应对》，《城市规划》2015年第5期。

了丰硕成果。但是，把特色村作为一种农村发展现象，从整体性视角出发，针对这种发展现象共性开展的研究极其鲜见。退一步看，对某一类型特色村的研究，更多关注特色村的形成过程、机理、特征等，很少涉及转型问题或有所涉及但覆盖内容不够全面。因此，在乡村振兴深入实施之际，将特色村转型发展问题作为研究对象与研究主题，在研究范围上从某一具体类型拓展至类型的集合，研究深度上从对过程、特征的具体描述性分析延伸至涵盖多领域、多层面的系统性理论研究，显得尤为必要。

二 对特色村转型发展影响因素与机理的考察有待深入

为什么一些特色村发展多年依然低效生产，而有些特色村却能高效转型，实现更高水平的发展？已有研究成果，已经不能给出科学的解答，需要新的理论视角给予科学解释。

前期研究主要从资源禀赋的角度解释特色村的形成与发展，尽管自然资源的比较优势在特色村形成初期起着主导作用，但随着城乡关系的改善，城乡要素和产业流动性增强，经济机制与社会机制互动形成的内生力量，对特色村转型发展作用的解释力量越来越强。而这种经济与社会内生互动的形成，不仅需要已有研究中达成共识的能人带动、社会资本支撑，还需要在城乡融合趋势下重点探讨经济、制度、技术等多层面的综合作用。

对于消费市场需求变化推动的转型与发展影响，已有研究没有给出足够的重视，体现在鲜见重点探讨居民需求结构、消费规模与特色村发展关联的研究文章，行文中稍有涉及也是寥寥数语，未有深究。深刻把握城乡居民对乡村特色产品消费需求的发展趋势，对于正确理解其对特色村转型发展的意义具有重要的理论价值与现实价值。

已有研究中肯定了特色村经济是一种分工经济和集聚经济，尤其强调了农业生产性服务业在现代农业发展中的重要作用。但分工经济具体实现的机理或者条件是什么，农业生产性服务业会随着产业规模扩大自然而然壮大吗？农村有农业地理集聚就能一样分享城市制造业部门集聚带来的空间外部性吗？特色村的专业化经济是继续"滚雪球"式的外延规模扩张，还是呈现内涵式的提升？还有，如何从理论层面深刻认识农业多功能性基础上形成的乡村旅游、文化休闲等新兴产业和新型特色村形态，在特色村转型发展和乡村振兴中居于什么样的地位和作用？这些都需要新时代背景下给出理论层面的回答。

三　特色村转型研究的领域与维度应进一步拓展

特色村是村庄的一种特殊类型，目前尚未有以"特色村转型"为研究对象的文献。通过梳理其他相关研究成果，可以为特色村转型的研究范式、研究内容提供有益借鉴。在西方国家从生产主义向后生产主义乡村转型的研究思潮下，针对中国乡村发展面临的现实问题及其引发的担忧，国内学者从不同角度，围绕着中国正在急剧发生的乡村地域功能转型、土地利用转型、空间重塑等乡村转型的不同方面，产生了大量成果。从这些研究成果看，基本都是围绕着某个转型领域重点展开，忽视了特色村转型应该是囊括不同领域、不同维度、不同层面的综合性、复杂性转型过程。

深入梳理发现，对已有乡村转型的研究，更多情况下是对乡村转型过程或某一个转型侧面的现象描述，给出的转型策略更多的是局部的或者是稍显片面的。并且，已有研究中更多关注经济转型带给其他领域的影响，较少体察其他领域对经济转型的反馈。通过加强不同领域转型互动关系的探究，无疑对促进特色村全面的高质量发展具有重要的价值意义。

四　特色村的转型发展亟须时代性总结与推进

特色村应该朝什么方向转型，这是一个重要的价值判断。已有研究从不同角度探讨了特色村发展的绿色转向、文化转向、社会转向与空间优化，较好地契合了国家五大发展理念、高质量发展理念对特色村发展的总要求。但如何把这些要素有机"糅合"进特色村转型发展的庞大系统之中，缺乏可借鉴的理论文献支撑。再则，中国目前推进的数字乡村、智慧乡村建设，将会给特色村的转型发展带来怎样的全局性、革命性影响，理论界有待进一步跟进。在城乡关系不断改善的背景下，应该沿着怎样的路径与模式推动特色村转型，这是一个具有时代性意义的行动性纲领。不同学者从不同视角给出了不同答案，但我们期待提出一个涵盖更多特色村类型、更具有普遍适用性、反映时代特征的的新型发展模式。

第三章

特色村转型发展的理论解释框架

有关乡村发展的理论，经历了从外源式、内生式到综合式发展模式的演变。外源式认为，乡村发展由乡村系统之外的外来力量决定；内生式强调本地的行为主体及资源要素在乡村发展中的决定性作用；综合式则将两种理论有机结合，认为乡村地区发展是资源要素被充分调动起来、在内生动力与外部驱动力的相互作用下组成的复杂网状网络[①]。本章在科学界定特色村转型发展内涵的基础上，将特色村置于城乡融合以及综合式发展视域下，从理论层面深刻剖析影响特色村转型发展的动力要素及其作用机理，并综合考虑特色村转型发展的内外部影响因素以及经济—社会—文化—生态—空间多系统的协同演化，为"特色村如何转型"建构一个综合性的理论解释框架，作为推动特色村转型发展的理论依据。

第一节 特色村转型发展的内涵

特色村转型，既遵循地域转型的一般规律，又因其规模结构、治理主体等特点而具有独特的内在逻辑。准确把握并科学界定特色村转型的内涵，是开展本书研究的基础前提。

[①] Ida J. Terluin, "Differences in Economic Development in Rural Regions of Advanced Countries: An Overview and Critical Analysis of Theories", *Journal of Rural Studies*, Vol. 19, 2003.

一 对"转型"的理解

特色村作为乡村的基本村落单元,有关乡村转型[1]的探讨,可为科学界定"特色村转型"提供直接借鉴。同时,特色村作为一个承载多种功能的微观地理空间,城市转型[2]、区域转型[3]等不同地域空间转型的研究,也有助于加深对特色村转型的理解与认识。总体上看,不同地理尺度的"转型"无一例外都被赋予丰富的内涵。

转型是在不同领域、不同维度、不同方面都发生根本性变革与调整,转型领域涉及经济、社会、文化、生态等不同系统,转型内容又包括发展转型、制度转型、空间转型。这些不同领域、不同方面的转型是一种非连续创新的质变过程,代表着事物的前沿、方向、趋势与未来[4]。从这个意义上说,转型是走向未来目标的"进行时"。对某一类型的转型而言,由于历史时期、发展背景的不同,转型模式也并非"由A到B"的简单线性,既可能有转型的多方向性,"B"是一个由不同方向构成的集合;也可能呈现转型的阶段性,如"由A到B再到C"。对不同转型的时序而言,某个类型的转型很难孤立发生,更多的是与其他转型交织在一起,主动抑或被动地发生结构、形态、功能性的改变。并且,不同领域、不同内容的转型也并非同步协调发展,推动某一空间内多领域同步协调的全方位转型,是一种相对理想的状态。

二 特色村转型发展的内涵

根据特色村概念及对转型的理解,特色村转型是涉及经济、社会、文化、生态、空间等多领域、多视角、多维度的全面转型。更具体地,对特色村转型内涵形成以下认识。

第一,需要明确特色村转型的核心问题。"为什么转型""如何转型""转型方向""转型路径""转型促进政策"等,是研究特色村转型需要解决的核心问题。首先要明确特色村转型的原点[5]在哪里?这是

---

[1] 魏后凯、刘同山:《论中国农村全面转型——挑战及应对》,《政治经济学评论》2017年第5期。
[2] 魏后凯:《论中国城市转型战略》,《城市与区域规划研究》2011年第1期。
[3] 朱介鸣:《包容性城乡一体化发展:"区域空间分散—地方空间集聚"的空间范式转型》,《城市规划学刊》2019年第5期。
[4] 李海舰:《新时代中国区域经济转型发展研究》,《理论学刊》2019年第5期。
[5] 夏东民:《我国社会转型起始点论析》,《南京林业大学学报》2006年第3期。

科学回答以上"五问"的基础。如果将传统村落作为原点,那么由传统村落向特色村的形成就可以看作是特色村的第一次转型;在新时代高质量发展要求下,已经存在的特色村就成为特色村再次转型的新原点。因此,我们研究的特色村转型,既是一个连续的发展过程,又有一定的阶段性特征。以上"五问",也决定了特色村转型是一个富有时代性、前瞻性的命题,要求特色村转型必须坚持科学导向、目标导向、问题导向,综合地考虑乡村发展规律、时代发展要求以及特色村内外部环境的影响。

第二,特色村转型的重点领域与内容。转型领域上,经济转型为特色村转型提供基础的物质支撑,是特色村转型的关键核心,其中,产业转型又是经济转型的重心。以经济转型为中心,社会、文化、生态等不同领域均面临不同程度的转型需求。转型内容上,特色村发展转型是特色村发展模式的重大转变,涉及经济、社会、文化、生态等众多领域。不同领域的发展转型中,经济发展模式转型占据主导地位,甚至影响、决定特色村转型发展的方向、进程与能力。特色村发展转型在空间上的映射,就表现为用地结构、功能组织、空间布局、建筑形态的系统性改变,因此,发展转型是空间转型的决定性力量。反过来,以空间重塑为目标的空间转型,又为特色村的发展转型提供空间支撑。特色村的制度转型,是农村人口管理制度、产业发展政策、土地利用制度等一系列农村制度改革的深化,为特色村全面转型提供基础性的制度保障。

第三,重视不同领域转型的相互影响作用。在乡村振兴和高质量发展理念下,特色村转型需要强化两种"嵌入",以增强不同领域转型的联动性。首先,特色村作为基层自治单位,要谨防波兰尼提到的大转型中"市场经济'脱嵌'社会"[1],我们倡导的特色村经济转型要紧密镶嵌于特色村独有的社会文化环境之中。这样带来两个方面的好处:一是特色村熟人社会形成的社会资本可以成为推动经济转型的动力因子,二是经济转型不仅直接地影响居民的就业结构与收入结构,经济转型取得的发展成果也为特色村村民所共享,同时有利于加快推动公共服务供给模式以及乡村治理模式的转型。其次,强调特色村经济系统对生态系

---

[1] Polanyi, K., *The Great Transformation*, Boston: Beacon Press, 1944, pp. 244–270.

统、文化系统的嵌入与整合。随着新时期乡村本源价值的彰显,特色村的生态价值、文化价值作为一种专业性生产要素创新性地凝聚到乡村特色产品的价值构成中,将成为推动特色村经济发展模式转变的重要驱动要素。另外,也更加强调特色村其他领域的转型对经济转型的支撑与保障作用。

第四,强调城乡融合背景下特色村的转型效应。特色村高质量转型的根本目标是实现农业农村的现代化。在城乡融合视域下,特色村转型发展内蕴着两层意思。一是在特色村层面,意味着特色村发展质量与效率的全面改善与提升,囊括了经济发展由初级低效转向现代高端、社会形态由均质内闭转向多样融合、文化发展由传统单一走向开放多元、生态环境系统由单向被动转向协同共生、空间利用由单一粗放转向集约公平、农民生活更加美好等多维度转变。二是在城乡层面,要求特色村发挥其在城乡地域系统中不可替代的功能性意义,以及实现特色村对城镇地区的追赶,最终达到城乡之间制度变迁、产业互补和区域共荣等多样而统一的融合性发展[①]。

当然,特色村的转型并非简单的线性推进,也非一蹴而就,而是渐进的阶段性过程,并且在此过程中可能存在一定波动。同时,在一定的条件下,特色村转型可能发生在某个领域或某个方面;但重大变革来临的时候,也可能发生特色村的全面转型,比如,伴随中国网络化、信息化和数字化发展带来的"数字乡村"建设热潮,无疑将通过数字赋能加速特色村的全方位转型。

第二节 城乡融合视域下特色村转型发展的机理分析

特色村是以乡村特色产业为核心支撑的地域单元,探讨经济转型的动力,必然绕不开城乡融合趋势下对消费需求侧和特色农业供给侧的探究。在消费需求侧,城乡居民对乡村功能的多元化需求与日益扩大的消费规模,为特色村培育与巩固市场竞争优势提供充沛动力,使市场扩张

[①] 金成武:《中国城乡融合发展与理论融合——兼谈当代发展经济学理论的批判借鉴》,《经济研究》2019年第8期。

成为拉动特色村经济转型、促进农民增产增收的重要引擎。在供给侧，一方面，特色村要克服生产经营领域桎梏农业发展质效提升的农业技术水平低下、资源要素利用粗放、经济组织化程度不高等问题，必须建立相对完善的农业生产性服务功能体系并实现空间上的功能集聚，才能超越纯粹资源禀赋引致的地理集聚，有效发挥产业集聚对经济转型的支撑保障作用，真正缩小乃至消除特色村农业全要素生产率与城镇的差距；另一方面，在多功能性乡村发展模式下，多样化产业的发展以及市场供需关系的调整和适应，将重塑特色村的要素结构、动能结构和产业结构等经济结构，形成特色村新的发展模式，并应在更高水平上再次改变市场供需格局而进一步巩固特色村的增长极地位和市场竞争优势。简言之，特色村的经济转型，是以市场供给与需求的双相衔接为基础，以不断拓展市场广度与深度巩固产业竞争力、发展质量与效率持续提升以及结构优化升级三大维度为主体表现，在更高发展水平上促进农业现代化的过程。据此，在城乡融合视域下，从经济增长、质效提升、结构优化三个维度，提出包含"市场扩张（Market Expansion）—功能集聚（Function Agglomeration）—模式创新（Mode Innovation）"三大动力机制以及三者协同互动的特色村经济转型发展逻辑（简化为 E—A—I 作用机理），以推动特色村的高质量发展。

一 特色村的产品市场扩张及其转型效应

经济转型升级归根结底要靠最终消费需求拉动[①]，市场消费需求不仅是引导技术创新和产业发展的基础动力[②]，也是打造产业竞争力的一个关键要素[③]。过去中国典型的城乡二元结构和严重的城乡差距，造成城市对乡村需求的巨大势能和消费潜力，近年来，中国城乡关系日益融合，为乡村产品市场扩张奠定了良好的制度环境和市场环境，促使乡村特色产业开始出现更大规模、更高品质、更多种类、更广范围的市场扩张，市场扩张也因此成为特色村经济转型的关键要素和重要外源驱

[①] 刘治彦：《城市经济转型升级动力机制分析》，《企业经济》2020 年第 2 期。
[②] Schmookler, J. and B. R. Mitchell, "Invention and Economic Growth", *The Economic Journal*, Vol. 78, No. 309, 1968.
[③] ［美］迈克尔·波特：《国家竞争优势》，李明轩、邱如美译，华夏出版社 2002 年版，第 70—77 页。

动力。

（一）特色村产品市场扩张特征及其本质

当前，中国乡村特色产品消费市场呈现加速扩张的发展趋势，表现出四个层面的典型特征：①城乡消费者对乡村特色产品的消费规模不断扩大；②消费模式的创新，"互联网＋"线上销售模式与"从田间地头到餐桌"、订单农业、农业认筹等线下不同新模式同步推进；③产品品类的扩张，即从食物性农产品向非农产品和服务延伸，消费者呈多样化消费偏好特征；④产品品质偏好增强。产品市场扩张的趋势映射在供给层面上，表现为种养殖特色村、休闲度假特色村、康养特色村、淘宝村、创客空间等数量庞大、类型各异特色村的广泛兴起，农村提供的产品已经不再局限于粮食、玉米、谷物等大宗农产品以及果蔬、肉蛋奶等大宗特色农产品，而是朝着多元化、差异型乡村特色产品和服务组成的产品集合迅速拓展。

市场扩张，是市场经济对乡村特色产品需求的进一步扩大与升级，其本质是在中国城乡关系重新塑造与融合发展进程中，乡村主体发展、平等发展地位的确立以及乡村功能价值的具体彰显，表现为农业功能从过去生产主义强调的农业生产功能，向农业生产、生态服务和文化休闲等农业多功能性转变。简单来看，乡村特色产品市场扩张受到两种力量的驱动。一是城镇化的拉动。据统计，2019 年底，中国常住人口城镇化率达到 60.60%[1]。这意味着，数量庞大的城镇人口对农业农村具有强劲的刚性消费需求。二是收入效应。恩格尔定律认为，一个国家或地区收入水平的增加，会降低居民生活必需品的支出比例，相应增加高收入弹性商品的消费比例[2]。2019 年，中国居民恩格尔系数 28.2%[3]，按照国际通用标准[4]，中国已经进入恩格尔系数小于 30% 的"富足阶

---

[1] 国家统计局：《中华人民共和国 2019 年国民经济和社会发展统计公报》，2020 年，http://www.stats.gov.cn/tjsj/zxfb/202002/t20200228_1728913.html。

[2] Houthakker, H. S., "An International Comparison of Household Patterns, Commemorating the Century of Engel's Law", *Econometrica*, Vol. 25, No. 4, 1957.

[3] 国家统计局：《中华人民共和国 2019 年国民经济和社会发展统计公报》。

[4] 联合国根据恩格尔系数对世界各国生活水平的划分标准，一个国家的平均家庭恩格尔系数大于 60% 为贫穷阶段；50%—60% 为温饱阶段；40%—50% 为小康阶段；30%—40% 属于相对富裕阶段；20%—30% 为富足阶段；低于 20% 为极其富裕阶段。

段"。这表明,中国居民对美好生活的需要日益增长,食物型消费中对食品安全、食品品质的偏好不断增加,对乡村休闲、生态服务、乡村文化等发展型消费和享受型消费比重也在持续提高。

(二)特色村产品市场扩张的转型效应

市场扩张,不仅对特色产品具有直接的市场价值实现以及数量规模扩大效应,还通过间接效应优化提升产品品质、促进产业结构转型升级。从城乡融合的角度看,迎合与满足城乡居民对乡村特色产品需求的市场扩张,不仅是特色村自身追求高质量发展的需要,也是满足人民的美好生活需要、实现新型城镇化向更高水平发展的现实需要,也是中国全面建成小康社会和现代化强国的必然要求。

1. 生产规模累积效应

消费需求是经济运行全过程的重要一环,"一头连着生产,一头连着民生,扩大消费是提高经济内循环能力的根本途径"[①]。反观中国的乡村特色产品市场,虽然总供给与总需求大致是平衡的,但面对不稳定的市场环境,一些特色农产品"产品积压""卖不出去"等市场销路问题依然没有得到根本缓解,不仅对特色经营农户造成严重困扰,也会伤害到特色村的稳定健康发展。在城乡融合情境下,产品市场扩张通过不同的传导路径,实现乡村特色产品的市场价值,促进乡村特色产业规模的扩大。

第一,消费能力和消费结构的影响。城乡融合发展水平越高的地区,其总体发展水平相对越高,消费者的消费能力越强,对有机食品、绿色产品、农业休闲、文化旅游等乡村特色产品的消费需求越旺盛。同时,增加对绿色、文化、休闲憩的消费,又有助于提高消费者的整体素质,因为消费者同时也是生产者,这反过来又促进生产效率的提高,进而提升消费能力和扩大对乡村特色产品的需求。

第二,产品种类与价格因素的影响。一般认为,农产品属于需求价格弹性比较低的吉芬物品,农产品价格对消费规模的影响有限。但特色村销售的特色产品和服务中,品牌化产品、品质化产品、个性化产品、

---

① 李克强:《深刻理解〈建议〉主题主线,促进经济社会全面协调可持续发展》,《人民日报》2010年11月15日。

服务性产品的比例越来越高,这些商品已经脱离传统大宗同质农产品的范畴,具有相对较高的产品需求价格弹性。当人们收入水平增加的时候,不是降低反而会提高这部分乡村特色产品的支出比重。

第三,市场地理范围的扩张。"北菜南运""南菜北运""互联网+"等特色农产品销售模式,一方面,拓展了特色产品市场交易的地理广度,提高了产品市场的占有份额,直接推动了特色产品市场规模的扩大。另一方面,特色农产品的输入,对输入地而言,在丰富其特色农产品种类的同时,也增加了农产品之间的竞争程度。同类型产品的市场竞争越充分,产品间的替代弹性越大,其特色农产品的总价格指数相对越低,越有利于市场消费需求规模的扩大。另外,较大地理尺度的空间扩张,通过开辟多元化的市场空间,形成风险规避效应,降低乡村特色产品依赖单一市场的脆弱性,长远来看也是保持市场规模的一种有效手段。

第四,降低交易成本。交易成本是产品从生产者到消费者之间发生的综合性成本,包括运输成本、时间成本以及由认知习惯、契约监督等带来的交易成本本身。比如,对于鲜活易腐的特色农产品如新鲜水果、水产品,其交易成本占产品总成本的比例相对较高。城乡融合推行的市场一体化,将改变城乡市场分割的现象,祛除横亘在城乡之间商品流、信息流、价值流的障碍;城乡融合中的基础设施一体化,是保证高效快捷运输物流的基础;城乡融合中的社会工商资本、高新技术等高级要素在冷链运输物流中的投入应用等,在技术可行性与经济可行性上实现了特殊产品保鲜、快捷、相对低成本的长距离运输要求,降低产品总成本中的交易成本比重,等同于降低产品价格,同时有利于拓展乡村特色产品的市场交易半径,从而促进了乡村特色产品的市场扩张。

市场规模是决定产业结构的一个重要变量[①]。在中国独特的城乡关系框架下,城乡融合发展促进了社会对乡村特色产品的消费需求规模扩张,推动乡村产业朝着规模化、专业化发展,为特色村接下来的功能分化、功能集聚以及模式创新准备了前置条件。进一步地,在中国加速构

---

① Holmes, T. J. and J. J. Stevens, "Does Home Market Size Matter for the Pattern of Trade", *Journal of International Economics*, Vol. 65, No. 2, 2005.

建国内大循环为主的双循环新发展格局背景下,通过深化城乡融合,增强乡村特色产品及其加工品的国内循环能力,对于促进特色村稳步发展和农民增产增收,也具有较强的经济社会意义。

2. 结构优化升级效应

消费需求不仅具有规模拉动效应,还具有重要的产业导向作用。无论是马克思所认为的消费"反过来作用起点并重新引起整个过程"[①],还是经济增长导致消费者需求结构变动—拉动生产结构变动—从而实现经济结构变迁的"库兹涅茨事实"[②],都强调了居民消费升级变革经济发展方式、推动产业结构优化升级方面的重要作用。城乡融合特别是要素融合和产业融合,使城乡消费者品质化、个性化和多样化的新型消费需求,传导至生产领域的通道变得顺畅。试想,如果我们一直延续以往城市偏向的发展政策,即便存在强劲的多样化乡村特色产品需求,但由于城市到乡村的要素自由流动与平等交换面临巨大阻隔,导致从需求到供给的市场传导路径不能有效建立起来,而受人才、资本、技术等高级要素严重制约的乡村,又无力供给高品质、多元化的特色产品满足消费市场扩张的需要。在城乡融合语境下,则会出现完全不一样的情形。乡村作为与城市同等重要的发展主体,敏锐的市场会精准捕捉到消费者对乡村特色产品市场的结构性变动,通过要素与产业在城乡间的市场化配置,有效激活农村农业独特的生态、文化、旅游等多维功能,从而使乡村特色产品的市场需求扩张创造自己的有效供给成为可能。而城乡道路设施、市场等不同方面的一体化建设,又打通了乡村特色产品从生产者到消费者的交换与流通环节,为供给与需求的高效匹配与市场均衡提供了必要保障。这样,新型消费需求、乡村新产业新业态新模式形成以及特色村转型发展三者之间形成一种良性循环。简言之,以新型消费需求为"出发点",首先在乡村地区形成消费需求的"凝结点"——新产业等乡村新消费热点,继而随着消费规模的扩大,形成消费需求的"升华点"[③],即拓展为乡村地区新的经济增长点,表现为旅游特色村、文

---

① 中共中央马克思恩格斯列宁斯大林著作编译局编译:《马克思恩格斯选集》(第2卷),人民出版社1972年版,第92页。
② [美]库兹涅茨:《现代经济增长》,戴睿、易诚译,北京经济学院出版社1989年版。
③ 尹世杰:《扩大消费需求,促进经济发展》,《人民日报》2009年7月20日第7版。

化特色村、创客空间等新型特色村形态的崛起。

新型特色村的主导产品更多是不同于特色农产品的非农产品和服务，比如休闲、体验、康养、教育等。这些产品因为具有一定的相似性，面临激烈的市场竞争，同时又因为不同产品被赋予不同地区或不同产业类别独具特色的自然、生态、文化等内涵，从而存在产品间的差异性，具有一定的市场垄断特性。因此，特色村的新型产品市场大致具有垄断竞争的市场结构特征。根据迪克希特、斯蒂格利茨关于垄断竞争模型的推演，在消费品垄断竞争的市场结构中，消费者多样性消费需求越强烈，均衡条件下产品的种类越丰富，产业的规模报酬递增效应也越大，也越有利于社会福利的增加[1]。这意味着，目前中国城镇化水平提高和收入增长带动的乡村特色产品市场扩张，是特色村加快发展模式创新的一个重要动因，将对特色村产业结构优化升级起到积极的正向促进作用，并且，多样化消费需求还是推动乡村特色产业形成规模经济效应的一个诱因。

3. 绿色发展导向效应

在现实的市场环境中，供给与需求难以均衡的一个重要原因，即在于产品品质无法满足消费者的需要，也是"人民群众对美好生活的需要与不平衡不充分的发展之间的矛盾"的一个重要表现方面。市场扩张中对乡村特色产品品质化的要求，对增加生态消费、文化消费的需求，体现了消费者对食品安全、生态环境、传统文化的重新审视与重视，是中国经济社会进步、消费者素质提高的直观表达。消费领域中品质化、生态化、文化化需求的市场扩张，将颠覆特色村传统的高投入、高消耗的粗放型经济增长模式，倒逼特色村朝着资源节约、环境友好、更有文化创意的集约、绿色发展模式加快转型，提高绿色产品、有机产品、生态产品、文化产品、创意产品的供给比例；倒逼特色村加快引进、采用提质增效型生产技术，将劳动力尽可能从产中环节的生产领域解放出来，向产后的产品整理、包装、分销等服务环节以及农业与旅游、文化等要素交叉融合的新兴产业转移，不断提高产品的附加值和质

---

[1] Dixit, A. K. and J. E. Stiglitz, "Monopolistic Competition and Optimum Product Diversity", *American Economic Review*, Vol. 67, No. 3, 1977.

量水平。市场扩张倒逼机制形成的提升效应，不仅关乎乡村特色产品质量与品质的优化，更是农村生态、生产环境质量的改善，以及对农耕文化、民族文化、乡村手工艺等传统乡土文化的保护与传承，最终体现为特色村经济、文化、生态的协调发展、高质量发展。

二 特色村的功能集聚及其转型效应

随着城乡加速融合，乡村特色产品市场扩张的引致效应使特色村产业集聚的动力由自然资源驱动向技术和经济驱动加速转变。与此伴随的是，乡村特色产业的生产性服务功能朝着社会化、专业化与规模化发展，特色村由初期的自然地理集聚转向更高水平的专业化功能集聚。功能集聚，成为变革特色农业生产经营模式、提升特色村发展质量与效率的支撑保障型动力。

（一）功能集聚的生成条件

特色村的空间分布形态表明，特色村集聚现象越来越突出。在此背景下，特色村的生产专业化逐步走向功能专业化，地理集聚和功能集聚，构成农业集聚的两个侧面[①]。据此，将农业集聚区分为自然地理集聚和专业化功能集聚两个层次。自然地理集聚（简称地理集聚），是外在可见的农业生产集聚现象，表征了农业集聚的地理广度；专业化功能集聚（简称功能集聚），是农业专业化生产服务功能的地理集聚，反映了农业集聚的内涵与深度。地理集聚和功能集聚，是农业集聚的两个方面。有农业地理集聚，不一定有功能集聚；但有功能集聚，必然存在农业地理集聚现象。功能集聚，是对特色村地理集聚的提升与发展，必须满足一定条件才可能发生。

1. 地理集聚与市场规模扩张

特色农业地理集聚与市场规模扩张，为农业的功能集聚奠定发展基础。特色村形成初期，自然资源禀赋在产业集聚中发挥基础性的关键作用，表现为特色农业生产功能为主的地理集聚。但由于农产品市场规模狭小以及农业生产中的较高交易成本等传统农业的特殊性，制约着农业分工空间的扩大与农业分工的深化，根本不会出现农业产业功能分化及

---

① 马玉玲等：《专业村集聚时空演化特征——以河南太行山麓为例》，《地理研究》2018年第11期。

功能集聚现象，农业生产模式以农户分散经营为主。随着特色产业不断向临近村庄扩散，特色村地理集聚态势逐步形成，使一定地域范围内的农户专注于同一类型特色农产品的生产，积累起较大的市场规模与市场势力，为农业生产性服务的需求与供给提供了互生互促的市场环境和空间环境。这是因为，第一，市场规模扩张，增加了对专业化生产性服务的市场需求，以获取专业化分工带来的潜在收益。第二，市场规模扩张有助于跨过孕育农业中间投入品的规模门槛，从而突破农业分工受限制①的特性，使不同环节的生产服务、运输物流、农产品加工等功能分化、细化成为可能。第三，农业地理集聚有利于提高农业生产性服务的交易频率和交易密度，提高交易效率和市场收益率，形成孕育服务功能社会化的外部环境；同时，特色农业地理集聚产生的空间外部性，吸引更多劳动力、金融资本、创新等高级生产要素在特色村加速集聚与优化配置，为农业生产服务的专业化、社会化、规模化发展提供要素支撑。

2. 技术进步、分工深化与功能分化

技术进步与分工深化，是推动特色村功能分化、进而实现功能集聚的重要动力。简单地说，农业产业分工有横向水平分工和纵向垂直分工之分。横向水平分工，实质上是农业领域内产业间的社会分工，表现为越来越多的劳动者从传统农业生产中转移出来，参与到乡村旅游、传统手工艺品、休闲农业等乡村新型产业中；纵向垂直分工是技术分工，表现为特定农产品的不同生产环节或区段从生产过程中逐步分离出来，实现生产主体由一个向多个的转变②。特色村形成初期，其采用的技术水平普遍不高，技术因具有遍在性而较易获得。当特色生产活动达到一定规模时，地方政府出于繁荣本地农村经济的目的，进行农业生产技术推广服务。政府提供的技术服务，成为特色村专业化生产与技术创新的重要催化剂，但技术扩散依然局限于农户间的模仿，少有创新活动③。在城乡关系处于二元分割状态时，即使特色村已经满足特色农业经济规模和地理集聚的基础条件，但由于缺乏持续的技术进步，农业分工深化与

---

① [英]亚当·斯密：《国富论》，高格译，北京联合出版公司2015年版，第7页。
② 高帆：《分工演进与中国农业发展的路径选择》，《学习与探索》2009年第1期。
③ 高更和、石磊：《专业村形成历程及影响因素研究：以豫西南3个专业村为例》，《经济地理》2011年第7期。

功能分化的动力依然不足。

城乡融合趋势下，特色村的技术创新能力日益改善和提高，成为深化农业分工、促进功能分化的关键变量。根据"技术诱导农业发展模式"①，特色村的创新活动重点朝着生产工艺流程创新和产品创新两个方向拓展。农业生产工艺流程创新，集中于提高生产效率的种子研发、改善生产环境的绿色技术、提高运输效率的物流技术、注重农产品品质的提质增效技术以及加强质量监管的技术开发等不同侧面与生产环节。不同环节、不同层次的技术创新与其他要素协同融合，使农业技术服务、植保服务、物流运输、农产品营销等生产服务功能逐步走向社会化，表现为农业生产迂回程度的提高和农业的垂直分化过程。当特色村的农业生产性服务功能实现社会化、专业化、规模化、多样化发展，即形成了功能集聚现象。产品创新是特色村增加产品种类、提高产品质量与品质的重要途径之一，无论是从优势主导产业分离出新的产业类型，还是对生态、文化资源进行有目的的商业性开发，都带来产业横向分工深化的效果，形成水平分工深化引致的生态、文化等功能集聚现象。这些新型业态的发展，又衍生出新的生产服务消费需求，再一次强化特色村的功能集聚。应该说，纵向分工与横向分工深化是技术进步驱动功能分化与集聚的中间环节，二者协同构成特色村功能集聚的动力基础。事实上，技术进步与分工深化也是驱动特色村模式创新的内生力量。

总之，特色村的功能集聚，必须满足市场扩张和技术进步两个必备条件，从而实现"市场扩张—地理集聚的空间外部性—要素禀赋拓展—技术进步与分工深化—功能分化与功能集聚"的循环累积过程。

（二）功能集聚的主要类型

一般认为，农业生产性服务主要是指那些分离于农业生产领域的社会化服务。但在农业多功能发展模式下，乡村旅游特色村、康养型特色村、社会试验场等新型特色村非农产业的发展，促使生产性服务功能从传统的农业生产领域延伸至乡村生态、文化领域。还有，特色村为满足外来投资者、劳动力和消费者等外来人员而增加的生活消费需求，究竟

---

① ［日］速水佑次郎、［美］弗农·拉坦：《农业发展：国家前景》，吴伟东、翟正惠等译，商务印书馆2018年版，第63—64页。

是属于生产性服务还是生活性服务，二者之间已经没有明确区分的严格界限，可以说，生产性服务功能进一步朝着生活领域延伸。就有学者指出，农业生产性服务业的内涵向着农村服务业拓展，不仅服务于农业农民，也服务于农村城市[1]。

按照内涵和外延拓展后的生产性服务功能的不同性质与用途，将生产性服务功能集聚区分为三种主要类型。①农业创新功能集聚。创新功能，既是促进功能集聚的原因，也是功能集聚的结果。在特色村集聚区内，包括政府机构科研院所、农业企业、创新中介、农户、乡村组织等多元异质创新主体和创新客体相互作用形成的创新网络，使特色村形成一个"创造场"[2]，总体遵循非线性的演化轨迹[3]。政府机构在其中担负指引性作用，科研院所是特色村原创生产技术、重大突破型创新技术的主要生产者，农业企业主要针对科研院所的知识创新进行技术转化，"创新中介"在农业创新"供给—需求"中发挥"对话"作用与联结功能。农户是创新产品和服务的最终消费者，并且越来越多地参与农业技术的开发与创新活动[4]。②狭义的生产性服务功能集聚，包括三部分内容，一是主要是为农业生产领域提供中间投入品生产外包服务功能集聚，如代耕代种、植保服务、采收等；二是为保障农业高效运转的现代生产性服务业形成的集聚，如现代金融、农业保险、运输物流、市场营销等；三是满足外来人员需要的生活性服务功能集聚。③农业组织管理功能集聚。与以上两种功能直接推动生产力发展不同，农业组织管理功能更加侧重于重塑特色村的生产关系。经营组织模式的创新以及土地合作社、产业联盟、农业产业化联合体等多种新型发展主体和专业化市场组织的形成与网络化发展，无疑加剧了组织管理功能的地理集聚。

---

[1] 张红宇：《农业生产性服务业的历史机遇》，《农业经济问题》2019年第6期。
[2] Scott, A. J., "The Culture Economy: Geography and the Creative Field", *Culture, Media, and Society*, Vol. 21, 1999.
[3] Triomphe, B. and R. Rajalahti, "From Concept to Emerging Practice: What does an Innovation System Perspective Bring to Agricultural and Rural Development", in: Coudel, E., H. Devautour, C. T. Soulard, G. Faure, B. Hubert (eds.), *Renewing Innovation Systems in Agriculture and Food*, Wageningen Academic Publishers, 2013, pp. 57–76.
[4] Pant, L. P. and H. Hambly-Odame, "Innovation Systems in Renewable Natural Resource Management and Sustainable Agriculture: A Literature Review", *African Journal of Science, Technology, Innovation and Development*, Vol. 1, 2009.

（三）功能集聚的转型效应

由共性或互补性的功能集聚，引致纯粹自然地理集聚无法实现的空间强外部性，是产业集聚强劲、持续竞争优势[①]的重要来源。功能集聚，为特色村的生产经营和模式创新提供坚实的动力支撑与组织保障，有助于提高经济发展的质量水平，并促进劳动生产率、土地产出率和农业全要素生产率的稳步提高。

1. 知识溢出效应

农业创新功能的空间集聚，是特色村开展创新活动的沃土，为模式创新和经济转型提供永续的动力支撑。功能集聚带来的集体效率，通过共同行动可以实现单个或少量特色村无法实现的农业创新与功能分化，对特色村知识创造与溢出、产业技术与组织变化、特色新兴产业起到积极的"孵化"作用。同一类型特色村集聚区内，因为产品间的竞争关系以及消费市场的多样化偏好，专业化生产区的最终产品具有一定的差异性，比如蔬菜种植区茄子和土豆的种类差别。这种同一类型产业内多样化产品形成的集聚，因为不同种类间的互补性知识可以产生相互"孕育"的效果，促进知识外溢与新技术应用，共享 Jacobs 外部性[②]；另外，以主导产业和中间投入品企业为主的专业化集聚，可以促进专业性知识在同种类产业、不同主体间的知识溢出，降低发现创新机会并将其实现的成本，共同分享马歇尔—阿罗—罗默外部性[③]。由技术创新、知识溢出产生的空间外部性，推动农业规模报酬递增。

图 3-1 中，假设特色村原有主导产业的生产函数为 $q = f(x)$（q 为产出，x 为投入），A 点的平均产出等于边际产出，是特色经营农户或企业的最佳规模生产点。首先，既有技术水平保持不变，但通过主导产业向外创新衍生新产业，比如花卉种植型特色村增加花卉有关的手工创作、景观旅游等经济活动，最佳产出点由 A 点移动到 C 点。因为多产业联合生产形成范围经济，使较低的成本投入获得更多的边际产出，所以 C 点位于 B 点上方。其次，通过主导产业的技术创新向外拓展其生

---

① Porter, M. E., "Clusters and the New Economics of Competition", *Harvard Business Review*, Vol. 76, No. 6, 1998.
② Jacobs, J., *The Economy of Cities*, New York: Vintage Books, 1969.
③ Glaeser, E. H. et al., "Growth of Cities", *Journal of Political Economy*, Vol. 100, 1992.

产边界,或者通过产品创新再造新的生产函数。这时,特色村的生产函数曲线从 q=f(x) 转换为 q*=f(x*),A* 是新生产函数的最佳规模生产点。A* 的产出投入比明显高于 A。无论哪种情况,都实现了生产的规模报酬递增效应,C* 点可以看作是综合以上两个过程实现的最佳报酬递增效果。

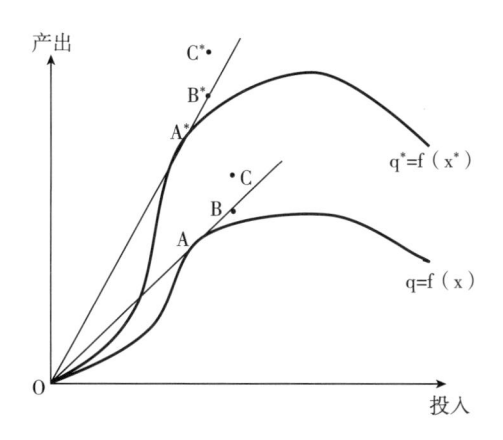

图 3-1 知识溢出的规模报酬递增机制示意

资料来源:改绘自周立等《乡村振兴战略中的产业融合和六次产业发展》,《新疆师范大学学报》(哲学社会科学版)2018 年第 3 期。

2. 分工深化效应

分工深化与功能集聚,互为前提、相互促进。分工经济学认为,产业分工深化能够提高生产效率,是获取规模报酬递增的重要源泉。经验数据也表明,农业生产性服务是促进农业生产效率提高的重要途径[①]。农业生产性服务功能越细分,形成的专业化优势越突出,对农业发展的提质增效效应越显著。为分享专业化经济的好处,更多要素、更多农户、更多新型发展主体和服务主体投入特色产业,进一步促进特色农业的专业化分工和功能集聚。功能集聚深度和广度同步扩展,从而创新产

---

① 杨子等:《农业社会化服务能推动小农对接农业现代化吗——基于技术效率视角》,《农业技术经济》2019 年第 9 期。Alwarritzi, W. et al., "Analysis of the Factors Influencing the Technical Efficiency among Oil Palm Small holderfarmers in Indonesia", *Procedia Environmental Sciences*, Vol. 28, 2015.

生更多的产品种类，并再次促进地理规模和市场规模的扩大。这样，功能集聚推动形成了分工深化引致的本地市场扩大效应，促成一个多层次、多种类、大规模的乡村特色产品市场，有助于塑造更具影响力和竞争力的地域品牌和产品品牌形象，使特色农产品的市场均衡价格显著高于普通农产品。更重要的是，生产性服务业功能集聚增加更多异质性劳动参与生产活动与价值创造，促使农业迂回程度提高、中间投入品种类增多，对内提供农资购买、土地托管、耕种收外包、金融保险、农业功能开发及交易等多元化服务，对外提供运输物流、市场营销、品牌打造与推介等高水平的集中化服务。具有不同专业化优势的中间投入品专注于资源节约、成本降低、产出增加、效率提高等众多目标，通过中间投入品的媒介传递效应，推动特色农业全要素生产率不断提高的同时，实现集约化、绿色化、品质化发展。

3. 组织保障效应

长期以来，中国小农分散经营是主要的经营组织模式，制约着小农户与大市场的有效对接，使小农户面临市场交易成本上升、产品交易价格低于市场均衡价格等交易困境，造成交易效率缺失[1]。事实上，小农分散经营的弊端还有很多，比如，绿色增效改善缓慢、难以分享规模经济和范围经济的好处、特色农产品数量和质量都无法适应城乡居民消费市场扩张的需要等问题，致使农业竞争力不强、农民持续增收乏力。但根据中国农用地的制度安排，小农户将长期是中国农业生产的主要经营主体。功能集聚作为一种有效的空间功能组织载体，承载着越来越多的专业化合作社、经济合作组织、农业产业化联合体等农业专业化、市场化经营组织，推动土地经营的规模化或专业服务的规模化。大量农业新型发展主体的地理集中布局，改变了传统纵向一体化中"龙头企业＋农户"或"合作社＋农户"的单链条联结方式，朝着纵向与横向同步深化的多维度交叉融合的网络联结模式转变[2]。不同新型发展主体的紧密联结，有利于提高生产经营的组织化水平，实现更为专业化的分工和

---

[1] 李博伟等：《农业生产集聚能否促进农民增收——来自淡水养殖的经验证据》，《农业技术经济》2019 年第 5 期。

[2] 王志刚、于滨铜：《农业产业化联合体概念内涵、组织边界与增效机制：安徽案例举证》，《中国农村经济》2019 年第 2 期。

范围更广、程度更深的多元合作，将分散小农导入现代农业的分工体系和经济体系[①]；推动分散经营走向农业规模经济、范围经济发展的轨道，帮助小农户降低全产业链上的交易成本，实现农产品生产成本节约。同时，专业化经济组织通过与农户建立紧密的利益联结机制，以契约分工形式向农户输送知识资本和技术资本，最大限度保障农户的特色经营能力与收益水平。

三 特色村的模式创新及其转型效应

功能集聚使特色村的生产经营领域发生深刻变革，为特色村构筑新的发展模式奠定了发展基础。模式创新，是需求端市场扩张拉动以及供给端内生发展动力双向作用的过程，不仅会促进特色村经济发展的要素禀赋、产业形态、核心动能等发生重大结构性转变，也会显著提升与之紧密关联的生态、文化、社会等领域的同步发展。因此，模式创新是提高特色村发展水平与发展层次的根本性动力，也是特色村转型最具化、最能凸显农村农民发展主体地位的关键一环。当然，模式创新也有其历史阶段性，不同时期模式创新的具体内容与表现特征可能存在较大差异。

（一）模式创新的动因

前文已经证明市场扩张是推动特色村转型的外部驱动力。问题的关键是，特色村如何实现有效供给以适应市场扩张的现实需要，依然处于神秘的"暗箱"之中。城乡日趋融合进程中，特色村通过创新发展模式促进经济结构的调整与优化，一定程度上较好匹配了品质化、规模化、多样化的市场扩张需求。当然模式创新过程中，离不开功能集聚的动力支撑和运行保障作用。其实，模式创新的意义远不止于此。

农民作为特色村发展模式转型的利益直接相关者，其对美好生活的内在诉求，是推动发展模式创新的内生动力。一方面，虽然特色村农民的经营性收入水平、生活质量相对领先于非特色村，但与城市相比，城乡居民的收入差距、生活水平差距依然显著。从事乡村特色产业的特色

---

① 罗必良：《小农经营、功能转换与策略选择——兼论小农户与现代农业融合发展的"第三条道路"》，《农业经济问题》2020 年第 1 期。

村，侧重于利润最大化和风险最小化的生产策略目标①，特色经营收入的稳定增长是推动特色村模式创新、激活经济活力的最大动力。可以说，发展模式创新，是摆脱中国农业内卷化状态、持续提高市场竞争力、获取超额价值回报的重要途径。另一方面，特色村农民逐步走向追求生活质量阶段，要求特色村提供更加丰富的公共服务产品、更加优越的人居环境、更有聚合力的乡村社区文化。公共产品的供给在很大程度上依赖于产业发展和经济条件的支撑，人居环境则需要农民对生态价值认可基础上的自觉改善、公共投入和合理的开发策略，而乡村文化并不仅仅是简单可见的符号标识，更多的是将其内化为村民意识或价值观、而后又外化为村庄景观风貌和行为习俗的过程，这些都对模式创新提出了更高要求。

（二）模式创新的不同形式及其转型效应

按照农业发展理论，农业现代化必须增加技术、资本等现代要素的投入，在质量效率方面"做优做强"乡村特色产业；若从中国"大国小农"条件出发，发展现代农业更需要深化农业专业化分工，加快构建生产性服务支撑的现代农业组织，在规模效益方面"做大做专"优势特色产业；而基于农业多功能性特征和城乡居民的美好生活需要，在功能结构方面"做多做精"乡村特色产业，是新时代对现代农业的基本诉求。因此，基于农业发展的规律逻辑、现实逻辑与需求逻辑，提出特色村模式创新的具体型式。

1. 模式创新Ⅰ：要素禀赋拓展与现代农业发展质效的全面提升

质量效益型农业是典型的问题导向型农业发展范式。20世纪90年代，中国大宗农产品连续增产，农民增产不增收现象成为"三农"问题的主要矛盾，同时受到消费者由温饱需要转向提高生活质量需要的牵引，农业由数量增长型向质量效益型转变成为当时的主攻方向②。但时至今日，特色农业发展过程中的高生产成本、食品安全风险、生态环境破坏、较低的农民增收效应等难题，依然困扰着特色村的可持续发展，

---

① 刘莹、黄季焜：《农户多目标种植决策模型与目标权重的估计》，《经济研究》2010年第1期。

② 孔祥智、李保江：《论发展我国的质量农业》，《中国农村经济》1998年第10期。

质效导向型转变的进程依然任重道远。要实现特色村的持续转型，维持其动态竞争优势，必须借助于高级生产要素市场的发育与匹配[1]。

但是，理论界一直将中国农村要素市场看作是一个被政府管制的不完全竞争市场，要素市场的市场化程度明显滞后于产品市场的市场化程度[2]，并且，劳动力流转市场、农地流转市场、资本信贷市场三大农村要素市场发育依次滞后[3]。特色村形成初期，虽然城乡分割严重，但通过对自有要素的重新组合，实现了经济的"凸起"。此时市场上供给的乡村特色产品种类相对有限，且集中于具有物质形态并相对同质的特色农产品，这种供给结构正好匹配了中国发展初期消费者相对有限的消费能力以及对产品需求的价格弹性较为敏感的消费特征。但随着乡村特色消费品的市场扩张，特色村依赖初级生产要素获得的比较竞争优势逐步消退，已经不能准确地反映出消费品市场的细分、产品的差异性以及产品的品质化等市场竞争的概念。新时期，伴随着城乡融合的发展趋势和农村改革的深入，特色村要素市场发育的空间范围和深度经历一个不断发展的过程，当前已经随着农村发展进入全面转型新阶段而推进到新的层面[4]。在一些地区，返乡下乡创业人员不断增多，社会工商资本进入农村农业成为一种必然趋势[5]，农业信息化大力推进[6]等。现代高级要素在特色村的集聚与优化配置，将显著改善农业生产效率、提升产品品质以及产业竞争力[7]。将这种由要素禀赋拓展或要素高效利用推动的质量效益型农业发展和产品竞争力提升，概括为模式创新Ⅰ。

由于资本、技术、资源等可用要素禀赋的差异，特色村由传统粗放

---

[1] 朱文珏、罗必良：《行为能力、要素匹配与规模农户生成——基于全国农户抽样调查的实证分析》，《学术研究》2016年第8期。

[2] 何一鸣等：《农业要素市场组织的契约关联逻辑》，《浙江社会科学》2014年第7期。

[3] 陈思羽、罗必良：《农业要素市场发育程度的区际比较》，《新疆农垦经济》2016年第3期。

[4] 魏后凯、刘同山：《论中国农村全面转型——挑战及应对》，《政治经济学评论》2017年第5期。

[5] 农业农村部：《社会资本投资农业农村指引》，2020年，http://www.moa.gov.cn/govpublic/CWS/202004/t20200415_6341646.htm。

[6] 朱秋博等：《信息化提升了农业生产率吗?》，《中国农村经济》2019年第4期。

[7] Jäkel, I. C. and M. Smolka, "Trade Policy Preferences and Factor Abundance", *Journal of International Economics*, Vol. 12, 2017.

型向质量效益型农业转型具有不同模式。第一，资本引领的集约型特色农业，主要通过资本高强度投入和高新技术采用，实现高投入、高产出、高增长[1]。在中国目前大力推行农地适度规模经营、加快培育新型农业经营主体的政策背景下，以家庭农场或涉农企业为主体的规模化经营或服务，更容易形成此模式。第二，现代信息技术支撑的精准农业、智能农业、智慧农业。从国家层面上看，互联网、物联网、大数据等新兴技术为支撑的智能农业、智慧农业，逐步从发展战略走向试点示范阶段[2]。一些农业标准化程度和附加值较高的特色村，可以把握这一重大契机，实现发展模式的转型升级。第三，"互联网+"特色农业。互联网已经渗透进特色农业发展的全领域，成为特色村模式创新的重要推进力量。"互联网+"农业生产，推进农业工业化、标准化、规模化生产；"互联网+"旅游、康养等产业，生成旅游服务、创意农业、康养产业等；"互联网+"流通销售，催生定制农业、农村电子商务等。互联网技术与特色农业的不同融合方式，形成特色村不同的模式创新路径和经济增长点。第四，生态导向的有机农业、绿色农业等。针对严峻的农业农村生态环境问题，在采用农业绿色技术、提质增效技术已经具备条件的农村地区，更好地发挥政府的引导作用，推动化学农业朝着绿色农业、生态农业加速转型，培育数量更多、附加值更高、市场竞争力更强的"三品一标"产品。

2. 模式创新Ⅱ：生产服务产业化与现代农业的标准化规模化发展

从经营规模化转向服务规模化，是中国农业规模经营方式创新的重要路径[3]，也是中国特色农业现代化的最显著特征[4]。模式创新Ⅱ，是对农业分工深化引致生产经营方式变革进而推动模式转型的具体描述，特别是纵向分工过程中，产前的种子研发、育种、机械设施制造等，产中的水肥药精准施用、土地整理、作物收成等，产后的储存、加工、流

---

[1] 孔祥智、李圣军：《试论我国现代农业的发展模式》，《教学与研究》2007年第10期。
[2] 农业农村部：《数字农业农村发展规划（2019—2025年）》，2020年，http://www.moa.gov.cn/nybgb/2020/202002/202004/t20200414_6341532.htm。
[3] 冯小：《多元化农业经营背景下农业服务模式的创新与农业发展道路——基于三个典型案例的实证研究》，《南京农业大学学报》（社会科学版）2018年第3期。
[4] 孔祥智：《促进新型农业经营主体和服务主体高质量发展》，《中国合作经济》2020年第4期。

通、销售等不同环节或工序的社会化、产业化、专业化、规模化发展，以及农业与现代金融、信息技术等现代服务业的交叉融合，加快特色村形成以专业生产性服务为支撑、实现规模化和标准化发展的现代特色农业模式。

标准化规模化的专业服务型农业发展模式，可为特色村带来多重转型目标。第一，以培育、壮大新型发展主体和服务主体为抓手，将农业生产性服务业由农业生产的附属产业发展为独立完整乃至战略性产业[1]，是推动特色村发展动能转换的一个重要着力点。第二，在特色村集聚区内，大量具有一定服务规模和服务效率的农业专业化服务主体，组成一个以利益联结为纽带、内在高度关联的复杂组织网络，涵盖农业农村生产生活领域，不仅服务于新型发展主体，也同时惠及小农户，均能从分工效应中获取规模报酬递增[2]。第三，农业新型服务主体更加依赖科技创新、现代金融、人力资本等现代要素的投入，可以将其作为绿色导向和提质增效导向植入特色村的中间载体，逐步提高科学育种、科学测土配方、微生物有机肥等土壤改良技术以及水肥一体化、绿色防控等提质增效绿色生产技术的使用率，加快传统农业生产方式变革，缓解或解决化肥农药、塑料农膜等造成的农业污染以及土壤板结、次生盐渍化、有机质含量降低等环境问题，推动传统农业向高端高质高效的现代农业转变，实现特色村集约化、绿色化发展的目的。第四，生产服务组织的发展和标准化生产方式下大型机械设备的投入使用，形成对生产环节劳动力的节约与替代，附加值更高的农业价值链环节或乡村部门得到更多的发展机会，从而有助于提高特色村发展的整体水平。

3. 模式创新Ⅲ：农业功能产业化与现代农业的差异性多元化发展

中国逐步进入后工业化社会的多功能主导型乡村发展阶段，乡村的多功能性体现在保障粮食安全与食品卫生安全、生态保护与文化传承、农业休闲与旅游等各个层面[3]。特别是乡村独特的生态、文化，是发展

---

[1] 张红宇：《农业生产性服务业的历史机遇》，《农业经济问题》2019年第6期。

[2] 刘守英、王瑞民：《农业工业化与服务规模化：理论与经验》，《国际经济评论》2019年第6期。

[3] 刘自强等：《乡村空间地域系统的功能多元化与新农村发展模式》，《农业现代化研究》2008年第5期。

多元化、非农化农业的关键专业性要素。中国辽阔的疆域塑造了风格不同、各有优长的自然地理环境，中华五千年农业文明积累下来的民间神话故事、民俗风情、农耕文化、古建筑风貌、风味餐饮等代表乡村文化的乡村意境和乡土气息，作为专业性要素内化进乡村特色产品之中，是生成产品差异性和垄断性竞争优势的重要源泉。一些种养殖型特色村，向外衍生认养农业、定制农业、农业体验、特色餐饮等新业态新模式；一些非特色村利用本地的民间手工艺、景观生态、村落古建筑、传统饮食文化等资源要素，发展传统手工业、医疗康养、景观观光、特色食品、农家乐、文化旅游、文化创意等众多非农产业类型。这种对生态、文化、休闲等乡村服务功能的挖掘与利用，即为模式创新Ⅲ。

模式创新Ⅲ，彰显了农业农村的多功能价值，也更好地满足城乡居民对乡村特色产品多样化消费需求的美好生活需要。因为休闲型农业主要是体验型、精神型、美好生活型消费，消费者对产品体验的舒适性、特色化、个性化、精致性的要求更高。因此，休闲型特色村必须以市场需求为导向，秉承差异型产品的竞争策略，在激烈的市场竞争中构建难以模仿的竞争力，使特色村从不可比拟的竞争优势中持续获取较高的经济效益、生态效益与社会效益。具体来看，首先，服务化、休闲化、非农化乡村特色产品中蕴含的生态溢价、文化增值部分，使农户（或企业）获得高于边际成本的超额价值回报。其次，休闲型农业的发展，培育壮大特色村发展新动能，也成为打破农业内卷化状态的一条新型发展道路[①]，为农业劳动力转移拓展更多的就业空间和增收空间；同时因为农业生产领域劳动力的减少，使特色村采用更多的劳动和土地节约型技术，从而推动农业技术进步。最后，休闲型农业发展，丰富特色村多样化的经济形态，"软化"农村生产型为主的经济结构，不仅有助于提升特色村的发展效率与发展水平，还增强特色村的经济弹性或韧性，有效避免农业专业化发展战略中把"所有鸡蛋放在一个篮子里"可能面

[①] 左冰、万莹：《去内卷化：乡村旅游对农业发展的影响研究》，《中国农业大学学报》（社会科学版）2015 年第 4 期。

临的地区性繁荣或衰退①。

当然,三种创新模式并非彼此孤立,而是相互交叉融合在一起。在特色村发展的不同时期,其支撑动能具有不同的实现方式和条件,或者存在不同的发展模式②。特色村转型发展的过程,也是发展模式不断创新并走向深入的过程。

四 城乡融合、E—A—I 传导互动与经济转型

在城乡融合视域下,重点探讨了三大动力要素的作用机理,相互之间的关系也有所涉及,这里对 E—A—I 三者的传导互动做进一步明晰。第一,市场扩张和功能集聚两大要素促进模式创新。品质化、差异型的市场扩张,通过规模累积、结构升级、品质提升三大效应,引致要素与产业在特色村的市场化配置,对模式创新形成外部拉动;功能集聚通过知识溢出、专业化分工和组织保障三大效应,提高要素与产业在特色村配置的效率与质量,对模式创新形成内部动力支撑。第二,功能集聚与模式创新促进市场扩张。供给端的功能集聚和模式创新,承载着乡村产品体系的生产、交换与流通环节,通过优化产品品质、降低生产成本、提高交易效率、丰富产品类型等,提升乡村特色产品的竞争优势,支撑需求端更高水平的市场扩张。第三,市场扩张和模式创新促进功能集聚。从市场供需均衡角度看,消费市场扩张意味着特色村产品生产体系和经营体系的扩张,进而引发、深化生产性服务功能的分化与空间集聚现象。模式创新能力提升,对功能集聚提出更高的要求,从而不断提高功能集聚的地理广度与市场深度。

事实上,城乡融合既是农业农村现代化的必然结果,也是农村农业现代化的重要原因。对特色村而言,其所在区域的城乡关系,深刻影响着动力要素启动的难易程度以及"E—A—I"的内生互动强度,决定着特色村转型的质量与效率。当城乡关系处于分割状态时,要素、产业、基础设施、公共服务与社会保障等呈现典型的城乡二元结构,一方面是要素与产业无法在城乡间合理流动与优化配置,导致特色村缺乏有效的

---

① Lee, W. M. and J. G. M. Schrock, "Rural Knowledge Clusters: The Challenge of Rural Economic Prosperity", This Report Prepared by the State and Local Policy Program of the University of Minnesota's Hubert H. Humphrey Institute of Public Affairs, U. S. A., 2002.

② 李国祥:《论中国农业发展动能转换》,《中国农村经济》2017 年第 7 期。

外源驱动；另一方面是农村教育、医疗等基本公共服务滞后，导致特色村转型的内源动力不足。依赖现代技术、人才、资本等高级要素支撑的功能集聚与模式创新，也就成为"无源之水"，难以真正启动。虽然因为城乡产品市场融合程度要高于要素融合与社会融合程度，市场扩张动力开始发挥作用，但是，由于城乡分割，使市场扩张对要素禀赋的反馈机制，只能限于农村范围内的初级循环和外延扩展，而不能实现要素禀赋上的内涵提升[①]。最后的结果是，特色村空间集聚的地理范围、市场规模会越来越大，但产业分工受到严重制约，农业全要素生产率提高缓慢。相反，当城乡关系趋于融合时，由于城乡一体化建设和城乡资源要素间的高级循环，特色村某一动力要素的启动将会变得越来越容易，对转型的驱动力量也越来越大；并且，任一动力要素的变化都可能成为E—A—I循环互动的诱因，同时伴随着更多由城到乡要素的流入以及新型农民的培育，特色村要素禀赋的结构、质量和数量都发生根本性改变，三者的传导互动效应越来越强，从而形成"1＋1＋1＞3"的转型倍增效果（见图3－2）。

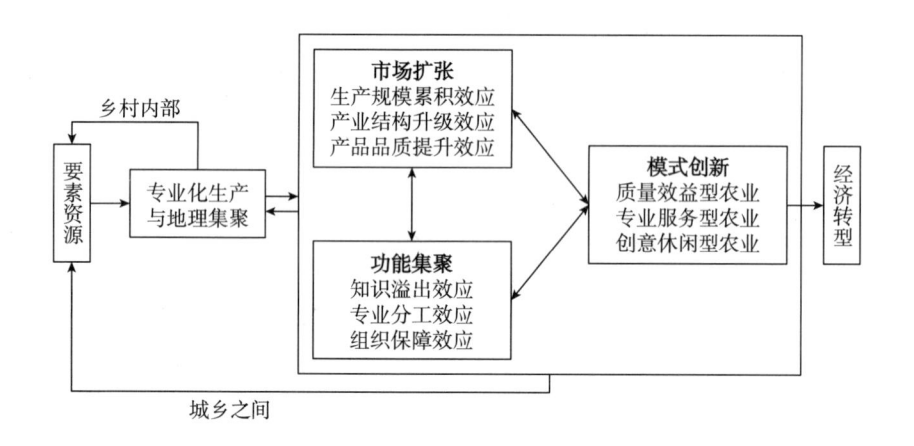

图3－2 城乡融合视域下E—A—I的传导互动及其作用机理

---

① 近期国家出台文件《中共中央国务院关于构建更加完善的要素市场化配置体制机制的意见》，强调要完善中国的要素市场，尤其对于资本、人才、信息技术等现代要素严重短缺的农村来说，更需要城乡要素的市场化配置。

总之，在城乡融合特别是城乡要素融合视域下，E—A—I 的内生互动，进一步强化了市场扩张的引致效应、功能集聚的支撑保障能力、提高了模式创新能力，加速了特色村发展模式的更迭演替，从而带来特色村持续的经济转型效果：要素约束不断缓解，要素禀赋结构不断改善与优化；简单粗放的传统农业向绿色生态、高质高效的现代农业加速转型，特色产业形态不断丰富、产业结构不断优化升级；农业生产性服务业和依托农业多功能形成的休闲型农业加速培育与壮大，为特色村发展注入新动力，为农民创造新的就业机会、拓展新的增收空间；乡村特色产业的劳动生产率、土地产出率和全要素生产率全面提高；特色村的经济转型进程持续推进，市场竞争力不断提升，特色村进入较高发展层次。

第三节 特色村转型发展的综合解释框架

E—A—I 描述了特色村转型发展的核心机制，但同时还受到其他因素的影响和干预。在多种因素和 E—A—I 共同作用下，特色村还必须通过经济、社会、文化、生态与空间五大系统的协同演进，才能实现特色村的高质量全面转型。

一 特色村转型发展的主要影响因素

（一）多元化的转型主体

特色村的发展重在"特色"，有"特色"才有市场竞争力。在新时代背景下，一部分特色村主动创新的需求更为旺盛，这是特色村根据自身资源环境约束和社会发展约束，对新发展理念做出的积极回应与动态调整。由农民组成的村党组织、村民自治组织、村集体经济组织、经济合作组织和社会服务与文化公益类组织等各类乡村组织，形成了覆盖特色村、指向农业农村现代化方向并具有强大功能的组织网络。在乡镇政府、乡村组织、村民、农业企业等几大转型主体中，日益健全完善的乡村组织，是居于主导地位的转型主体。在发展初期，求新思变的农村能人在特色产业发展中发挥了关键作用，但是这一过程带有某种程度的自发性。以特色村为"新原点"的再次转型，需要打破传统经济发展的路径依赖，通过路径突破与路径再造，建立一种新的增长路径。这种具有"破坏性创新"的转型过程,与特色村形成初期农村能人的带头示范作用相比,更依赖于乡村组织特别是"村两委"的群众凝聚力、社会号召力与发展推动力。乡村组织能动性较强的特色村,在对接国家相关发展政策、引入外来力量、进行特色村内部的产业组织与布局以及推动村庄整体建设等方面具有明显优势,更容易获取转型机会、营建转型环境、培育转型动力。另外,随着乡村振兴战略的实施,新型农民、返乡农民工、下乡技术人员、资本所有者等乡村各类创新创业人才以及农民合作社等新型发展主体,在推动特色村转型中的作用也将日益凸显。

(二)地方根植的历史文化环境

具有一定特质的地方,是功能集聚和模式创新的摇篮或催化剂。除了自然资源禀赋外,特色村转型进程必须植根于具有一定地方特质的社会文化和制度环境之中。

第一,制度创新活跃。制度创新包括管理制度创新和组织制度创新。特色村转型中,农村地区一些针对农业生产的土地、产业管理等传统制度安排,相对落后于乡村新兴产业特别是休闲型非农产业发展的现实需要。在中国既有制度框架下,一些地方政府从实际需要出发,深化农村改革举措与政策支持的管理制度创新,为特色村转型提供良好的制度环境。同时,伴随要素与产业大量进入特色村,那些要素与产业组织制度创新活跃的地区,能为特色村的整体转型提供高效的组织保障。

第二,社会资本丰厚。知识有编码知识和意会知识之分,编码知识是一种正式知识,如信息;意会知识,其形成、交流与扩散,则更加依赖于连续性的、面对面的、非正规的交流和联系。农业技术的扩散更依赖于"干中学"[①]"用中学"等过程中意会知识的交流与分享,建立在信任与合作基础上的社会资本,在支撑意会知识溢出中会起到更加积极的促进作用。

第三,市场经济较为发育。市场经济发育水平较高的农村地区,当地企业与农户对外来竞争企业的开放、包容程度相对就高。同时,大量农村新型发展主体的形成,通过智力投入、资本投入新创造出来的编码

[①] Arrow, K. J., "The Economic Implications of Learning by Doing", *Review of Economic Studies*, Vol. 29, 1962.

知识越来越丰富，基于"业缘"关系的编码知识的有价转让形式也越来越多，功能集聚的动力将由相对松散的、非正式的社会联系逐步向更加紧密的、正式的经济关联过渡。在富有市场精神的地区，农户对农业生产服务才能产生较大的市场需求，建立真正有效的市场交易关系，刺激服务企业不断壮大生产服务规模、提高服务效率。满足以上特质的地方环境，使农业企业、农户、农业经纪人和各类新型经营主体建立稳定的竞合关系，构建覆盖整个特色区域、产业之间相互交叉融合的本地网络，推动特色村转型不断走向深化。

（三）现代信息技术的快速发展

目前，互联网、物联网、大数据等现代信息技术在不同类型特色村中的推广应用，给特色村的转型发展插上了"科技的翅膀"。随着农村信息化的发展和劳动分工的深化，按照不同工序、区段和环节进行农业产业链分工的产业组织形态，产生了规模庞大的产业间或产品间的边界和交叉点。这些边界和交叉点因为与上下游环节具有较强的技术关联性或市场关联性，成为现代产业发展最活跃的"融合点"，有利于生成新经济、新业态与新模式。同时，利用电子信息、生物工程、电子商务等新兴产业与其他产业的广泛关联性，通过嵌入特色农业，用高新技术、绿色技术改造提升特色农业，助推特色农业由数量规模型向质量效益型转变。另外，将大数据等现代技术用于乡村公共事务等乡村治理方面，无疑也将成为提升乡村治理能力和实现乡村善治目标的重要推进力量。

（四）国家相关发展政策的干预

国家一直高度重视农村的发展，特别是乡村振兴战略中统筹农业供给侧改革和高质量发展理念，确定了特色村转型发展的主旋律，使特色村在改革中促转型、在转型中促发展。而近年来密集出台的乡村产业发展政策，涵盖农村不同产业类型并传递了保护乡村生态与传承乡村文化的价值取向，是特色村产业发展的指南与保障，也成为特色村经济发展与转型的政策支撑。譬如，休闲农业、乡村旅游等乡村新型业态的发展政策，会对这一类的产业发展起到积极的诱导作用，甚至促进关联产业的发展，加快特色村新动能的培育；转变农业发展方式、推动农村三次产业融合等意见的出台以及农业现代化规划，在提高特色村经济发展质量与效率的同时，也推动特色村经济发展模式的根本性转变。

二 包含"三圈层五系统"的综合解释框架

综合以上讨论,我们将特色村的转型发展表达为三个圈层和多个系统的相互作用模型(见图3-3)。在经济系统内,按照影响因素的层次嵌套关系形成三个圈层。内圈层为特色村内部的影响因素,包括资源禀赋、社会网络、农民和乡村组织以及地方根植的历史文化传统等,这些是微观的、实际影响一般局限在特色村内部的因素类型;中间圈层是特色村转型发展的动力要素,即市场扩张、功能集聚与模式创新,起到承内启外的关键衔接作用;最外层是特色村所属区域的外围影响因素,包括市场制度、信息技术、交通区位、城镇格局、政策环境、消费趋势等。尽管这些因素也极大影响特色村转型的进程,但是,我们认为,它们是通过对核心支撑要素施加影响,才发挥出其作用。

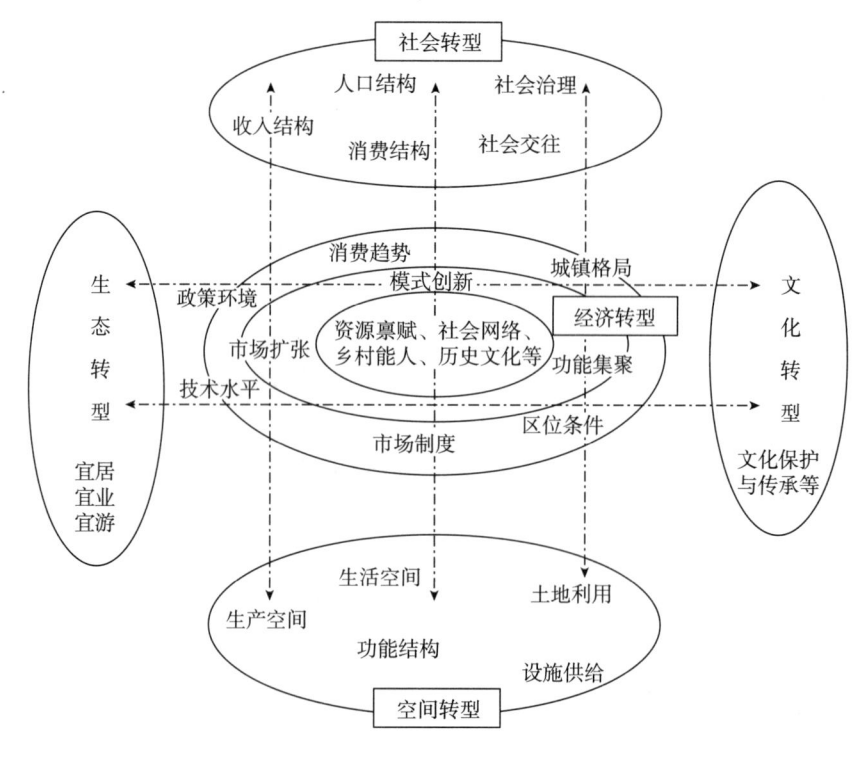

图3-3 特色村转型发展的综合解释框架

特色村的转型发展是包含经济转型、社会转型、文化转型、生态转型和空间转型等多个领域、多个维度的综合转型过程。其中,经济转型是特色村转型的主导性驱动力量，其他领域进行协同转型。所谓协同，是将不同独立运行的个体以某种形式整合联结成一个可以共享资源的整体，通过个体间的协调运作提高整体效率[①]。特色村的转型协同，包含两层意思：一是特定领域的转型，是对经济转型的自适应，但这种适应又强调主动作为，以消解经济转型对特定领域带来的不利冲击，提高其转型的质量与效率；二是以经济转型为核心，强调社会、生态、文化、空间、政策等多领域的协同支撑作用，以提高特色村整体转型的质量与效率。图3-3给出了不同系统间的协同转型，从纵向上看，经济转型位于中间层次，反映其作为主导地位的核心性；其上层为社会系统转型，反映社会发展目标在长远来看应作为更优先的价值取向，充分满足人们对美好生活的向往；底层为空间系统转型，表明其在经济社会发展中所具有的空间支撑功能。两边是文化转型和生态转型，随着特色村经济与生态、文化融合发展趋势的增强，生态系统、文化系统在支撑特色村经济转型中的作用越来越强，其自身转型进程也在加快。不同层次间存在相互作用的关系，反映经济—社会—生态—文化—空间系统的彼此依赖与循环反馈，特色村的全面转型正是建立在这样的复杂系统之上。

当然，在现有研究成果中，由于社会系统和文化系统的相近性、生态系统和空间系统的交叉与部分涵盖，许多研究把五大系统简化归并为经济、社会和空间三大系统，以免论述过于烦琐。基于这一考虑，在后面的实证分析中，本书从经济、社会、空间三个维度展开探讨，但对其他两个维度的核心问题均有涉及。如在社会转型研究中，关注了外来人口与本地人口的社区认同问题，这实际上是文化领域的经典命题；而在经济转型和空间转型中，关注了特色村农户由于分散经营产生的资源环境问题，以及通过生态环境修复推动空间转型等，在相关内容方面已经做了对照与融合。

---

① Ansoff, H., *Corporate Strategy* (Revised Edition), London: Penguin Books, 1987, pp. 35–83.

第四章
特色村转型发展的一般过程

在不同城乡关系以及 E—A—I 内生互动作用下,并受到内外部因素的综合影响,不同特色村的具体转型模式异彩纷呈。但是,把握农业农村现代化的基本发展趋势,立足中国特色村发展的丰富实践,以时间轴为观察维度,将具象特色村抽象化,抽取其共性特征并加以理论概括,可以对"特色村应该转向哪里"给出一个整体性的科学判断。总体来看,改革开放以来中国特色村的转型发展区分为三个重要的历史阶段,以专业化经济为核心的特色村 1.0 时代,代表特色村已经走过的历史时期;产业、生态、文化"三位一体"发展的特色村 2.0 时代,是当前中国正努力践行的发展阶段;以智慧村为核心的特色村 3.0 时代,代表特色村发展的未来。虽然这三种模式依然共存于当前的乡村发展之中,但在时间维度上已然呈现螺旋式演进特征,总体刻画了中国特色村发展的一般过程以及特色村转型发展的基本演替规律。

第一节 特色村发展阶段划分的基本依据

尽管特色村转型是一个涉及多领域、多层面、多维度的综合转型,但最终落脚点仍然是解决"三农"问题,实现全面小康和农业农村现代化目标。从农业角度来看,E—A—I 传导互动作用下特色农业发展动能的持续更迭演替,是特色村转型发展的关键;从农村角度来看,特色村发展理念从一元到多元的转变,是特色村转型发展的目标和结果;而作为特色村转型发展的主体,农民生活质量的持续改善,是特色村转型的内在价值追求。因此,可以从这三个方面综合考虑,形成划分特色村转型阶段的基本依据,也在实践应用上充分回应本书所构建的理论解释框架。

一 特色村发展动能的更迭演替

发展动能转换受到中国城乡关系演进以及 E—A—I 作用强度变化的深刻影响,是区分特色村发展阶段转换的核心与关键[①]。新动能的不断挖掘和培育,是打造与维持特色村竞争优势的基本考量。最终消费作为经济活动的起始点与落脚点,"市场扩张"是拉动特色村动能结构转换的最大外驱力;侧重于要素优化配置、经济组织化、高效化、集约化与新技术新产业发展的"功能集聚"与"模式创新",是特色村培育与壮大新动能、实现经济结构转换的助推力。在中国城乡关系从对立、分割逐步走向融合的进程中,"功能集聚"与"模式创新"作用逐步增强,特色村的资源要素禀赋、经济结构、发展动能也表现出明显的阶段性特征。一方面,特色村资源利用广度与深度不断拓展,由土地、劳动力等易开发资源,逐步延伸至生态环境等不易开发的有形资源以及特色文化、传统习俗和价值观念等无形资源。与此同时,特色村的要素禀赋结构与要素组合也在不断调整与转换,以实现可流动性高级要素与不可流动性资源的融合与匹配。另一方面,生态环境、文化、创新等资源要素与农业交叉融合形成的新兴产业以及集约化、创新型的发展模式,成为继发展初期特色农产品生产之后的新型动能,经济结构从第一产业向第三产业的融合发展、创新发展转变,产品结构由物质型的大宗特色农产品和小商品向非物质型的产品和服务延伸。特色村发展模式和发展动能的阶段性更迭演替,推动资源系统、要素系统、产品系统、功能系统、生态文化系统等不同层面随之做出相应变革,最终实现特色村的综合性转变(见表4-1)。

表4-1　　　　特色村的不同发展阶段及其系统特征演变

发展阶段	城乡关系	要素系统	资源系统	动能系统	产品系统	功能系统	生态文化系统
初级阶段	对立与分割	土地、劳动力等	易开发的有形资源	特色农业生产	数量规模	特色农产品生产	单一利用

---

① 郝寿义、曹清峰:《后工业化初级阶段与新时代中国经济转型》,《经济学动态》2019年第9期。

续表

发展阶段	城乡关系	要素系统	资源系统	动能系统	产品系统	功能系统	生态文化系统
中级阶段	城乡统筹、城乡一体	资本、技术、管理等	不易开发的有形资源和部分无形资源	农业生产服务与农业新功能支撑的新产业	质量效益	功能完备性和高效性	保护和传承的自觉
高级阶段	城乡融合	人才、现代信息技术等	社会、文化等无形资源	智慧农业	优势或引领地位	生产、生态和文化等功能	融合、内化

二 特色村发展从一元走向多元

以经济发展模式转变为主导，特色村的发展理念从一元向多元转变（见图4-1），可持续发展能力不断增强。发展初期，"穷怕了、饿怕了、想过好日子"的特色村，把经济增长作为唯一目标导向。但随着农村经济发展和农民收入增长，特色村对乡土文化传承、生态环境保护等的压力越来越大。这就要求特色村改变唯产量导向的发展模式，朝着内涵优化提升的发展模式转型，更加关注农民对文化生活和公共文化的需求、对乡村传统文化的创新性继承，以及对生态、生产、生活环境的保护与整治。因此，特色村进入强调经济发展、生态文明建设以及文化保护与传承三者有机协调的中期阶段。随着高质量发展理念的提出以及乡村振兴战略的实施，又把特色村推向一个新的历史阶段，即追求经济、生态、文化、社会、空间等不同领域、不同层面、不同维度的全面高质量发展。从空间发展来看，生态、生产、生活空间利用的不可持续性、无序性与非宜居性，亟须加强对"三生"空间的布局与优化。从社会治理来看，传统的乡政村治模式相对适应于城乡二元结构，但城乡融合与特色村的高质量发展在传统乡村治理模式下根本无法实现，要求特色村必须借助于新的信息技术手段，不断优化乡村治理体系与治理结构，提高乡村治理的精准性与有效性。假如说之前特色村的发展依赖于对资源要素的深入挖掘与利用，是在资源禀赋利用广度和深度上的拓展与延伸，那么治理体系和治理能力现代化，将促进特色村在内涵发展上实现更高程度的跨越，从而推动特色村进入全面发展的高级阶段。

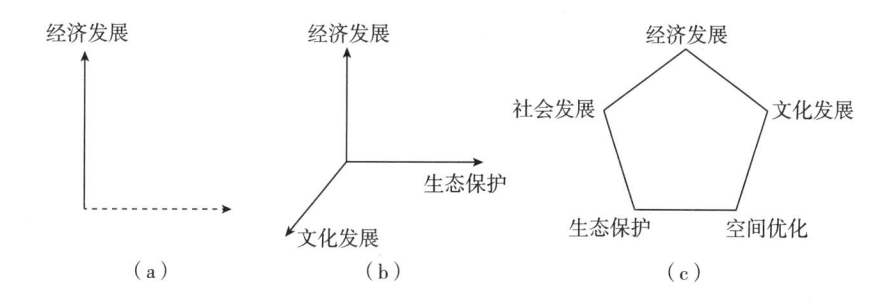

图 4-1　特色村不同发展阶段及其发展目标演进

三　特色村居民的高质量生活诉求

党的十八大提出，2020 年中国要全面建成小康社会，意味着特色村不仅要实现多元化的全面发展，同时也要将发展成果真正惠及所有农民。生活质量作为衡量人们从生活舒适、便利程度和精神层面获得的享受或乐趣[1]，应当成为划分特色村发展阶段的一个重要参考标准。经济收入与支出、农村公共服务和社会保障、生态环境、基础设施、乡村治理等不同维度[2]，基本涵盖了乡村生活质量的内涵。总体上看，伴随着中国城乡关系的不断改善和特色村经济的发展，特色村农民的生活水平从"温饱型"向"小康型""相对富裕型"转变[3]，农民生活质量持续改善。

因为经济收入水平（收入均是指人均可支配收入）是农民生活质量的经济基础，因此，将特色村的收入增长放在城乡劳动力由单向流动转向双向互动[4]的宏观背景之中，大体描述特色村农民经济收入水平的变动，进而从收入维度向其他维度拓展，综合反映特色村农民生活质量在不同发展阶段的改善趋势。特色村在形成之前，农民获得远低于城市居民的经济收入。随着工业化和城镇化的推进，一部分特色村村民转变为进城打工的"农民工"；但也有一部分村民留在村庄开始从事特色经

---

[1] Schuessler, K. F. and G. A. Fisher, "Quality of Life Research and Sociology", *Annual Review of Sociology*, Vol. 11, 1985.

[2] 周国华等：《湖南乡村生活质量的空间格局及其影响因素》，《地理研究》2018 年第 12 期。

[3] 根据中国历年的农村居民恩格尔系数和联合国划分的生活水平标准得出。

[4] 魏后凯：《新常态下中国城乡一体化格局及推进战略》，《中国农村经济》2016 年第 1 期。

营。特色经济的发展逐步推高了特色村的收入水平,但与城市相比仍然存在明显的收入差距①。在全国加速推进城乡一体化实践中,特别是近期乡村振兴战略和农业农村优先发展理念的提出,基本公共服务、基础设施建设等加速向农村延伸,向农村流动的高级要素也明显增多,特别是一批富有资本、信息、技术和社会资源的"农民工"回流至农村并从事创新创业活动②,推动特色村经济发展出现一次大的跨越,也拉动了农业劳动生产率提高与农民收入增长。更重要的是,农民工群体的回归,不仅增加了新的要素供给,更增加了对乡村社会保障与公共服务、精神文化、生态环境等改善生活质量的多维诉求,这是特色村农民生活质量的一次明显改善。假定特色村的创新能力、经济活力持续增强,在"三生"空间环境不断改善、农业多功能性持续挖掘的前提下,一些带有乡村情怀的城市劳动力和投资者也具备了进入特色村生产经营领域的基础条件。人力资本的集聚,将再一次促进特色村的要素供给边界向外拓展,促进特色村的创新能力、经济发展再次跃升至更高水平。无论是下乡人才还是特色村农民,对乡村生活质量的要求提升至一个更高层次,不仅重视物质财富的"客观获得",更加强调基于价值判断的"主观感知",即具有充盈的获得感、幸福感和安全感。达到与城市居民等值化的生活质量,实现美好生活需要,是特色村农民生活质量的又一次提升与改善。这一时期特色村农户的收入增长,与过去从规模经济、范围经济中获得生产成本节约不同,主要从分工深化、技术进步与产业效率改善中获得稳定的规模报酬递增,这个才是覆平城乡发展差距、促进特色村农民收入逐步收敛于城市居民收入的根本因素。

综合考虑农业、农村和农民三个层面,抽象归纳出特色村较为明确的三个发展阶段。特色村1.0时代是特色村发展的初级阶段,是由传统村落向特色村转折的重点时期。在城市偏向政策主导下,特色村的主要目标是自有资源禀赋基础上的经济增长,形成了以特色农业生产为主

---

① 因为缺乏特色村的统计数据,无法准确列出特色村与城市的收入差距。但从国家统计局公布的数据来看,2019年城乡收入比2.64∶1,说明我国的城乡差距依然很大。虽然特色村的收入水平会高于一般农村,但总体而言,依然低于城市的收入水平,后面章节的案例特色村调查数据也明显支持这一结论。

② 黄祖辉、胡伟斌:《中国农民工的演变轨迹与发展前瞻》,《学术月刊》2019年第3期。

导、以地理集聚和本地劳动力为支撑的专业化经济。特色村2.0时代是特色村发展的中级阶段，面对特色村1.0时代累积的环境污染、乡村文化断裂等问题，这一时期重在由粗放型增长向内涵式发展转型。逐步改善的城乡关系以及不断增强的E—A—I动力支撑，特色村的产业、生态、文化朝着融合性、一体化方向发展，动能转换进程明显加快，经济、文化、生态、空间等整体发展水平不断提高。特色村3.0时代是特色村发展的高级阶段，是特色村实现全面、高质量发展的黄金时期。城乡全面融合，E—A—I三者高效互动，智慧农业成为主导性发展动能，特色村农民享受到与城市居民等值化的生活质量。

第二节　特色农业专业化生产的特色村1.0时代

改革开放后，由于城市居民对物质型特色消费品种类增加以及数量增多带来的消费市场扩张，部分传统村庄主动对已有资源要素重新组合、寻求发展模式创新，形成了以特色农业专业化生产、规模化集聚为主要特征的特色村1.0时代。但由于城乡二元结构的严重束缚以及农村总体较低的生产力水平，乡村特色产业高质高效发展所依托的技术创新功能、生产服务功能等依然处于相对较低的发育水平，表现出典型的产量导向和粗放型特征，其不可持续性受到日益广泛的诟病。

一　特色村1.0时代的理论基础

（一）比较优势与竞争优势的发掘

传统贸易理论从比较优势视角对一个国家或地区的专业化生产进行解释，大体经历了三个发展阶段。古典经济学家亚当·斯密在其经典名著《国民财富的性质及其源泉》中，探讨了贸易产生的机制。他认为，以一个地区的绝对优势进行专业化生产，能够有效提高资源利用效率、劳动生产率，扩大市场规模[1]。大卫·李嘉图在绝对优势论的基础上，强调并推广比较优势，使之成为传统国际贸易理论的重要基石。即便一个国家不具备生产具有绝对优势的产品，但也可以按照比较优势的原

---

[1] ［英］亚当·斯密：《国富论》，高格译，北京联合出版公司2015年版，第6—10页。

则,选择机会成本相对较低的产品进行专业化生产,进而产生贸易[1]。比较优势的提出,具有比绝对优势更广泛的适用性。但是,绝对优势和比较优势都是基于劳动要素产生的古典贸易理论。新古典经济学家赫克歇尔与奥林指出,不仅劳动要素,资本、土地等其他要素也存在地区间的差异,也是影响一个地区专业化分工和贸易的重要因素[2]。要素禀赋理论可简单表述为:国家或地区将出口那些相对密集使用本国相对丰裕资源要素生产的产品,进口那些相对密集使用本国相对稀缺要素生产的产品。借鉴国际贸易理论,用来解释一个区域的比较优势,指一个区域中由区位条件、自然资源禀赋、劳动力和资本等要素共同形成的有利发展条件。但是,区域比较优势要转化为现实生产力,必须培育、创造并维持区域的竞争优势[3]。竞争战略之父迈克尔·波特提出了著名的国家竞争优势理论[4]。他认为,一个国家之所以在某种产业上具有竞争优势,受到生产要素、需求条件、相关产业和支持性产业以及企业战略、结构和竞争四个因素的综合影响。其中,自然资源禀赋是一种初级性生产要素,是天然产品或以农业为主的产业竞争优势的重要来源。

特色农业具有典型的自然资源指向特征。传统贸易理论和竞争优势理论,对特色村发展初期,构建基于自然资源禀赋的比较优势和竞争优势,从而形成专业化的商品经济具有较强的适用性与理论解释力。

(二)地区专业化产业与主导产业

专业化是劳动地域分工深化的结果,指某一地区专门生产某一产业或产品[5]。随着产业分工形态的深化,地区专业化随之演变:第一个阶段是部门间分工形成的部门专业化,是经济发展早期阶段的产业分工形态;第二个阶段是部门内分工,即在同一个产业内部生产不同的产品种类,如农业内部农产品种植和水产养殖的区别,这种专业化是产品专业

---

[1] [英] 大卫·李嘉图:《政治经济学及赋税原理》,郭大力、王亚南译,译林出版社 2011 年版。

[2] [瑞典] 博尔蒂尔·奥林:《地区间贸易和国际贸易》,王继祖等译,商务印书馆 1986 年版,第 55—66 页。

[3] 魏后凯:《比较优势、竞争优势与区域发展战略》,《福建论坛》2004 年第 9 期。

[4] [美] 迈克尔·波特:《国家竞争优势》,李明轩、邱如美译,华夏出版社 2002 年版。第 70—77 页。

[5] 魏后凯编著:《现代区域经济学》,经济管理出版社 2006 年版,第 152 页。

化；三是产业链分工，虽然不同地区参与同一产品的生产活动，但各个区域按照产业链的不同环节或区段进行专业化分工，形成功能专业化[1]。一般而言，专业化产业主要是为区域外市场需求服务的优势产业部门。主导产业，是和专业化产业紧密关联的一个概念，最早由美国经济学家罗斯托提出。主导产业指那些能够有效吸纳新技术，具有较高增长率并能带动其他部门增长的产业[2]。一个区域中，只有那些具有较高创新能力、较快增长速度、较强带动作用的专业化产业才有可能发展为主导优势产业。

对特色村这样的微观区域而言，专业化产业即为主导产业，二者高度统一。特色村地区基于专业化生产与出口带来的经济增长，可以产生三种积极效果。一是通过生产要素的重新配置，使发展经济体能够更密集、更集约化地使用丰裕要素。二是资源密集型产品出口扩张导致资本、技术等其他生产要素的自我积累，有助于拓展一个地区的要素禀赋。三是资源密集型产品导向的经济增长可以获取潜在收益，通过产业的关联效应，产生更广泛的经济增长；通过基础设施联系，为其他新兴行业创造发展机会；有利于当地企业家和熟练劳动力的成长，通过人力资本联系，为后续发展提供人才支撑[3]。

二 增产导向与特色村 1.0 时代形成

如图 4-2 和图 4-3 所示，特色村 1.0 时代大体经历了市场需求—特色产业导入（新发展模式）—市场扩张—特色产业扩散—农业生产的专业化规模化这一基本过程。发端于 20 世纪 80 年代前后的制度创新，为特色村形成创造了必需的基础环境与制度条件。一方面，从人民公社到家庭联产承包责任制的土地改革，在农户层面重建了农业生产的激励机制[4]，很大程度上解决了中国粮食严重短缺的问题，为特色村发

---

[1] 魏后凯：《大都市区新型产业分工与冲突管理——基于产业链分工的视角》，《中国工业经济》2007 年第 2 期。

[2] [美] W. W. 罗斯托：《从起飞进入持续增长的经济学》，贺立平译，四川人民出版社 1988 年版，第 1—25 页。

[3] [美] 德怀特·H. 波金斯、斯蒂芬·拉德勒等编著：《发展经济学》（第五版），黄卫平等译，中国人民大学出版社 2005 年版，第 507—511 页。

[4] 魏后凯、刘长全：《中国农村改革的基本脉络、经验与展望》，《中国农村经济》2019 年第 2 期。

展特色农产品（区别于大宗农产品）创造了机会与可能，也为农民选择种植（养殖等）什么、种植规模比例等土地配置问题提供了自由决定的制度空间。另一方面，从计划经济向市场经济的体制改革，市场对要素资源的配置作用不断增强，生产、流通、分配、消费不同环节变得畅通起来，有效释放了居民长期以来被压抑的市场需求。这一时期居民消费的市场扩张表现为，从以粮食为主逐步转向多样化、富含能量与热量的果蔬、肉禽鱼蛋奶等特色农产品[①]以及小家电、日用品等小商品。市场扩张成为特色产业形成的原动力，并诱发了特色村的发展模式创新。因为许多特色村形成于中国城乡关系严重分割的历史时期，特色村自有要素资源禀赋决定了模式创新的产业发展方向，特色村通过对那些数量相对充沛且资源优势能够方便、快速地转换为经济优势的资源要素进行重新组合并加以最大化、集约化利用，使特色村1.0具有典型的资源密集型特征。

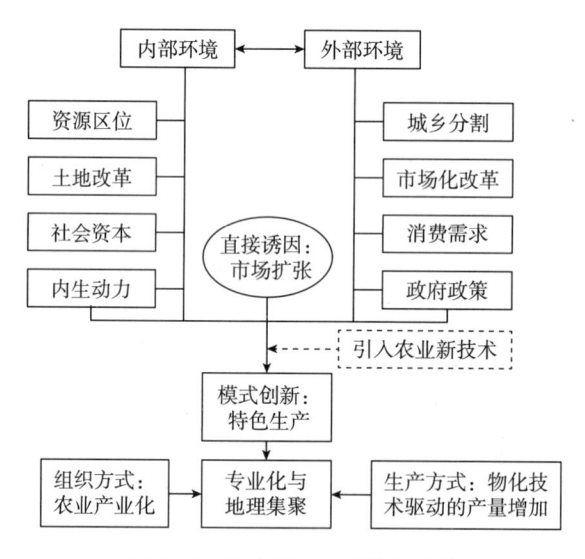

图4-2 特色村1.0时代的形成

具体来看，在特色村形成初期，具有创新精神的农民企业家，最早对市场扩张给予积极回应，导入不同于大宗粮食作物的新产业[②]。因为

---

① 黄宗智：《中国的隐性农业革命（1980—2010）》，《开放时代》2016年第2期。
② 李小建等：《专业村类型形成及影响因素研究》，《经济地理》2013年第7期。

第四章 | 特色村转型发展的一般过程

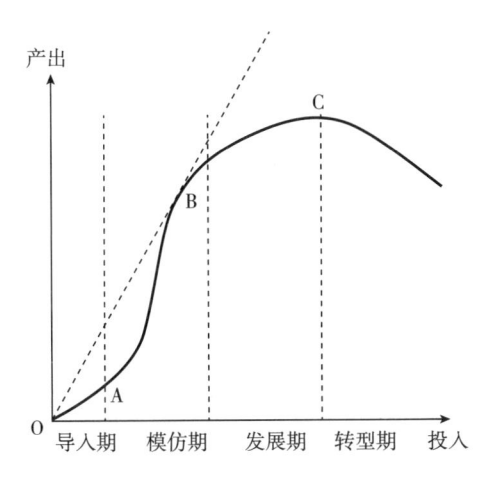

图 4-3 乡村特色产业发展的一般过程

农民企业家的市场试探和生产技术本地适应，最初可能会面临一个产出投入比相对不高的时期。但经过市场试错和生产适应性调整阶段，即跨过临近点 A 后，产出投入比大幅改善，土地产出率、劳动生产率明显提高，再加上较大的市场供需缺口，使最早从事特色经营的农村企业家，获得了远高于粮食生产的市场收益，对其他村民形成一种积极的示范促进效应。由于这时采用的农业技术是一种遍在性、相对低水平的生产技术，易于农户间的相互模仿。而基于中国农村熟人社会形成的社会网络和社会资本，加速了生产技术由户及村、由村及片的快速扩散和市场规模的迅速扩张。当特色村超过一定数量比例的农户从事特色经营并将其作为主要收入来源时，特色村也就基本形成了。从特色村类型来看，这一时期以种养殖型特色村为主，也有一定比例的工业型特色村或商贸型特色村。在既定生产技术水平下，随着更多农户的加入，产业市场规模达到最佳规模点 B[①]。但在产量导向目标下，虽然投入的边际产出已经出现下降趋势，但农民依然会增加投入提高产量，直到到达临界点 C。此时，投入的边际产出降至为零，意味着增加再多的投入，也不会带来产量的增加，单位土地的产出率达到历史最高值。这里的农业投入主要包括两个部分：一是富余劳动力要素投入，由于我国严重分割的

---

① B 点究竟是形成于模仿期还是发展期，这里并不做严格区分。

城乡户籍制度,将农村大量剩余劳动力牢牢限定在农村土地上,据测算,20世纪80年代中期,我国农村剩余劳动力比重为30%—40%[①];二是接下来要探讨的化肥农药等物化投入。这里隐含着一个重要的约束前提,即我国人均可耕作土地资源有限。在人均土地规模硬性约束条件下,一切产量最大化的努力,最后都归结于对土地产出率最大化的追求。以家庭联产承包责任制改革为起点,以达到土地产出率最大化为终点,作为特色村1.0时代重点推进的时期。

特色村的形成,是对城市进行工业品生产、农村进行粮食生产传统分工形态的第一次分工深化,加快了农村地区由传统种植业向高效农业的结构性转变。随着特色产业向地理临近村庄的扩散,新晋特色村一方面为避免激烈竞争,另一方面为分享中间品投入和市场,会选择生产工艺水平相近但种类不同的产品类型,从而推动横向分工的深化,又进一步优化了农村的产业结构,增加了多样化特色农产品的市场供给。特色产业的规模化发展与空间集聚,也为生产服务功能分化与功能集聚准备了基础条件。当然,发展初期的特色村,由于分工深度相对有限,生产性服务的社会化程度相对较低,功能集聚作用并不明显。总体来看,特色村1.0时代的农业分工深化,主要是朝着农产品加工与销售的方向发展,形成了农工贸一体化、农工商一体化等多种农业产业化模式。

三 特色村1.0时代的主要特征

(一)过度依赖物化技术的特色农业生产

依赖于农药、化肥等物化投入的乡村特色农业生产,是特色村1.0时代的主导性发展动能。特色村发展初期,一方面,由于城乡消费者相对有限的消费支出以及单一的消费结构,使其更为关注消费品的数量规模;另一方面,农产品市场是相对的完全竞争市场,农业生产者无法影响产品价格,在市场完全出清的条件下,产量增加即能实现收入增加。因此,增产增收导向的经济增长模式,主导着特色村1.0时代。为此,特色村主要采用了"节约土地型"的生物和化学技术,一方面,通过

---

① Taylor, J. R., "Rural Employment Trends and the Legacy of Surplus Labor, 1978 – 1989", in Kueh, Y. Y. and R. F. Ash (eds.), *Economic Trends in Chinese Agriculture*: *The Impact of Post – Mao Reforms*, New York: Oxford University Press, 1993, pp. 273 – 310.

地方政府与科研机构的合作,加强生物技术创新,为生产者提供更高产的作物品种;另一方面,采取粗放型的生产模式,通过增加化学肥料、农药、农用地膜等生产要素投入,保障最高产量。因为经济作物的高经济回报率,对增加化肥、农药、地膜等要素投入形成直接的激励。以苹果为例,2010年苹果亩均收益在6110元左右,化肥、农药的支出费用685元;对小麦、稻谷和玉米三种粮食作物而言,亩均收益和化肥农药支出分别为551元、133元[①]。特色产品较高的收益率,导致了化肥施用量和农药使用量的居高不下。这也解释了为什么图4-2中B点到C点投入回报率递减的情况下,生产者仍然会增加要素投入提高农业产出的"经济理性"。当然这种"经济理性"忽视了过量使用农药化肥带来的生态环境和产品品质的"负外部性"问题。事实上,因为严重的城乡二元结构,农村地区难以获得资本、人才等现代要素提升农业生产力,也固化了这种过于依赖生化技术的经济增长模式。

(二) 以产业化经营为支撑的地理集聚

这一时期,以小农分散经营模式为主。家庭联产承包责任制改革最大限度激发了农业生产者的积极性,但随着产业规模的壮大,小农户与大市场的对接难题困扰着特色村的持续发展,农户希望降低产品价格波动造成的市场风险,能够分享加工和销售带来的部分利润。农产品加工龙头企业,则希望能有稳定的、保证产品品质的农产品原料来源。农业产业化经营模式的出现,很好地解决了以上难题,也引起家庭联产承包责任制改革以来农业生产组织模式的第一次深刻变革,引发了特色农业生产环节向农业产业链下游的拓展。新型产业组织模式,既有龙头企业+农户、龙头企业+农民合作社+农户、订单农业等横向联合形式,也有以农民为主体、通过农民专业合作社组织生产、加工、销售的纵向联合形式。据统计,2008年,在所有专业村中,与龙头企业实现有效对接的专业村比重为40.4%,占有龙头企业专业村的比重为19.2%,有农民专业合作经济组织的专业村比重为49.4%[②]。从特色农业生产和

[①] 国家发展与改革委员会价格司:《全国农产品成本收益资料汇编(2016)》,中国统计出版社2016年版。

[②] 农业部产业化办公室:《2008年全国一村一品发展情况统计分析报告》,转引自秦富、张敏等《我国"一村一品"发展理论与实践》,中国农业出版社2010年版,第22页。

产业化经营的关系来看，农业生产的专业化是农业产业化的基础，推动了特色产业的分工深化以及农产品销售、加工的社会化；而组织化、社会化程度提高带来的技术优势、人才优势、市场优势等优势条件的叠加，也成为特色村专业化生产、规模化经营的重要"助推器"，形成了特色村规模化的地理集聚态势。如果说，特色村的地理集聚主要以自然资源禀赋为基础，那么，特色村产业组织功能集聚的动力，则主要来自基本不改变小农分散经营基础之上的农业产业化和合作社等产业组织模式的创新。

（三）以生产专业化为表现的产业特色

生产要素倾向于流向效率更高的生产领域，推动生产专业化和劳动的部门分工[①]，模式创新形成的专业化生产，是特色村 1.0 时代的主要特征。衡量专业化程度的一个重要指标，即优势特色产业吸纳的就业人口比重较高，农业农村部"一村一品"专业村评定标准中将此标准确定为：从事主导产业农户占农户总数的 50% 以上[②]。2008 年，专业村农户数占全国农户数的比例为 8.3%，从业人员占乡村从业人员的比例为 9.7%[③]。

专业化经济形成的产业规模扩张，使农户可以获取规模经济带来的好处。在农户层面，通过节约单位生产成本，表现为内部规模经济；在特色村层面，通过共享设施投入、市场、品牌等，表现为外部规模经济。规模经济递增收益再加上经济作物或工业型产品本身就具有高于粮食作物的收益率，特色主导产业的收入效应显著。"一村一品"专业村评定标准中将此确定为：主导产业收入占全村农业经济总收入 60% 以上；农民人均可支配收入高于所在镇农民人均可支配收入 10% 以上。实际数据显示，2008 年，全国专业村农民人均纯收入 5683 元，高出全国农民人均纯收入 19.4%[④]。另外，特色村的专业化、规模化发展以及

---

① [英]亚当·斯密：《国富论》，高格译，北京联合出版公司 2015 年版，第 6 页。
② 《农业农村部办公厅关于开展全国一村一品示范村镇监测与认定的通知》，2018 年，http://www.moa.gov.cn/gk/tzgg_1/tfw/201803/t20180329_6139356.htm。
③ 农业部产业化办公室：《2008 年全国一村一品发展情况统计分析报告》，转引自秦富、张敏等《我国"一村一品"发展理论与实践》，中国农业出版社 2010 年版，第 16 页。
④ 农业部产业化办公室：《2008 年全国一村一品发展情况统计分析报告》，转引自秦富、张敏等《我国"一村一品"发展理论与实践》，中国农业出版社 2010 年版，第 16 页。

商品经济的确立,推动特色农产品生产不断走向标准化、品质化,使一些特色村具有了开展"三品一标"认证的市场意识。2008年,主导产品获得无公害农产品、绿色食品、有机食品认证的村占专业村总数的比例分别为27.42%、11.63%、4.2%[①]。

总之,在总体发展水平相对较低的广阔农村大地上,特色村1.0发展成为农村的经济高地。特色村的崛起,优化了农村的经济结构,增加了农民的经营性收入,推动了农村地区的社会进步。同时,自发形成的特色村一般都会经历一个向有序推进转变的过程[②],由特色专业化生产为主向多元化经济转变,由增长粗放型向绿色集约型转型,特色村由此进入2.0时代。

第三节 三位一体发展的特色村2.0时代

以2003年提出科学发展观为起点,伴随着城乡关系的逐步改善,特色村E—A—I的转型效应持续增强,推动特色村由1.0时代的初级专业化经济与粗放型增长模式,逐渐走向产业、文化、生态"三位一体"协调发展的2.0时代。

一 特色村2.0时代的演进逻辑

(一)现实问题逻辑:经济可持续发展的脆弱性

特色村1.0时代的竞争优势,主要源自特色专有资源或低成本要素的开发利用。而在此基础上形成的发展路径及其依赖,使特色村面临技术水平提高缓慢、产业链条相对较短、配套服务功能相对滞后等问题,生态环境面临严重威胁。比如,经济价值较高的园艺作物是许多特色村的主导产业,但中国"果树亩均化肥用量是日本的2倍多、美国的6倍、欧盟的7倍,蔬菜亩均化肥用量比日本高12.8公斤、比美国高29.7公斤、比欧盟高31.4公斤",带来明显的生产成本、产品质量和

[①] 秦富、张敏等编:《我国"一村一品"发展理论与实践》,中国农业出版社2010年版,第23页。

[②] 李小建等:《农区专业村的形成与演化机理研究》,《中国软科学》2009年第2期。

生态环境问题①。同时，特色村1.0时代的主要产品是相对单一的、物质的、可运输的大宗特色农产品，与其他同类农产品的替代性较强，面临激烈的市场竞争；产品的需求弹性相对较小，当收入增加的时候，消费者对需求弹性更高的制造产品增加较大，而对农产品的需求量变动不大，导致需求弹性低的初级产品的相对价格不断下降，面临着增产不增收、甚至"谷贱伤农"的情况。在国际市场，面对国外农产品的绿色壁垒，农产品加工企业受到重创的同时，也直接造成特色农产品生产规模的严重萎缩。因此，在特色村2.0时代，特色村发展要从外延式扩张向内涵式提升转变，农业生产要由增产导向向提质导向转变；要不断培育农业发展新动能，拓宽农民增收渠道，保障农民持续增收。

（二）目标导向逻辑：寻求全面发展、高质量发展

从国家调控目标来看，全面发展、高质量发展是特色村2.0时代的基本要求。面对中国经济快速发展中不断暴露出来的新问题、新趋势，我们的党和政府对经济与社会、文化、生态环境的关系认识越来越深刻，相继提出了科学发展观、五大发展理念以及高质量发展理念。特别是新时期的高质量发展目标，是特色村发展的最高要求。一方面，高质量发展要求特色村转变过去单纯强调经济目标的发展模式，同步推进社会文化建设和资源生态保护，实现经济、社会、文化和生态环境全方位、协调的发展；另一方面，要求把发展重点聚焦到产品质量和资源利用效益上，而把文化、生态元素凝聚进产品的价值构成之中，有利于推进高质量发展进程并增强产业竞争优势。在特色村1.0时代，不仅生态环境面临威胁，在乡村文化领域，面对中国乡村文化危机四伏的严峻现实②，中华优秀传统文化的传承与发展遭遇困境；在社会领域，特色村1.0时代的经济发展进程，冲击了传统的社会秩序和联系纽带，也改变了原有的公共事务决策传统，再加上经济社会剧烈转型带来的社会阶层分化、外来力量介入等问题，亟须创新乡村社会治理体系。因此，在高质量发展理念指引下，要求特色村2.0根据自身资源环境约束和社会发

---

① 农业部：《关于印发〈开展果菜茶有机肥替代化肥行动方案〉的通知》，http://www.moa.gov.cn/govpublic/ZZYGLS/201702/t20170210_5472878.htm。

② 詹丹：《乡村文化是否正在逝去——"城市化进程中乡村文化危机"研讨会综述》，《北方音乐》2005年第6期。

展约束，做出时代性的回应与调整。

（三）主体需求逻辑：消费市场扩张的现实需要

随着中国特色社会主义主要基本矛盾改变，全国居民消费需求持续增长、消费结构由生存型向发展型升级，不仅要"吃得饱"，还要"吃得好、吃得健康、吃得安全"；不仅要满足"吃"的物质型消费，还要找寻消逝的"乡愁"与"青山绿水"等精神型消费。发展迅速的绿色消费、品质消费、个性消费、农村消费等[1]，成为推动市场扩张与特色村2.0发展的不竭动力。具体地看，中国消费市场扩张体现在三个方面。

一是消费结构不断改善，大多数特色农产品成为城乡居民的生活必需品。中国居民的食物消费比例从传统的8∶1∶1的粮食、蔬菜、肉食结构，转向4∶3∶3较高级的食物消费结构[2]。有学者利用2003—2012年消费数据，度量出城乡居民对粮食、肉禽、植物油、蔬菜和鲜瓜果需求价格弹性较小[3]，表明这些特色食物性消费已经成为城乡居民的生活必需品；城乡居民对水产品的需求价格富有弹性，说明水产品尚属于居民食物性消费中相对的"奢侈品"消费。如果考虑到中国庞大的人口基数，那么，特色农产品的消费需求刚性会一直存续。

二是产品品质型消费不断提高。图4-4显示，中国国内市场对具有绿色食品标志产品的消费规模保持相对平稳的上升态势，从2003年的633.6亿元增加至2018年的4344.8亿元[4]。这种变化趋势，既有消费者出于食品安全方面的考虑[5]，也是一个国家经济社会发展水平达到较高水平，居民消费水平随之提高的必然结果。

---

[1] 《国务院关于积极发挥新消费引领作用加快培育形成新供给新动力的指导意见》，2015年，http://www.gov.cn/xinwen/2015-11/23/content_2970897.htm。

[2] 黄宗智：《中国的隐性农业革命（1980—2010）——一个历史和比较的视野》，《开放时代》2016年第2期。

[3] 徐振宇等：《我国城乡居民食用农产品消费需求弹性比较——基于2003—2012年省级面板数据》，《商业经济与管理》2016年第5期。

[4] 消费规模均是当年价格计算。

[5] 郭斌等：《城市居民绿色农产品消费行为及其影响因素分析》，《华中农业大学学报》（社会科学版）2014年第3期。

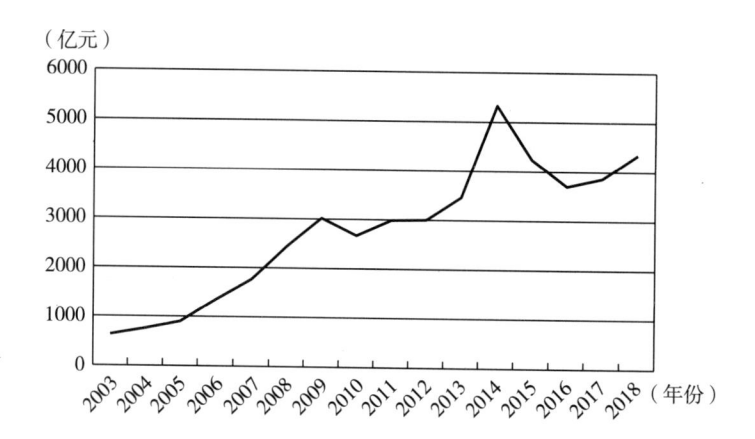

图 4-4　2003—2018 年中国国内绿色食品消费规模变化

资料来源：根据 2003—2018 年《中国绿色食品统计公报》历年数据进行整理。

三是乡村新兴产业的消费扩张。居民对农村功能的需要，已经不再局限于特色农产品生产功能，而是朝着农村农业的生态功能、绿色功能、旅游功能等多功能拓展。乡村旅游，是特色村新崛起的大众消费热点。据统计，2017 年全国乡村旅游总收入 1.39 万亿元，乡村旅游总人次为 24.8 亿人次，分别占国内旅游总收入、国内旅游总人次的 30.4%、49.7%[1]。再加上近年来体验性、创意性、个性化乡村消费需求不断增多的发展趋势，居民对乡村消费需求已经从实物性消费向服务性消费、享受型消费转变。

面对消费者对乡村特色产品品质化、多样化消费需求的增长，特色村的产品和服务供给却不能适应这种需要。从食物消费型产品看，存在产品供需的结构性矛盾[2]，蔬果、肉禽蛋等品类的市场供求基本均衡，大豆、植物型植物油、棉花、奶制品等的市场供给相对不足；从产品品质看，中低档特色农产品供大于求，而绿色安全优质的品质农产品供给相对不足；从精神型产品看，文化、休闲、旅游等要素与农业产业的融合程度较低。因此，促进特色村 2.0 时代形成以市场需求为导向的经济

---

[1] 国家发改委等：《促进乡村旅游发展提质升级行动方案（2018—2020 年）》，2018 年，http://www.gov.cn/xinwen/2018-10/17/content_5331694.htm。

[2] 魏后凯：《中国农业发展的结构性矛盾及其政策转型》，《中国农村经济》2017 年第 5 期。

发展，尤为迫切。

二 "三位一体"发展模式的理论构建

经济发展不可持续性的问题导向、高质量发展的目标导向以及市场扩张的需求导向，要求特色村 2.0 时代必须寻求一种集产业发展、生态保护、文化传承于一体的全新发展模式。那么，三大系统能否协同演进，从理论层面展开具体论述，为构建产业、生态、文化"三位一体"发展模式提供理论支撑。

（一）经济系统与生态系统的协同

1972 年罗马俱乐部发表著名的研究报告《增长的极限》以来，关于经济增长与生态环境关系的探讨就从来没有停止过。产业发展作为经济发展的核心，以缓解经济社会发展与生态环境的突出矛盾、实现区域可持续发展为目标导向，立足产业与生态两大系统，产生了产业生态化这一重要的发展范式。Frosch 和 Gallopoulos 首次提出产业生态系统的概念，将其界定为产业群落和内外部环境相互作用形成的复杂系统，并对产业生态化的内涵进行了总结：一是降低能源需求减少废物产生以及稀缺能源消费；二是将一种产业运行中的废弃物以及废弃产品作为其他产业的投入；三是具有多样性和弹性的产业生态系统[1]。可见，产业生态化是强调"生态中性"、注重高效低耗的产业增长与资源环境循环利用的发展模式[2]。与产业生态化紧密关联的另一个概念是生态产业化，二者共同构成生态经济体系的主体部分[3]。生态产业化是让生态环境作为现代经济体系高质量发展的一种要素[4]，通过"生态资源—生态资产—生态资本"的转换路径[5]，实现自然再生产过程和经济再生产过程的统一[6]，为人类提供多样化、优质化的生态产品和生态服务。如果说，生

---

[1] Frosch, R. A. and N. E. Gallopoulos, "Strategies for Manufacturing", *Scientific American*, Vol. 261, No. 3, 1989.

[2] 张国俊等：《广州市产业生态化时空演变特征及驱动因素》，《地理研究》2018 年第 6 期。

[3] 习近平：《推动我国生态文明建设迈上新台阶》，《求是》2019 年第 3 期。

[4] 任勇：《加快构建生态文明体系》，《求是》2018 年第 13 期。

[5] 张文明、张孝德：《生态资源资本化：一个框架性阐述》，《改革》2019 年第 1 期。

[6] 黎元生：《生态产业化经营与生态产品价值实现》，《中国特色社会主义研究》2018 年第 4 期。

态产业化生成的生态产品主要是指维系生态安全、保障生态调节功能和提供环境舒适性的自然要素①，那么，产业生态化所强调的生态产品指代的是更广义的资源节约型、环境友好型产品。

经济发展中将生态因子作为一种重要的专业性生产要素投入获取生态溢价，这是经济理性的选择；但是，特色村发展的生态理性，则要求超越生态单纯作为投入要素的局限认知，而将生态化、绿色化作为一种发展理念，使经济系统嵌入生态系统之中。这样，生态的经济化、经济的生态化，成为经济系统与生态系统协同发展的结果。

（二）经济系统与乡村文化系统的协同

传统意义上，人们认为经济与文化是两个相互独立运行的系统。但20世纪90年代以来，资本主义国家以文化、技术、服务为主导的"新经济"崛起②以及后现代主义哲学思潮助推下，出现了经济地理学的"文化转向"。"文化转向"的意义深远，打破了长期以来经济与文化二元分立的局面，肯定了文化和经济之间的相互影响、相互建构与相互塑造③，经济具有了社会过程和文化系统的意涵④，在认知论层面上形成经济的文化化⑤；同时，重新界定了"文化"，文化不再是既定的、固定不变的"物体"，而是一切通过社会行动或日常生活实践建构的情感、认同、价值、意识形态与话语等所组成的，并不断重构的动态系统⑥。

乡村文化是指在乡村社会中，以农民为主体，以乡村社会的知识结构、价值观念、乡风民俗、社会心理、行为方式为主要内容，以农民的

---

① 曾贤刚等：《生态产品的概念、分类及其市场化供给机制》，《中国人口·资源与环境》2014年第7期。

② Ettlinger, N., "The Predicament of Firms in the New and Old Economies: A Critical Inquiry into Traditional Binaries in the Study of the Space–Economy", *Progress in Human Geography*, Vol. 32, No. 1, 2008.

③ Amin, A. and N. Thrift, "Cultural–economy and Cities", *Progress in Human Geography*, Vol. 31, No. 2, 2007.

④ 朱竑等：《文化经济地理学：概念、理论和实践》，《经济地理》2019年第9期。

⑤ Granovetter, M. "Economic Action and Social Structure: The Problem of Embeddedness", *American Journal of Sociology*, Vol. 91, 1985.

⑥ Crang, M., *Cultural Geography*, London and New York: Routledge, 1998.

群众性文化娱乐活动为主要形式的文化类型①。为了更直观地分析乡村文化对经济发展的影响，将乡村文化简单区分为物质文化、制度文化和精神文化三个层次。物质文化，是实现"文化的经济化②"的有形文化要素。制度文化是正式制度、民俗习惯、行为规则、意识形态等的总和，不同学者通过社会资本、非交易相互依赖③、本地蜂鸣④、产业氛围等概念，强调了经济活动对所处社会环境和文化的"根植性"，并从知识溢出、地区创新、降低交易成本和建立信任关系等不同角度，解释了社会文化对经济发展的支撑作用。包含着方言、价值信仰、情感伦理的不同精神文化，塑造了文化资本差异明显的异质性行动者。社会文化系统通过异质行动者的经济实践影响发展动机、经济组织与管理、技术进步等经济决策过程与经济行为，"创新之父"熊彼特所倡导的企业家精神就强调了文化资本在生产中的投入⑤。反过来，乡村文化在与经济发展的互动过程中不断被塑造与建构，从而使社会文化的传承与保护受到经济转型的深刻影响。

（三）生态系统与乡村文化系统的协同

生态系统与文化系统之间，也具有相互影响、相互促进的互动关系。文化的进化与发展很大程度就得益于对所处自然与生态环境的自适应⑥，村域、农民、乡村文化与自然生态的互动，构成特色村的文化生态。在一个个独特的文化生态实体内，农民是文化生产者与文化消费者的统一，由于外部生态环境和内部生产环境、人居环境的不同，孕育并发展着农耕文化、乡村传统工艺文化、商贸文化、餐饮文化等内涵特征

---

① 赵旭东、孙笑非：《中国乡村文化的再生产：基于一种文化转型观念的再思考》，《南京农业大学学报》2017年第1期。

② Gibson, C. and L. Kong, "Cultural Economy: A Critical Review", *Progress in Human Geography*, Vol. 29, No. 5, 2005.

③ Storper, M., "The Resurgence of Regional Economics, Ten Years Later: The Region as a Nexus of Untraded Independencies", *European Urban and Regional Studies*, Vol. 2, No. 3, 1995.

④ Bathelt, H., A. Malmberg and P. Maskell, "Clusters and Knowledge: Local Buzz, Global Pipelines and the Process of Knowledge Creation", *Progress in Human Geography*, Vol. 28, No. 1, 2004.

⑤ 高波、张志鹏：《文化资本：经济增长源泉的一种解释》，《南京大学学报》（哲学·人文科学·社会科学版）2004年第5期。

⑥ [美]朱利安·斯图尔德：《文化变迁论》，谭卫华、罗康隆译，贵州人民出版社2013年版，第56页。

各异的乡村文化类型,体现了环境对乡村文化发展的深刻影响。乡村文化吸纳人与自然和谐发展理念而形成的生态文化,是生态价值的文化体现。生态文化对农民行为的价值规范、引领和凝聚作用,形成集体及个人对生态环境保护的高度责任感和自觉性,而习近平总书记在中国生态环境大会上强调"必须加快建立健全以生态价值观念为准则的生态文化体系[①]",进一步肯定了生态文化对改善与解决生态环境问题、建设现代化生态经济体系的重要价值意义。

(四)"三位一体"发展模式的主要内涵

产业、生态、文化"三位一体"的经济发展模式,是按照三大导向与理论认知对特色村 2.0 时代发展趋势和发展战略的高度概括与总结。产业是三位一体的物质表现,生态、文化既是赋能产业的动力因子,又是三位一体的自然基底和主要内核。三位一体的发展模式,是特色村 2.0 时代的本质特征(见图 4-5)。

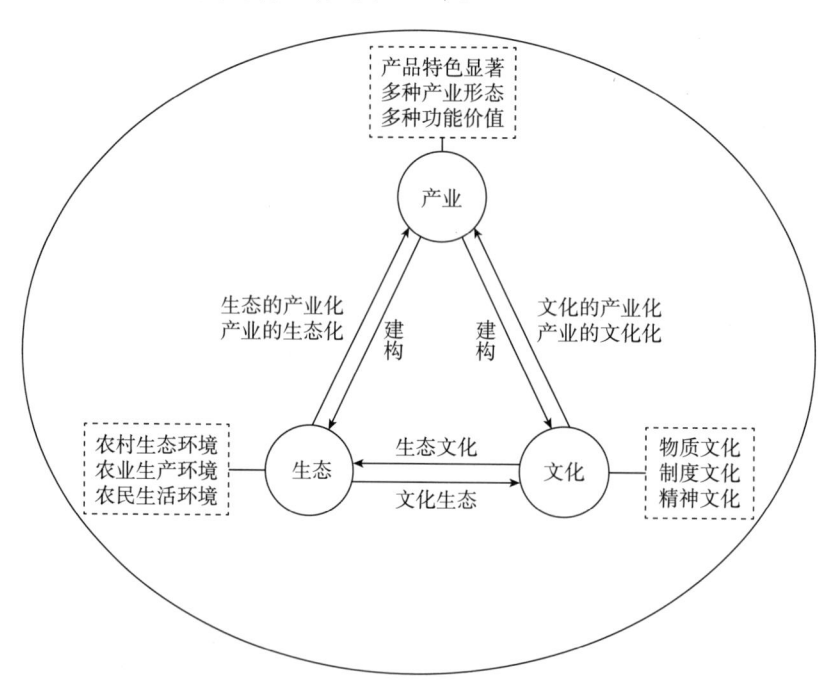

图 4-5 产业、生态、文化"三位一体"耦合发展示意

---

① 习近平:《推动我国生态文明建设迈上新台阶》,《求是》2019 年第 3 期。

三 "三位一体"模式下特色村 2.0 时代的发展特征

特色村 2.0 时代是城乡关系从分割向融合转变的主要时期,意味着特色村的内外发展环境、发展理念、发展方式均得到显著改善。如图 4-6 所示,以"三位一体"理念为指导,以 E—A—I 为动力支撑,特色村沿着两条主线同步发展:一方面,在特色村 1.0 专业化生产基础上,充分发挥不同功能的空间集聚效应,加快构建多产业分工协同的新发展模式,进一步强化特色村的专业化优势,提高专业化经济的数量、质量与效率;另一方面,以生态景观、文化休闲等农业多功能性为基础,加快模式创新进程与能力,不断开拓特色村新的发展空间,培育新的发展动能。特色村 2.0 时代的经济结构骨架日益健全与完善,农民增收的渠道和空间不断被拓宽;经济领域的绿色发展、集约发展,推动特色村的生态、文化、空间等领域作出相应的协同性转变,农民的生活质量持续改善。

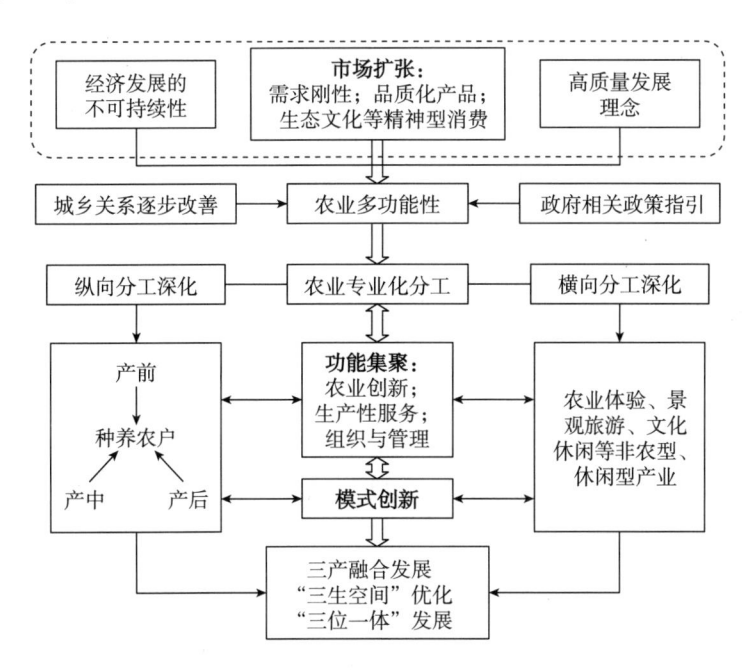

图 4-6 "三位一体"模式下特色村 2.0 时代的发展逻辑

（一）生产要素利用边界拓展与城乡关系重塑

"三位一体"发展模式下的高质量发展,离不开专业性要素与现代高级要素的融合与支撑。生态、文化作为具有地方根植性的专业性生产要素，构成特色村2.0产业竞争力的重要来源，也是特色村2.0时代资源利用的重点。高级性生产要素不仅需要培育当地新型农民，还需要人力资本、社会工商资本、科学技术等现代要素向特色村的有序流动与集聚。中国长期农业支持工业、农村支持城市的城市偏向政策，曾是城乡要素自由流动的最大障碍。进入21世纪以来，城乡关系经历了城乡统筹、城乡一体化、城乡融合等递次推进的过程①。2002年，党的十六大报告首次提出"统筹城乡经济社会发展"，标志着中国城乡关系的初步调整与改善。继2006年《中华人民共和国国民经济和社会发展第十一个五年规划纲要》中正式提出建设社会主义新农村这一重大历史任务之后，2007年，党的十七大报告提出"形成城乡经济社会发展一体化新格局"，党的十八大报告进一步指出"城乡发展一体化是解决'三农'问题的根本途径"，并把"推动城乡发展一体化"作为推动农业农村工作的总方针。2017年，党的十九大提出"建立健全城乡融合发展体制机制和政策体系"的城乡融合发展战略。如果说，城乡统筹发展、城乡一体化是把城市放在城乡关系的主导地位，通过以工促农、以城带乡实现城乡关系的良性发展，那么，城乡融合发展则是把城市、乡村作为城乡交错系统中两个相对独立的发展主体，推动城乡的融合互动和共建共享②，是城乡关系的高级阶段。城乡关系的持续改善，再加上新时代农业农村优先发展政策，城乡严重的二元经济结构逐步趋于弱化③，教育、医疗等基本公共服务加速向农村延伸，有助于加快培育新型农民、提高农民素质和能力，特别是吸引带有资本、技术的返乡下乡创新创业人员加速向农村流动，一定程度上缓解了特色村加速功能集聚与模式创新所依赖的人才、资本等要素短缺难题。据统计，截至2018年，中国返乡下乡创业创新人员780万人，新型经营主体350万个，本乡非

---

① 孔祥智、张效榕：《从城乡一体化到乡村振兴——十八大以来中国城乡关系演变的路径及发展趋势》，《教学与研究》2018年第8期。
② 魏后凯：《把握四个关键点推动城乡融合发展》，《农民日报》2017年11月17日第1—2版。
③ 王颂吉、魏后凯：《城乡融合发展视角下的乡村振兴战略：提出背景与内在逻辑》，《农村经济》2019年第1期。

农创业创新人员3140万个人，创办630多万个乡村民营企业①。

城乡关系明显改善的另一个重要表现，即国家层面对乡村价值、地位的重新认识与重视。近年来，政府政策法规更加注重包含绿色生态、乡村传统文化、乡村多功能性拓展等多维内容的农村发展，为特色村2.0的三位一体发展提供了助力。在特色村2.0时代，虽然不同发展主体在产业网络中的分工不同、价值观念不同、利益诉求不同，但在政策法规纲领性价值引领下，特色村发展的内在价值却趋于一致，即在追求经济收益的同时，还要达到生态环境保护以及乡村文化传承的目的。政府部门围绕三产融合、休闲农业、乡村旅游、现代农业等不同领域出台的产业政策（见表4-2），为特色村产业的发展方向给予了更为具体的指导，为特色产业高质量高效益的发展、推动产业结构优化升级提供了基础性的政策支持与保障。

表4-2　近年来国家各部门推动农业农村发展的部分政策文件

文件	核心内容	来源	时间（年）
《关于推进农村一二三产业融合发展的指导意见》	构建农村三次产业交叉融合的现代产业体系	国务院办公厅	2015
《关于加快转变农业发展方式的意见》	推动产出高效、产品安全、资源节约、环境友好的现代农业发展	国务院办公厅	2015
《关于支持农民工等人员返乡创业的意见》	激发农民工等人员返乡创业热情，加快培育经济社会发展新动力	国务院办公厅	2015
《全国农业现代化规划（2016—2020年）》	加快转变农业发展方式，构建现代农业产业体系、生产体系、经营体系，走农业现代化发展道路	国务院	2016
《关于支持返乡下乡人员创业创新促进农村一二三产业融合发展的意见》	从简化市场准入、创业培训、社会保障、要素保障等方面，鼓励支持返乡下乡人员创业创新	国务院办公厅	2016

---

① 农业农村信息化专家咨询委员会：《中国数字乡村发展报告》，2019年，http://www.moa.gov.cn/xw/bmdt/201911/P020191119505821675490.pdf。

续表

文件	核心内容	来源	时间（年）
《全国农产品加工业与农村一二三产业融合发展规划（2016—2020年)》	产业链条完整、功能多样、业态丰富、利益联结更加稳定的新格局基本形成，农产品加工业引领带动作用显著增强，新业态新模式加快发展	农业部	2016
《关于促进农产品加工业发展的意见》	推动农产品加工业从数量增长向质量提升、要素驱动向创新驱动、分散布局向集群发展转变	国务院办公厅	2016
《关于大力发展休闲农业的指导意见》	推进农业与旅游、教育、文化、健康养老等产业深度融合，为城乡居民提供"望得见山、看得见水、记得住乡愁"的高品质休闲旅游体验	农业部	2017
《促进乡村旅游发展提质升级行动方案（2018—2020年)》	推动乡村旅游成为促进农村经济发展、农业结构调整、农民增收致富的重要力量，和建设美丽乡村的重要载体	国家发改委、财政部等13个部门	2018
《乡村振兴战略规划（2018—2022年)》	以农村地区"产业兴旺、生态宜居、乡风文明、治理有效、生活富裕"为目标，科学有序推动乡村产业、人才、文化、生态和组织振兴	中共中央、国务院	2018
《关于促进乡村产业振兴的指导意见》	围绕农村三产融合发展，培育发展新动能，加快构建现代农业产业体系、生产体系和经营体系	国务院	2019
《开展优势特色产业集群建设的通知》	支持建设一批优势特色产业集群，成为乡村振兴的新支撑、农业转型发展的新亮点和产业融合发展的新载体	农业农村部办公厅、财政部办公厅	2020

（二）生产性服务集聚与特色村纵向分工深化

中国传统的小农户分散经营模式，造成农业产业链不同环节的相互割裂，农业标准化、集约化生产面临困局。特色村2.0时代，是功能集聚加速形成并发挥效能的关键时期，生产模式与经营模式深刻变革，特色村1.0时代专业化生产为核心的粗放型农业朝着三次产业深度融合的标准化、集约型、服务型的现代农业适时转型，推动优势特色产业更大更强更优。

1. 专业化生产服务逐步发展成为特色村 2.0 的新动能

在生产层面，由政府、科研院所、企业组成的产业创新网络，显著提升了特色村 2.0 时代的技术创新能力，加速了优势特色产业向外衍生关联产业的纵向"分化过程"[①]。一些生产性服务功能逐步走向社会化、专业化、规模化，甚至有学者指出，目前农业生产性服务业的发展，是继特色村 1.0 时代农业产业化和农民合作社之后出现的农业现代化第三次动能[②]。生产性服务功能集聚程度越高的特色村，在创新农业发展模式、推动现代农业发展中越处于相对领先地位。以具有"全国菜篮子"之称的山东省寿光市蔬菜产业为例，展开具体说明。由超过 600 个特色村的超大规模地理集聚，孕育了寿光市以蔬菜业为核心的产业分工体系及此基础上的功能集聚，构筑了多产业紧密协作的蔬菜产业网络。从生产服务功能来看，不仅包括产前的大棚设施、操作机具、地膜、肥料、农药、种子服务等生产资料企业群，产中以农户为主体、包括蔬菜龙头企业的生产种植基地，以及产后以产品包装、仓储、运输物流、加工等加工运销企业群和全国性批发市场，还包括相关服务部门提供的技术创新、经营组织以及管理服务。超过千家、高度集聚的寿光蔬菜生产服务部门，为蔬菜种植业提供规模化的生产服务与较高的服务效率，使寿光蔬菜产业在成本节约、人才汇聚、就业支撑、制度环境等方面形成明显的竞争优势[③]。

目前来看，中国的农业生产性服务业发展尚处于积极推进阶段[④]。在纵向分工形态下，专业化生产性服务引领的现代农业具有机械化、规模化、集约化的典型特征。其中，机械设备是推动特色农业实现规模

[①] Boschma, R., A. Minondo and M. Navarro, "Related Variety and Regional Growth in Spain", *Papers in Regional Science*, Vol. 91, No. 2, 2012.

[②] 冀名峰：《农业生产性服务业：我国农业现代化历史上的第三次动能》，《农业经济问题》2018 年第 3 期。

[③] 黄海平等：《基于专业化分工的农业产业集群竞争优势研究——以寿光蔬菜产业集群为例》，《农业经济问题》2010 年第 4 期。

[④] 农业部、国家发改委、财政部：《关于加快发展农业生产性服务业的指导意见》，2017 年，http://jiuban.moa.gov.cn/zwllm/tzgg/tz/201708/t20170823_5791602.htm。

化、专业化、标准化、集约化发展的重要保障。因为农业技术进步和专业分工的深化，农业标准化的生产环节越来越多，为使用机械设备准备了前提条件；与此同时，这一时期也是城镇化加速推进的阶段，大量农村劳动力从农业领域转移出去，扩大了农业生产者的人均耕地规模，采用"节约劳动型"的机械技术，也成为特色村2.0时代的现实需求。2019年，中国设施农业机械化率为31%—33%，畜禽养殖业机械化率为35%[①]。显然，这一数值与一些发达国家几乎100%的设施农业水平相比还有很大差距，但也表明特色村通过提高机械化水平和农业专业化服务能力，提高专业服务型农业发展水平，实现提质增效目标的巨大潜力与空间。

2. 融合化、网络型的产业组织保障

在经营层面，随着生产服务功能的社会化、专业化、规模化发展，创新形成了土地合作社、专业合作组织、农业产业化联合体等多元化的农村新型经营主体和产业组织新模式，现代产业经营体系加速构建。据2017年数据，中国不同类型的农民合作社达到193万家，家庭农场87.7万家，产业化经营组织41.7万家，社会化服务组织115万家[②]。在一些发展基础较好的特色村集聚区，多元化的新型经营主体和发展主体交叉融合与深度协作，形成高度网络化的新型产业组织模式，突破了特色村1.0时代农业产业化中农户与企业、合作社之间的单向联系，成为引领支撑现代农业发展的主导性力量。例如，农业产业化联合体是农业产业组织模式最前沿的创新形式，是龙头企业、农民合作社和农户等经营主体以分工协作为前提、规模经营为依托、利益联结为纽带的一体化农业经营组织联盟[③]。从其运行机制（见图4-7）与增效机理（见图4-8）来看，通过多条纵向产业链的交叉融合，三大主体之间产业分工明确、内部联结紧密，有助于提高专业化水平和农业全要素生产

---

① 赵春江：《发展智慧农业建设数字乡村》，2020年，http://www.jhs.moa.gov.cn/zlyj/202004/t20200430_6342836.htm.

② 《农业部就〈关于加快发展农业生产性服务业的指导意见〉举行发布会》，2017年，http://www.gov.cn/xinwen/2017-09/19/content_5226128.htm#1.

③ 《中共中央办公厅、国务院办公厅关于加快构建政策体系培育新型农业经营主体的意见》，2017年，http://www.gov.cn/zhengce/2017-05/31/content_5198567.htm.

率，实现农业提质增效效应与农民增收效应的目的。王志刚等选取安徽省粮油、畜牧、渔业和蔬菜四个较为典型的产业化联合体进行佐证分析，证实了农业产业化联合体展露出来的组织优势与组织效益①。

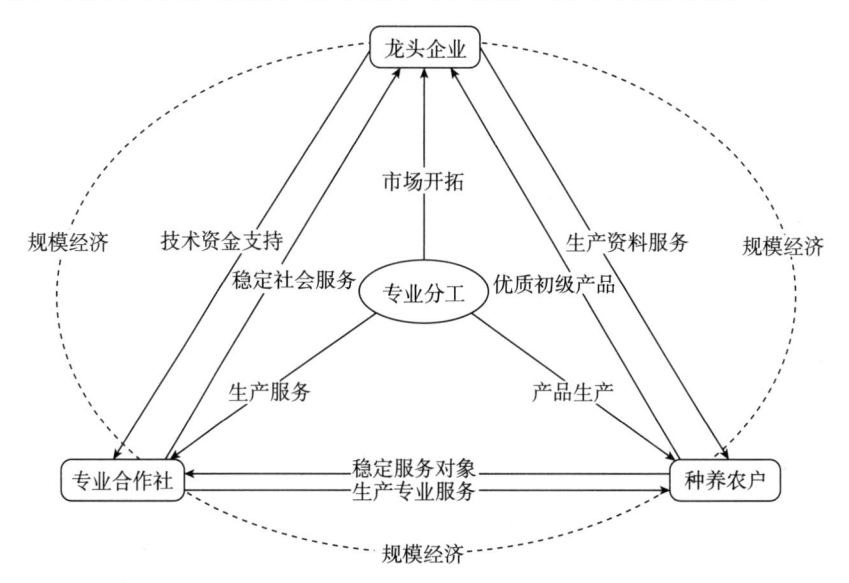

图4-7 农业产业化联合体的运行机制

资料来源：王志刚、于滨铜：《农业产业化联合体概念内涵、组织边界与增效机制：安徽案例举证》，《中国农村经济》2019年第2期。

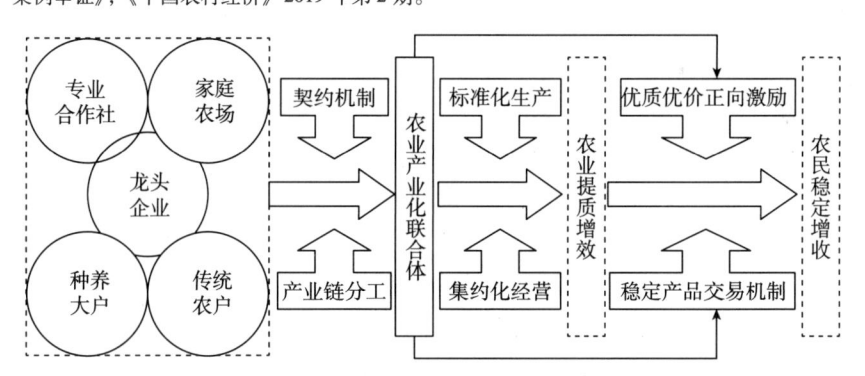

图4-8 农业产业化联合体的增效机理

资料来源：王志刚、于滨铜：《农业产业化联合体概念内涵、组织边界与增效机制：安徽案例举证》，《中国农村经济》2019年第2期。

---

① 王志刚、于滨铜：《农业产业化联合体概念内涵、组织边界与增效机制：安徽案例举证》，《中国农村经济》2019年第2期。

(三) 农业多功能价值实现与横向分工深化

农村农业的多功能多价值，在商品经济深入发展的特色村2.0时代，找到了实现市场价值的具体路径。在三位一体模式下，生态、文化等要素与特色产业相互嵌入与融合，推动特色村不断创新产业发展模式，休闲创意型农业成为特色村2.0时代发展的又一新动能以及农民增收的新源泉。一是农业生产与旅游、休闲、手工艺品制作等其他产业的横向融合。横向融合使农业生产活动朝着更高附加值、更有创意性、更具个性化的非农产业拓展，农业生产者可以获取范围经济带来的报酬递增。二是生态的产业化。按照生态资源类型、资本化路径、产品实现方式的不同，具有不同的产业化路径。对于一些地区特殊的光照、土壤等资源禀赋条件，将其作为地理美誉、"三标一品"产品品牌效应的重要构成，致力于打造富有特色、具有显著竞争力和高附加值的名优产品；针对生态旅游资源的开发与保护，既可以选择村集体开发运营的模式，也可以借助市场机制采取生态资本与社会工商资本合作的方式，形成"生态资源开发—生态产品和服务供给—生态功能价值实现"的良性循环，实现"绿水青山"到"金山银山"的转变。三是文化的产业化。通过对乡村文化资源进行旅游化、产业化开发[1]，把文化内涵"物化"到乡村特色产品价值之中，实现文化增值；同时，通过文化产业基础设施建设、提供相应的文化产品服务以及强化文化产业发展所依托的"社会文化场景"，实现对乡村传统文化的保护、传承与发展。当然，农业横向功能融合、生态产业化与文化产业化并非截然分开，生态产业化过程中增加文化元素，有助于提升文化内涵与竞争优势；文化产业化必须有良好的自然基底做支撑。总之，通过促进特色文化、生态景观等不可移动资源与特色产业的渗透、融合，将其内化为特色村的形象品牌和核心竞争力，有助于因地制宜塑造富有特色、个性鲜明、各美其美的乡村魅力，助推民宿特色村、乡村旅游特色村、休闲度假特色村、康养特色村、创客空间等类型各异的休闲型特色村加速崛起。

(四) 系统协同演化与特色村绿色可持续发展

特色村的多业态发展，已经使村庄成为承载生产、生活、生态三大

---

[1] 闵庆文等：《全球重要农业文化遗产的旅游资源特征与开发》，《经济地理》2007年第5期。

功能的空间集合体。因此，特色村为实现"生态宜居宜业宜游"，不遗余力推进特色村的空间优化与绿色发展。绿色发展是一种经济增长与资源消耗、碳排放、环境损害脱钩的发展方式，通过创建新的绿色产品市场、技术、投资以及消费和保护行为的变化促进经济增长[1]。生产空间的绿色发展，一方面是纠偏传统的生产方式和修复被破坏的生态环境，即去污与清洁；另一方面是把绿色作为一种新的驱动力量，即提质增效[2]。功能集聚动力支撑下的技术创新功能和产业管理功能，有效保障绿色发展的顺利实施。为此，特色村2.0时代重点强化资源节约型、环境友好型技术的创新与应用，通过采用绿色技术、减少化学投入品和资源投入以及废弃物的资源再利用等途径，实现清洁生产的目的。例如，2011年起，寿光市针对设施蔬菜连年耕作造成的土壤板结、次生盐渍化、有机质含量降低等问题，开展设施蔬菜沃土工程，采用科学测土配方、微生物有机肥等土壤改良技术，至2017年年底，大棚土壤有机质由1.56%提高到1.8%以上，肥料利用率提高了10%以上[3]。提质增效方面，一是以"舌尖上的安全"为目标，一些地方政府不断健全农产品监管体系，严控化学投入品特别是农药的使用，加强"从农田到餐桌"的特色农产品质量把控，推动化肥、农药高投入依赖的量产农业模式转向高端高质、绿色安全的生态农业、有机农业。二是大力推行绿色技术采纳与提升特色农产品品质的双结合，通过打造绿色品牌实现市场溢价。三是大力发展乡村旅游、乡村民宿、健康养生等高质高效、绿色生态的新兴产业。

特色村2.0时代，生产空间从增产目标向绿色目标持续转型的同时，在政府支持、村民主导、市场参与等多种治理主体共同努力下，生态空间优化、人居环境整治也成为特色村绿色发展的重要内容。自可持续发展观提出以来，大量关于农村生态环境保护的政策法规不断健全完善，整治内容从水环境、土壤等要素向经济、社会和环境多要素的综合

---

[1] World Bank and Development Research Center of the State Council, *China 2030: Building a Modern, Harmonious, and Creative Society*, Washington, DC: World Bank, 2013, p. 217.
[2] 金书秦等：《农业绿色发展路径及其"十四五"取向》，《改革》2020年第2期。
[3] 当地政府部门提供。

治理转型，整治范围从局部向区域全域推进[①]。特别是近年来《关于开展"美丽乡村"创建活动的意见》《关于改善农村人居环境的指导意见》《关于全面推进农村垃圾治理的指导意见》等系列政策，重点加强了与农民福祉密切相关的生态、生活空间的治理，从制度层面上保障了特色村作为生态保育、绿色发展、美好生活需要的空间载体功能。总之，在"三位一体"理念指引下，特色村2.0时代的"三生空间"将不断优化，朝着生态空间山清水秀、生产空间安全高效、生活空间宜居适度加快转型。

第四节 智慧村为主体形态的特色村3.0时代

在城乡全面融合和农村信息化深入推进的影响下，通过信息化赋能E—A—I，以乡村多功能价值为基础、智慧农业为主导的乡村多业态综合发展格局将逐步形成，智慧村成为特色村3.0时代发展的主体形态。信息化的全方位推进以及经济发展与社会、文化、空间、生态等多领域的深度融合互动，乡村价值全面彰显，特色村全面进步，农民全面发展，实现农业农村的现代化。

一 特色村3.0时代的现实依据

（一）农业农村信息化进程深入推进

信息化已经成为席卷全球的一股潮流，不仅引起经济发展模式的深度变革，还影响社会、文化、生态等各个领域，改变着人们的生产生活方式。20世纪90年代以来，中国政府高度重视农村农业信息化建设，把信息化发展作为带动和提升农村农业现代化的重要手段。目前来看，农业农村信息化进程大体经过了起步建设、深入发展、全面融合三个阶段（见表4-3）。尤其是近年来，《"互联网+"现代农业三年行动实施方案》《数字乡村发展战略纲要》《数字农业农村发展规划（2019—2025年）》等系列文件的发布实施，更是把农业农村信息化进程不断推向深入，并初步构建了数字乡村的政策支撑体系。

---

① 杜焱强：《农村环境治理70年：历史演变、转换逻辑与未来走向》，《中国农业大学学报》（社会科学版）2019年第5期。

表 4-3　　　　　　中国农业农村信息化进程与应用侧重点变化

阶段划分	划分依据	信息技术应用侧重点
起步建设阶段（1994—2003 年）	1994 年提出"金农"工程，2003 年完成 863 计划智能化农业信息技术应用示范工程	精准农业、农业专家信息系统建设、农业网站建设等
深入发展阶段（2004—2010 年）	2004 年建设电话"村村通"工程，2010 年行政村 100%实现"村村通电话、乡乡能上网"，同年基本建成覆盖部、省、地、县四级政府的农业网站群	设施农业、软件及数字产品、涉农电子商务、信息推广和服务等
全面融合阶段（2011 年至今）	2011 年首个《全国农业农村信息化发展五年规划》，同年启动首批国家物联网应用示范工程	农业物联网、智能装备、涉农电子商务、农业电子政务、智慧农业等

资料来源：崔凯、冯献：《我国农业农村信息化的阶段性特征与趋势研判》，《改革》2020 年第 6 期。

随着农村信息化进程的推进，农村信息基础设施日益完善，不同发展主体的信息消费与需求不断提高。2018 年，全国行政村通光纤和通 4G 比例均超过 98%，农村互联网普及率为 38.4%，农村每百户有计算机和移动电话分别为 29.2 台、246.1 部。信息进村入户工程覆盖全国 26 个省，全国 1/3 的行政村建立了益农信息社[1]。随着农民收入水平的提高，农村居民越来越依赖网络、手机获取资讯和购物，对信息的消费需求也越来越大，并且信息消费增长明显快于收入增长速度[2]。在信息技术应用方面，新型农业经营主体获取农业信息的能力要高于一般农户，由于经营主体生产经营的类型不同，其获取的信息内容呈现明显的多元化、差异性特征[3]。总之，日益完善的信息基础设施和不断增长的信息需求，信息红利加速在农村地区释放，为推进智慧乡村发展准备了

---

[1] 农业农村部、中央网络安全和信息化委员会办公室：《数字农业农村发展规划（2019—2025 年）》，2020 年 1 月 20 日。
[2] 陈立梅：《基于扩展线性支出系统模型的我国农村居民信息消费结构分析——来自 1993—2009 年的经验数据》，《管理世界》2013 年第 9 期。
[3] 韩旭东等：《乡村振兴背景下新型农业经营主体的信息化发展》，《改革》2018 年第 10 期。

前置条件。

(二) 智慧乡村建设中的探索性发展

针对中央文件中提到的数字乡村战略，魏后凯认为，为加快弥合城乡数字鸿沟，应将信息化进程中的数字化、网络化和智能化"三化"有机融合，协同促进智慧乡村建设①。从《数字农业农村发展规划(2019—2025年)》中关于种植业信息化、畜牧业智能化、渔业智慧化等具体提法看，数字乡村战略中也含有"智慧"发展内涵。智慧农村，是信息化时代农村创新发展的重要战略选择②，通过信息技术在各领域、各层面的广泛使用，实现乡村生产科学化、治理可视化、生活智能化和消费便捷化③。

整体上看，紧随信息技术的基本发展趋势，中国政府政策由"强基础"向"重应用"演变④，先进信息技术在农村农业中的应用领域越来越广泛。精准农业、智能农业、农业物联网、智能装备等新领域⑤，是智慧乡村发展先行先试的重点领域，信息技术在农村农业现代化和智慧乡村发展中的作用不断凸显。统计数据表明，2018年，中国农业数字经济占农业增加值比重为7.3%；乡村旅游智慧化趋势明显，2019年上半年，乡村旅游点无线网络覆盖占比84%，乡村旅游经营户拥有在线支付和预定系统的占比高达71.5%；农产品电子商务发展迅速，2018年全国农产品网络零售额5542亿元，占农产品交易总额的9.8%⑥。农村农业信息化，成为智慧乡村发展的重要推动力与核心动能。

(三) 特色村创建智慧村的先发优势

智慧农业，是智慧村发展的产业支撑。特色村作为农村经济发展的

---

① 魏后凯：《"三化"融合加快推进智慧乡村建设》，《农村工作通讯》2019年第6期。
② 李先军：《智慧农村：新时期中国农村发展的重要战略选择》，《经济问题探索》2017年第6期。
③ 夏显力等：《农业高质量发展：数字赋能与实现路径》，《中国农村经济》2019年第12期。
④ 崔凯、冯献：《我国农业农村信息化的阶段性特征与趋势研判》，《改革》2020年第6期。
⑤ 赵春江、杨信廷、李斌：《中国农业信息技术发展回顾与展望》，《农学学报》2018年第1期。
⑥ 农业农村部：《数字农业农村发展规划（2019—2025年）》，2020年，http://www.moa.gov.cn/nybgb/2020/202002/202004/t20200414_6341532.htm。

"高地",在产业基础和经济基础方面已经积累了一些先发优势,是推进智慧农业发展的重要基地,是智慧乡村建设走在前列的"排头兵"。

智慧农业,是现代信息技术与农业全产业链的"生态融合"和"基因重组",涵盖智慧生产、智慧管理、智慧经营、智慧服务四个部分[1]。在智能生产和智能管控下,智慧农业更加依赖于标准化、专业化、规模化的作业流程。根据国家数字乡村的战略部署,标准化程度高、附加值高的农业部门如畜牧业、渔业、设施农业,率先推广智能化、智慧化的生产模式;易于标准化、规模化的农业作业流程如病虫害防治、农产品采收,率先采用无人机、生物传感器、自动控制等智能装备。特色村历经四十多年的发展,已经形成相对标准化、专业化、规模化的农业生产体系,基于全产业链的生产服务初具规模,产品销售网络相对稳定,现代乡村产业体系多产业支撑的结构骨架初步完成系统性建构。农业生产过程中的技术进步和技术创新不断推进,在某些产业的某个环节,已经出现智能化的发展趋势,伴随着新产业新模式新技术的不断出现,一些特色村已经具备了生产模式发生深刻变革与转型的经济可行性与技术可行性。

信息化效能能否有效发挥,很大程度上还取决于农业生产者的学习能力和操作能力,如果没有与新技术新产业相匹配的人力资本,那么信息化也很难转化为实际生产力[2]。从特色村的农业劳动力质量来看,经过长时期的专业化发展和技术积累,已经培育出一大批"土专家""田状元",专业化的农业人才队伍可有效缓解农业信息化的人力资本门槛约束[3],为向智慧村转型准备了人力资本支撑。

(四)智慧村发展面临的现实制约

从特色村面临的现实问题看,虽然中国城乡关系持续改善,但城乡

---

[1] 李道亮:《城乡一体化发展的思维方式变革——论现代城市经济中的智慧农业》,《人民论坛·学术前沿》2015年第17期。

[2] 曾亿武等:《电子商务有益于农民增收吗?——来自江苏沭阳的证据》,《中国农村经济》2018年第2期。

[3] 韩海彬、张莉:《农业信息化对农业全要素生产率增长的门槛效应分析》,《中国农村经济》2015年第8期。

二元结构"刚性"依然明显[1]，特色村的科技创新、人才、资本等高级要素短缺严重；虽然发展模式已经发生深刻变革，农业生产过程中的绿色技术创新与应用加速推进，但是农业增产提质的关键技术性约束一直没有得到根本缓解[2]；以科技信息、金融保险、中介服务等为代表的农业生产性服务业发展依然滞后，农业质量效益不高、农业竞争力不强。依托特色主导产业，特色村集聚区成立了专业化经济组织、农民合作社等各类新型经营主体，但大量"空壳社"流于形式[3]，小农户分散经营模式依然制约着特色农业的标准化、规模化、集约化生产[4]。在既有生产力水平下，土地产出率临近产出极限，依赖产量增长增加农民收入的努力已经失去作用；市场信息不对称和农产品"柠檬市场"效应的存在，绿色增效式微；"三新"产业不断涌现且发展前景良好，但各类要素资源有待进一步激活，才能释放出其潜在的经济社会效益。种种原因，导致特色村农民持续增收困难，虽然获得了高于非特色村的经营性收入，但却无法填平与城市的收入差距。以具有"全国菜篮子"之称的寿光市为例，2017年，寿光市农民人均收入19249元，虽然高于全国农民平均水平7000余元，但城乡居民收入比仍然高达1.95∶1，只是优于全国城乡收入比2.72∶1的水平[5]。

特色村持续累积下来的问题，单靠局部创新、细微改进，已经不足以支撑特色村可持续、高质量的发展。智慧村时代，必须借助信息化的全局性、重大创新性突破，以信息技术赋能产业、寻求动力源的根本切换，才能进一步释放特色村的发展潜能，真正实现农业强、农村美、农民富的发展目标。

二 E—A—I框架下的智慧村发展

智慧村，是城乡全面融合和农村信息化全面推进的产物。图4-9

---

[1] 王颂吉、白永秀：《城乡要素错配与中国二元经济结构转化滞后：理论与实证研究》，《中国工业经济》2013年第7期。

[2] 李谷成：《中国农业的绿色生产率革命：1978—2008年》，《经济学（季刊）》2014年第2期。

[3] 苑鹏：《取缔空壳农民专业合作社刻不容缓》，《农村工作通讯》2019年第8期。

[4] 董志勇、王德显：《科技创新、生产模式变革与农业现代化》，《新视野》2019年第6期。

[5] 数据来源：《2019年寿光市国民经济和社会发展统计公报》《中华人民共和国2019年国民经济和社会发展统计公报》。

显示，信息化协同其他高级要素赋能 E—A—I，不仅创新市场扩张方式、优化提升功能集聚功能、提高模式创新能力，也使 E—A—I 三者之间的传导互动更加高效，实现农业农村发展的智能化、智慧化。

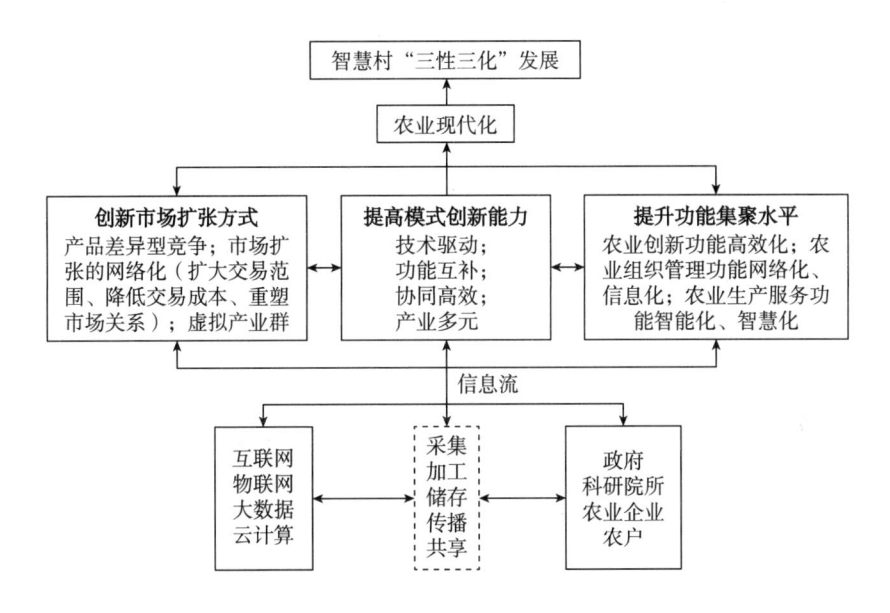

图 4-9　信息化支撑智慧村发展的作用逻辑

（一）市场扩张效应：农业增长成效显著

智慧村时代，面对更加细分的特色产品市场和更激烈的市场竞争环境，特色村产品竞争策略上重在打造产品差异型的竞争优势。同时，因为互联网平台经济的广泛应用，市场扩张的网络化，成为智慧村时代的一个显著特征。这不仅有利于扩大产品的市场交易范围，也对生产者与消费者的相互关系起到积极的重构效果。消费者不仅是特色产品和服务的接受者，还通过互联网的联动性，与生产者建立紧密的联系，把对产品的消费体验和有益意见及时反馈给生产者，生产者不断改进产品内容与形式、提高产品质量，促进产品的市场消费需求。特别是对于那些康养特色村、创客空间、社会试验场等新兴特色村，更多是一种具有地方根植性的、创新导向的、面向个性化市场的柔性生产模式。地域相对分散、产品品类相近的特色产业，可以借助现代信息技术和网络平台，形成一种新型的产业组织形态，即虚拟产业群①。虚拟产业群以网络虚拟场景展现关联性产品或相近性产品，在竞争与协作的虚拟网络环境中，能够有效克服真实世界中孤立单品的市场进入难题，降低消费者的市场搜寻成本，有助于新业态新模式的市场培育与壮大。

另外，现代信息技术支撑下交通运输、交易技术和交易形式等不同方面的发展，通过降低市场交易成本，对乡村特色农产品的市场扩张也可以起到积极的正向促进作用。对一些特色农产品特别是追求物流效率的鲜活农产品，四通八达的高速公路以及鲜活产品所需的冷链低温运输系统、物流轨迹实时监控技术、农产品质量监测等交易技术的发展，大幅节省了时间成本和运输成本，扩展了交易半径。产品质量监测、产品追溯体系等信息技术的应用，通过降低消费者与生产者的信息不对称，有助于完善特色农产品优质优价的市场机制，并提高消费者对绿色产品、有机产品等品质产品的消费规模。信息网络支撑下的线上销售、农超对接、从地头到餐桌、订单农业等不同市场交易形式的创新，既丰富了消费者的产品种类，又通过信息透明、简化交易中间过程，实现交易效率的提高，提高产品交易的市场深度，增加乡村特色产品的市场规模。

（二）功能集聚效应：发展质效全面提升

1. 对要素承载和创新功能的影响

信息化支撑下的智慧村发展，离不开高投入的社会工商资本和高素质的人力资本做支撑。城乡全面融合和农村信息化的深入推进，为智慧村发展奠定了要素保障的基础环境。这是因为，一方面，伴随着"有差异、无差距、可流动、无障碍"的健康城乡关系②形成，城乡要素自由流动的制度障碍完全被打破，生产要素在城乡之间实现市场化配置；互联网、物联网、大数据的应用，使农业信息通过网络平台的"虚拟集聚"与分享，进一步消除了城乡间的信息鸿沟，使要素资源在城乡

---

① 王凯：《虚拟产业群与我国农业产业化模式新探索》，《未来与发展》2009年第5期。
② 赵民等：《"城乡发展一体化"的内涵与评价指标体系建构》，《城市规划学刊》2018年第2期。

间优化配置①。另一方面，社会融合等使特色村劳动力的整体素质和能力已经实现全面提升；农村资本外流趋势得到根本遏制，农业累积的资本规模越来越多；多元创新主体支撑的创新能力显著提升等。特色村内外部条件的优化，足以满足智慧村的发展需要。而信息化作为一种特殊的生产要素，不仅可以与资本、劳动、土地一样，作为直接的投入要素增加产出；还可以通过与其他要素相结合推动要素优化升级，通过间接溢出效应向外扩展生产边界②，提高资本与劳动的边际生产率，从而成为农业经济增长的新动力③。整体上看，信息化水平越高的特色村，农业信息化的空间溢出效应越强，特色村承载的农业创新功能越强，人才、资本、现代信息技术等要素向该地区流动与集聚的水平越高④，从而加速形成资本密集型和技术密集型的智慧村发展模式。

2. 对农业生产服务功能的影响

信息化时代，现代信息技术装备将成为"引燃"中国农业数字经济的重要引擎。具有现代信息技术和先进管理理念的农业现代服务部门⑤大量采用高端智能设备，使农业的生产服务功能更加专业化、智能化、智慧化，引领特色农业生产模式由机械化向精准化、智能化、智慧化发展。但与此同时，以高端智能设备为代表的生产性服务受到消费市场规模和交易效率的严格限制。高端智能制造设备具有投入成本高、维护成本高、产出收益大的特点⑥，由于设备固定投入的不可分割性，智能设备投入企业必须达到较高的规模收益，才能抵消较高投入成本获得正向的产出收益。并且，随着服务生产规模的扩大，单位服务平摊的固定成本越小，递增效应越明显。因此，只有跨过服务市场规模门槛，智能设备才具备投入的经济可行性。也就是说，特色村特色主导产业对生

---

① 于淑敏、朱玉春：《农业信息化水平的测度及其与农业全要素生产率的关系》，《山东农业大学学报》（社会科学版）2011年第3期。

② 朱秋博等：《信息化提升了农业生产率吗？》，《中国农村经济》2019年第4期。

③ 汪卫霞：《农业信息化：中国农业经济增长的新动力》，《学术月刊》2011年第5期。

④ 高杨、牛子恒：《农业信息化、空间溢出效应与农业绿色全要素生产率——基于SBM-ML指数法和空间杜宾模型》，《统计与信息论坛》2018年第10期。

⑤ 潘锦云、李晏墅：《农业现代服务业：以工促农的产业路径》，《经济学家》2009年第9期。

⑥ 陈治国等：《农户采用农业先进技术对收入的影响研究——基于倾向得分匹配法的实证分析》，《产经评论》2015年第3期。

产服务的消费需求规模是智能设备投入的重要外部约束条件。如果再考虑到"资本密集型"智能设备的地域专用性和环节作业专用性，要求有足量且连续的服务交易密度①。那么，功能集聚程度又成为智能设备投入的另一约束条件。在生产服务功能集聚程度越高的特色村集聚区，服务的交易频次、需求规模、交易效率越高，产生的空间外部性越强，智能设备的规模报酬递增效应越显著，生产性服务企业投入智能设备的市场需求驱动力越旺盛。采用智能化、智慧化设备的特色村，全面提升产品质量与农业综合效益，进而提升产业的整体竞争力。

3. 对农业组织管理功能的影响

借助互联网的天然黏性和实时互动的"扁平化"信息服务优势，将显著改变土地合作社、现代农场、农业产业化联合体等农村新型经营主体"有名无实"的尴尬处境，通过强化新型发展主体对农业生产经营组织与管理的职能，将分散农户凝聚为一个联系紧密的整体，并推动传统的农业服务模式由过去的公益为主转向市场化、多样化服务②。大数据和互联网平台经济为黏聚起来的新型主体提供技术支持和平台保证③，功能集聚则为其提供持续发展的空间组织载体，既有助于解决小农户与大市场对接的难题，也加快推进特色农业生产的标准化、规模化、专业化和品质化。

（三）模式创新效应：形成智慧农业新动能

信息化与农业产业链的深度融合，是智慧村时代模式创新的主要着力点。信息化通过提高农业生产环节的可分性、农事活动的市场可交易性以及改善对农业作业质量的监督，拓展与深化农业分工、增加农业生产的迂回程度④。根据"杨格定理"，分工能够进一步引发分工⑤，这

---

① 罗必良：《论服务规模经营——从纵向分工到横向分工及连片专业化》，《中国农村经济》2017年第11期。
② 李道亮：《城乡一体化发展的思维方式变革——论现代城市经济中的智慧农业》，《人民论坛·学术前沿》2015年第17期。
③ 董志勇、王德显：《科技创新、生产模式变革与农业现代化》，《新视野》2019年第6期。
④ 罗必良：《论服务规模经营——从纵向分工到横向分工及连片专业化》，《中国农村经济》2017年第11期。
⑤ 阿林·杨格：《报酬递增与经济进步》，《经济杂志》1928年12月第38卷。贾根良翻译后发表在《经济社会体制比较》1996年第2期。

就意味着，与特色村 2.0 相比，从农业纵向分工中分化出来的生产服务功能更加多样化，专注生产服务和管理服务的中间投入品企业数量进一步增多。并且，在智慧村时代，要求任何一个产业都不能孤立存在，必须在一个健康的产业生态网络中进行精准的发展定位，从与其他产业的竞争与合作共生中创造自己的价值[①]。

在信息化作用机制下，政府、科研机构、农业企业与农民等不同发展主体联结成紧密的农业信息网络和生产服务网络。以大数据为支撑的现代农业生产性服务企业，把信息技术渗透进农业产业链、供应链各个环节并将之有机贯通起来，推动形成信息技术为核心支撑、多产业分工协作的智慧农业，成为智慧村时代的新动能。具体地看，产前环节，生产者可以根据政府提供的农产品供求信息等智慧服务，生产决策选择那些更受市场认可和欢迎的产品与服务，有效规避农产品市场的信息不对称问题；而科研院所的技术创新如良种选育，有助于提高产品效益和产品品质。产中环节，通过信息网络实时获取的农业气象信息，实现气象预警信息全天候覆盖，提升农业生产过程中的自然灾害防御能力，最大限度避免或减少气象灾害造成的损失；在资源节约、环境友好、提质增效的绿色技术支撑下，利用信息技术用于土壤条件、空气湿度等农情环境监测、测土配方施肥、农作物病虫害防治等精准作业，保障农业的绿色化发展；采用自动化、智能化、智慧化设备，实现智慧生产、智慧经营。产后环节，产品追溯系统、物流实时监测技术等智慧管理手段，保证食品安全，改善物流效率，提高产品附加值与市场竞争力。通过信息化对农业全产业链的渗透与优化提升，实现集创新驱动、分工深化、功能互补、协同高效于一体的智慧性发展。

同时，模式创新的另一个着力点在于，增强信息化对农业多功能深度挖掘与创新性利用的支撑能力，提高个性经济、创意经济在农村经济发展中的比重。信息化通过提高特色资源创新性利用的广度与深度，强化乡村特色资源与经济发展融合的能力，将衍生出更多的创客空间、社会试验场、农业文旅综合体、农业研学基地等彰显地域特色与乡村价

---

① 梅亮等：《创新生态系统：源起、知识演进和理论框架》，《科学学研究》2014 年第 12 期。

值、农民增收效应显著、更具智慧特征的新型特色村。

三 智慧村全面实现农业农村现代化

E—A—I 的动力支撑以及信息技术在农村生产生活、乡村社会治理、生态环境建设等多领域的智慧化应用[1]，智慧村实现"三性三化"的高质量发展，全面实现农业农村现代化。

（一）开放空间的高度流动性

信息化建构了以流动性为特征的网络社会和开放空间，城乡融合又熨平了要素流动的障碍，于是，城乡频繁的人员流动、资本流动、信息流动、物质流动、价值流动等各种流动，把承担不同地域功能的特色村发展为充满经济活性的"流动空间"。流动空间支配、塑造着特色村的地方实体空间。

（二）智慧化与特色化有机融合

智慧村是智慧城市的延伸与发展，与智慧城市的最大区别即在于，其独具特色的乡村属性。智慧与特色，构成智慧村的两大支撑，特色资源为发展依托，信息技术为实现手段。"智慧"与"特色"的有机融合，意味着特色村 2.0 时代被挖掘出来的生态、文化要素将被注入更多的科技内涵，创造性地"物化"进产业发展之中，获得更高的资源利用效率以及产品附加值。最终，特色村的发展既能体现出智慧性、科学性、创新性，又能富含乡村气息和乡村地域特色，承载绿色生态、文化传承、休闲旅游等乡村诸多价值。

（三）创新性发展

创新，是特色村发展的动力源泉。互联网、物联网、大数据、云计算等新兴信息技术的广泛应用，将特色村置于一个巨大的"创造场"中。目前，中国进入农业信息技术 4.0 发展阶段[2]，一批农业物联网技术、农业精准作业技术等先进技术取得突破性进展，并加速推广应用。信息技术与农业发展的深度融合，促进互联网经济、数字经济加快崛起，农产品生产模式、流通模式、经营模式和管理服务模式发生深刻变

---

[1] 常倩、李瑾：《乡村振兴背景下智慧乡村的实践与评价》，《华南农业大学学报》（社会科学版）2019 年第 3 期。

[2] 赵春江等：《中国农业信息技术发展回顾及展望》，《农学学报》2018 年第 1 期。

革；创新工场、社会实验室等新型众创空间不断拓展，乡村新科技新业态新模式层出不穷，特色村进入以信息技术为支撑的创新驱动型发展阶段。

（四）智慧型治理

智慧村时代，形成多元主体参与、提供智慧服务的乡村现代治理模式。运用现代信息技术，对跨民政、医疗、教育等多个部门、跨不同农业行业的农村农业信息资源进行重新配置和系统集成，构建全天候、泛在化的综合性信息服务与管理平台。秉承"以人为本"的发展理念，将公共服务的供给与选择关系，转变为需求与回应以及不同主体间的互动关系[1]，实现对乡村社会的精细化管理、科学化决策、智慧化服务。

（五）全面、协调性发展

高质量发展理念指导下，现代信息技术在特色村各个领域的综合性运用，实现智能应用、智能获取、智能响应与智能服务，生态环境质量全面提升，乡村文化魅力得到重塑与创新性传承，经济、政治、社会、生态、文化、空间等不同领域、不同维度实现协调发展、高质量发展。同时，信息化与E—A—I的高效融合互动，市场扩张的收入增长促进效应、功能集聚带来的规模报酬递增效应、模式创新拓展的新增值空间，使智慧村的农民收入实现稳定性增长，并逐渐收敛于城市居民的可支配收入，农民总体社会福利和生活质量持续提高，逐渐趋同于城镇居民。

智慧村是在城乡全面融合背景下，新一代信息技术与当地资源要素深度融合中发展起来的特色村新形态。然而，当前来看，智慧村还是一个新生事物，只在少数地区处于自主探索阶段[2]；智慧农业发展带动的智慧农业型特色村、智慧乡村旅游带动的智慧旅游村、农村电子商务带动的淘宝村，是当前智慧村存在的主要类型。虽然被称为智慧村，但"智慧性"发展只在某个领域有所突破，离发展成为真正意义上的智慧村任重道远。

---

[1] 徐晓林、朱国伟：《智慧政务：信息社会电子治理的生活化路径》，《自然辩证法通讯》2012年第5期。
[2] 魏后凯：《推进智慧乡村建设已迫在眉睫》，《中国品牌》2019年第4期。

第五章

特色村经济转型的特征与路径

  第三、第四章重点建构了特色村转型发展的综合解释框架，提出了特色村转型发展的三阶段论，是在城乡融合视域下对特色村转型发展这一中心议题作出的理论性和发展实践的整体性探讨。前文中也曾反复强调，特色村转型是多领域的协同转型，而其中，经济转型是占据主导地位且最为剧烈的领域。本章以 E—A—I 框架为指导，对照特色村转型发展的三个阶段，利用丁楼村、迟家村、房干村三个特色村的微观社会调查资料，分别从定性和定量的角度，对特色村的经济转型特征展开具体分析并进行实证检验，进而提出推动特色村经济转型的具体路径。加以说明的是，丁楼村、迟家村分别是曹县淘宝村集聚区、青州市花卉特色村集聚区的代表性缩影，虽然相关分析和探讨主要围绕这两个特色村重点展开，但无论是具体的转型特征分析还是提出未来的转型路径，都将丁楼村、迟家村的相关讨论深度镶嵌于所依托的区域优势特色产业集群之中。

第一节 特色村经济转型的内涵

  自改革开放以来，经济转型成为学术界最为关注的话题和研究领域。尽管许多学者从不同角度对经济转型进行了定义，形成了较为广泛的共识，但由于关注重点和概念理解的不同，仍存在一定差异。概括起来，对经济转型的内涵形成四种基本认识。

  第一类观点是"体制转型论"。如热若尔·罗兰指出，经济转型是大规模制度变迁的动态过程，重在实现经济体制从计划经济向市场经济的转换①。科尔奈认可经济转型的目标是实现经济体制转型,但同时认为政治、社会、法律法规等多个系统、多层面的转型内容也应该被纳入经济转型的分析框架②。许多中国学者结合中国的改革开放,把经济转型概括为从计划经济向市场经济的制度变迁、从内向型经济向外向型经济的转变③,并成为国内接受程度较高的论调。

第二类观点认为经济转型是特定经济体经济增长动力和整体发展模式的明显转变,可称为"动力模式论"。如杨志江和罗掌华认为经济转型体现为由资本、资源驱动的粗放增长向创新驱动的集约发展转变④,实际上强调了经济转型中发展动能、发展模式的转换。党的十九大报告也指出:"我国经济已由高速增长阶段转向高质量发展阶段,正处在转变发展方式、优化经济结构、转换增长动力的攻关期。"如果把这一论述看作经济转型概念的延伸和应用,则反映了国家政策层面对新时期经济转型内涵的界定。

第三种观点主要关注经济转型的结果,认为经济转型是经济效率、经济结构、资源环境消耗水平等发生的重大变化,可称为"转型绩效论"。如中国经济增长前沿课题组重点探讨了经济转型中的人口结构转型、生产率的产业再分布、收入分配调整、城市化率提高、资本效率递减、全要素生产率改进空间狭窄等结构性特征⑤。

第四种观点则把上述观点进行综合,认为经济转型既包括体制转变、增长动力和发展模式转变,也包括经济增长综合绩效的跨越,实际上是一种综合论。如郝寿义和曹清峰基于中国经济进入后工业化初级阶段的判断,提出经济转型的根本目标是建立现代化经济体系,其关键性

---

① Roland, G., *Transition and Economics*, Cambridge, MA: The MIT Press, 2000.
② Kornai, J., "The Great Transformation of Central Eastern Europe: Success and Disappointment", *Economics of Transition*, Vol. 14, No. 2, 2006.
③ 洪银兴:《中国经济转型与转型经济学》,《经济学动态》2006 年第 7 期;刘骏民、季益烽:《中国经济转型特征与中国经济运行的独特方式——中国经济改革实践中的重大理论问题》,《政治经济学评论》2013 年第 1 期。
④ 杨志江、罗掌华:《我国经济增长方式绿色转型的驱动因素研究》,《科学管理研究》2019 年第 1 期。
⑤ 中国经济增长前沿课题组:《中国经济转型的结构性特征、风险与效率提升路径》,《经济研究》2013 年第 4 期。

指标包括要素利用结构、经济结构、动力结构的转变①。

总体而言，由于经济转型进程的系统性和复杂性，国内外学者对经济转型的理解较为宽泛，并呈愈加庞杂的趋势。延伸至特色村的经济转型，至少囊括以下多方面内容：要素支撑由初级资源要素向高级要素和专业要素转变，增长模式由粗放型增长向集约型、高效高质型发展转变，产业形态由农业生产为主向多元化产业转变，主营产品由低附加值的初级产品向高附加值的品质化、差异型产品转变，产品市场由本地向区域、全国乃至世界的更大空间范围拓展，技术创新由模仿为主向自主创新、系统创新转变，农业经营模式由农户分散经营向专业化、规模化经营转变，发展主体由本地农户为主向农户、农业企业、经济专业化组织、政府等多元主体转变等，转型内容可谓丰富。在笔者看来，特色村经济转型的核心目标仍在于实现从传统农业向全要素生产率驱动、具有较强市场竞争力与绿色发展特征的现代农业②转变，上述表征是E—A—I动力支撑下特色村呈现的多重转型特征和转型效果。

第二节　特色村经济转型的特征

经济转型特征，是对特色村经济领域发生剧烈变革的定性描述。在E—A—I框架下，重点探讨特色村在要素禀赋、生产经营、产业形态、市场竞争力等不同层面发生的重要转变。

一　城乡关系改善与要素供需格局逐步扭转

特色村的转型发展是多种要素相互匹配的过程。随着中国城乡关系由对立逐步走向融合，特色村劳动力市场和资本市场不断发育，农村土地改革加速推进，多种要素间的互动关联和匹配适应程度不断改善。由于小农经济的自给自足特点以及对未来预期的不确定性，开展特色经营之初，"理性小农"一般是对既有传统生产要素重新组合利用。但随着生产规模的扩大和多样化、品质化产品的生产与供给，特色村对生产要

---

① 郝寿义、曹清峰：《后工业化初级阶段与新时代中国经济转型》，《经济学动态》2019年第9期。

② 李周：《乡村振兴战略下的现代农业发展》，《东岳论丛》2020年第3期。

素的市场需求日益增长。在城乡日趋融合以及国家和地方政策的引导推动下,特色村初步构建起相对完备的要素市场体系,特色村1.0时代生产要素获取难、获取贵的矛盾得到阶段性化解。要素约束缓解以及要素利用效率的提高,为E—A—I发挥高效驱动力准备了基础性支撑。

首先来看劳动力配置的变化①。一方面,农村内部的劳动力市场日渐成熟。改革开放之后,中国最先放开了劳动力市场,不仅劳动力由农村向城市加快流动,市场经济的发育也使农村内部的劳动力市场不断发展,而特色生产又是其中最大的一股推动力量。在一些特色村,逐步突破了以家庭成员为主的传统经营模式,开始整合利用本村、邻村甚至外地的劳动力资源,从事耗费体力和时间的劳动环节,满足生产规模扩大的需要,在此基础上形成了专业性的熟练劳动力市场。另一方面,城乡之间的劳动力要素市场开始发育。在丁楼村,聘用大学生、专业技术工人等富含人力资本的劳动者,从事市场营销推广、产品研发设计、客户关系维护等对人员技能和素质要求较高的服务性环节,成为一种普遍现象。也有一些农户利用城镇的人才密集、信息流通、生活便利等优势,把一部分经营环节转移到城镇并雇佣当地劳动力,优化劳动力的市场配置。

其次看农村较为短缺的资本要素情况。农村资本市场一直以来是农村发展的短板,尽管国家持续推动城乡融合发展和金融惠农政策,但农户融资依然困难且渠道相对单一。但是,依赖于三个方面的变化,特色村的资本市场和资本化水平显著改善。一是农户的抵押物类型更加丰富。随着生产发展和资本积累,特色经营农户使用自有设备、财产、营业执照甚至经营流水等多种形式,作为从金融机构获得贷款的资信凭证,更容易解决贷款难的问题。二是政府和金融机构针对特色经营的服务性创新。政府主要是从政策性金融应用、贴息贷款、担保补助、优化行政审批流程等方面,降低农户融资的难度和成本;而金融机构则通过下沉服务网点、强化融资政策宣传,并开发基于个人信用或综合考虑目前和未来偿债能力的新型服务产品,使农户融资难、融资贵问题得到缓解。三是互联网金融、资金互助等金融市场的不断完善。比如,蚂蚁金

---

① 这里主要进行了定性描述,在下一章特色村人口结构变动中作更详尽的数据分析。

服等普惠金融，为农户融资开辟了新渠道，使贷款发放周期、担保方式等更能满足农户需要。在曹县，电商贷产品的开发和蚂蚁金服的"普惠金融＋智慧县域"融资模式，已经成为丁楼村农户表演服饰经营的重要资本支撑。当然，对普通农户而言，其首选融资渠道仍然是亲朋好友间的互帮互助，这与所需资金规模不大以及延续的乡村传统等因素紧密相关。

二 特色生产网络走向专业化集约化

功能集聚从提高农业创新能力、拓展专业化分工与服务、创新现代产业组织实现规模化经营三个方向，推动特色村经济朝着质量、效率与效益不断改善的现代农业发展。

（一）农业创新：技术创新与产品创新同步推进

特色村的创新意识和行动力明显加强。一方面，随着大量农户进入，品类大体相同、品质基本相等的产品体系，在特色村集聚区形成明显的恶性竞争；同时市场空间范围扩张对特色产业发展又是一把"双刃剑"，在扩张本地产品市场范围提高销售量的同时，也因为面临同行业市场范围的扩张，从而面临更激烈的行业竞争。竞争的压力使产品利润空间不断被摊薄，迫使农户改变竞争策略，通过差异化产品竞争，扩大产品的盈利空间；通过品质化产品供给，提升产品的增值空间。另一方面，在以特色产业为核心的功能集聚广度和深度不断强化的情况下，特色村初步具备了产品升级所需的技术创新能力和资本投入水平，从而加大了对多元化和品质化产品的实践探索。特别是后期进入的生产者，借助已经积累的产业基础，进行模仿式创新，尤其是部分具有较强经济实力、具有特定知识技能或与外界信息技术交流联系密切的农户，更容易促进特色村形成一种"雁阵式"的产品升级过程。从丁楼村来看，迎合"快销文化"的潮流，特色经营农户增大了产品设计、生产组织、营销推广、售后服务等全产业链条的创新，依靠简单模仿的农户比例已经下降至38.37%，更为注重产品设计、生产工艺、营销策略、质量管控等环节的农户比例有了很大提高。与此类似，迟家村也加大了品种研发方面的创新以及专业性市场的培育，产品的特色化和高端化趋势明显（见图5-1）。

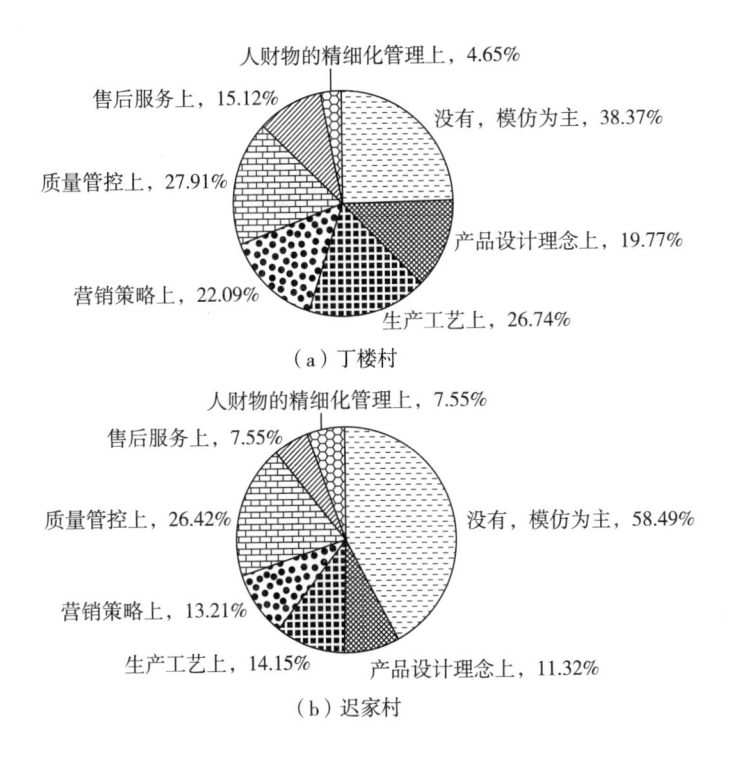

第五章 │ 特色村经济转型的特征与路径

人财物的精细化管理上，4.65%
售后服务上，15.12%
质量管控上，27.91%
营销策略上，22.09%
生产工艺上，26.74%
没有，模仿为主，38.37%
产品设计理念上，19.77%

（a）丁楼村

人财物的精细化管理上，7.55%
售后服务上，7.55%
质量管控上，26.42%
营销策略上，13.21%
生产工艺上，14.15%
产品设计理念上，11.32%
没有，模仿为主，58.49%

（b）迟家村

图 5-1　丁楼村和迟家村受访农户的主要创新内容

（二）专业化分工：专业化生产转向专业化服务

特色村的形成，是基于要素禀赋的自然分工。一般认为，农业生产的节律性、农业劳动"农忙"与"农闲"的季节交替性等生产特性以及较低的产品需求弹性、鲜活易腐农产品较高的交易成本等市场特性[①]，决定了特色村在自然分工之后很难再实现分工深化、获取分工经济的好处。但是，随着特色村设施农业的发展、更多不受农业特性约束的新兴产业的兴起以及特色产业扩张带来的规模化中间产品需求，特色村逐步内生出依赖于技术进步、市场力量推动与政府支持的社会分工深化，推动特色产业的迂回程度不断提高，生产性服务功能逐步社会化、专业化、规模化。

从三个特色村来看，基本经历了从自然分工形态向社会分工形态的

---

① 罗必良：《论农业分工的有限性及其政策含义》，《贵州社会科学》2008 年第 1 期。

深化拓展。丁楼村、迟家村形成初期，农户经营规模较小，并且不确定性较强，生产经营过程中所需的农资原料、中间投入品、产品销售主要依赖于城镇的固定市场或农村集市，采购费用与交易成本相对较高，农户生产成本也较高。但由于前期市场竞争性相对较小，同时产品的附加值高于粮食农产品，尚有一定的利润空间。随着生产者的增加和特色产业的市场扩张，对中间产品需求的规模开始突破其最低的经济门槛阈值，从而孵化出专业化、社会化的服务性企业，一些特色生产者成长为专业化和职业化的"新农人"等新型经营主体。当然，这一过程并不严格，也有部分专业性服务企业基于对特色产业发展市场前景的理性判断，可能提前进行中间投入品企业的生产布局，并通过对特色产业的拉动效应不断扩大自己的生产服务规模，市场需求规模的扩大反过来又刺激中间投入品企业进一步提高服务水平和服务效率。以丁楼村为例，网络销售方面的网店设计、美工、客服、售后等生产性服务业，服装加工方面的制图、打版、纽扣、布料、裁剪、绣花等环节不断细分，并分化为独立经营的专业化企业。上述中间投入品企业的生成，既得益于技术进步和市场作用下经济利益的驱动，又离不开政府的中间链接作用。一是政策上的许可、鼓励，如通过对典型人物案例的宣传与示范，降低后续农户进入的风险和不确定性；二是从资金扶持、教育培训、技术信息对接、土地使用、税费优惠、行政审批、增强信用等各个方面，降低农户进入特色经营的门槛和成本；三是积极建设或培育特色经营所需的各项配套设施与服务，打造良好的创新环境和经营环境，孵化出更多专业化的特色经营主体。比如，在丁楼村所在的大集镇、曹县乃至菏泽市政府的直接或间接参与下，紧邻丁楼村的孙庄村建设了规模化、专业化的辅料大市场，为丁楼村及周边村庄供应生产原料等物资。通过社会化服务体系建设，特色村确立了服务型农业发展模式，产品标准化程度、产品品质得到显著改善，产业生产效率大幅提升。

（三）产业组织：由脆弱低效转向弹性集约

目前来看，农业的经营组织模式主要有两种类型：一种是农户家庭成员独立从事特色经营的全链条尤其是生产和销售环节，仅有少量环节服务外包。这种模式一般对应于相对较低的专业化分工水平，但由于能够把所有的生产经营成本内部化，在生产规模较小的条件下，其投入产出效率也是较高的。另一种模式是农户主要从事生产决策与经营管理，具体生产经营活动主要通过市场购买服务的方式实现。这种模式对产业网络和专业化服务的依赖性较强，生产效率也相对较高。对中国千差万别的特色经营而言，两种模式的取舍，不仅取决于特色产业特征，也取决于地区的生产力发展水平和特色村已经达到的专业化程度。按照这两种模式，具体观察特色村经营组织模式的变革。

第一种模式的复合投入特征较为突出，但随着生产规模的增长，农户所要面临的业务多样性和内部组织宽度明显扩大，使原有的传统管理体系难以适应运作效率和品质管控的需要，推动其对原有生产组织架构进行规范化、标准化的现代企业制度改造，实现内部生产管理体系的转型。丁楼村农户最初只是购买计算机、安装宽带后，只做网上销售的业务，其货源都是依靠当地服装代加工点或工厂，甚至从其他人家里取货。在这一阶段农户一般是利用已有的产业资源，进行基于个体社会能力的资源整合，开展风险比较低的销售环节。但一部分农户因为迅速增长的业务量，感觉依靠服装代加工或他人货源不能满足客户对产品质量、外形款式、供货时效性等方面的要求，部分经营效益较好和较稳定的农户开始自行组织生产体系，包括建立家庭作坊、设立加工车间等形式，雇用了多达几十人甚至几百人的生产队伍，从而建立起比较完善的生产体系。尤其是，一部分农户不仅基于客户开发票等实际需要，更考虑到人员管理和长远发展，逐步成立了公司，在内部建立起岗位清晰、职责明确的现代企业制度。如今，丁楼村的注册企业已经达到了125家，其中销售收入超过500万元的有30多家，超过1000万元的有10多家。

第二种模式是建立稳定的生产合作网络，以支持大规模、高频次、长期稳定的配套合作关系。对此，特色村农户一方面根据当地产业供需特征和家庭禀赋结构，集中开展具有竞争优势的经营环节，并依托社会网络和市场需求，有机嵌入到所在地区的产业生态系统。另一方面，他们还充分调动起周边地区的产业资源，通过委托加工、销售代理等业务流程外包，建立起一个范围广阔的生产合作网络。以丁楼村的任欣荣[1]

---

[1] 所有人名均为化名。

为例，他前期开办了生产车间，从事综合性的生产经营和销售业务。但从2016年开始，他把网上店铺的运营全部外包给在校大学生，把服装生产外包给服装加工厂，而他自己只负责服装质量的监督和网上接单、服装打包和发货业务，使自己能够有更多的精力进行中间的组织协调和市场信息研判。李菲也同样如此，在她的汉服设计和生产经营步入正轨后，随即把四家网店的运营业务外包给专业团队，自己则利用更多的时间研究汉服设计，以更加准确地掌握汉服发展的趋势和走向。同时，许多农户还根据劳动力价格和产业特征，委托商丘市等周边地区的加工点进行代加工，使自己的资金成本和投入规模更加灵活。尤其是一些大型经营农户，开始把部分经营环节，如客服、营销、产品研发、电商运营等业务，拓展到县城、镇驻地电商产业园甚至杭州等省外发达城市，充分利用当地的信息、科技、人才、管理优势，推动其经营水平开始向高层次延伸。在这种模式主导下，大致形成了图5-2所示产业组织的空间结构特征。

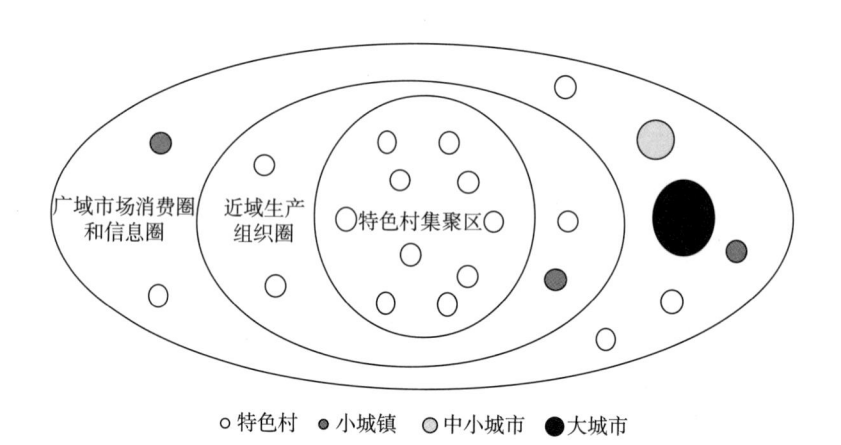

○ 特色村　● 小城镇　◎ 中小城市　● 大城市

图5-2　特色村生产经营组织的空间结构

三　特色产业形态呈现多样化

在功能集聚的动力支撑与组织保障下，特色村的模式创新能力不断提升，形成多样化的经济形态，服务型农业、休闲型农业、品质型农业在特色产业中的比例越来越高。

(一) 专业服务型农业已具雏形

通过农业生产性服务业的专业化分工，特色村逐步形成专业化的农资供应、生产服务、物流运输与销售体系，甚至地方相关部门专门为之设计的现代金融、农业保险等现代生产服务，以及当地政府和专业化组织提供的配套设施建设、教育培训等公共服务或公益性服务。迟家村在此方面具有典型意义（见图5-3）。随着该村及周边地区花卉种植和销售规模的不断增长，青州市结合中国花卉博览会的举办，于2011年在迟家村南邻新建了占地1680余亩的"中国（青州）花卉苗木交易中心"，综合集成了花卉销售、加工、科研、金融服务、电子结算、信息发布、进出口贸易等多种功能，目前已经成为年交易额近百亿元、辐射全国的综合性交易市场。同时，围绕周边地区花卉种植的需要，青州市后续又配套建设了花卉资材市场、苗木种子市场等专业性市场，又形成了多样化一站式的复合服务功能区，充分保障了迟家村及周边地区花农的生产经营需要。除此之外，花卉经纪人队伍、装卸运输队伍、嫁接专业队伍、移植专业队伍四支专业性队伍始终活跃在花卉农户当中，承接花卉种植环节的农业外包服务。专业化服务队伍，不但提高了农户经营效率，更因其相对稳定的服务供给而形成了花卉产业"孵化器"的作用。而在花卉专业市场和大量外来人员流动的带动下，迟家村超市零售、农村集市、宾馆住宿、物流快递等生活性服务功能也得到不断完善，在一定程度上已经具备了类似于小城镇的集聚形态。可见，特色农业生产正由特色村1.0时代的专业化生产走向特色村2.0时代生产性服务支撑的现代农业。从多个特色村集聚形成的花卉产业分工网络来看，也佐证了专业化生产集聚的必要性，以及发展到一定产业规模时，农业生产性服务功能专业化、产业化的必然性。

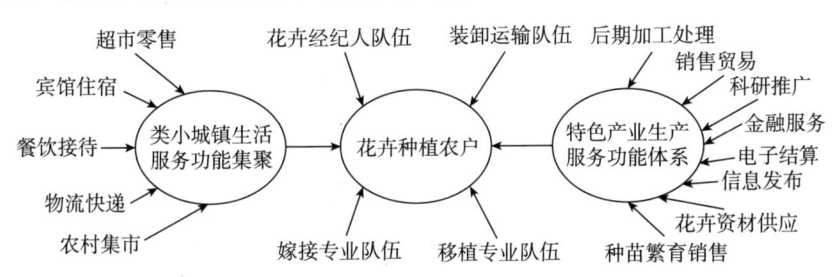

图5-3 迟家村花卉种植产业服务功能体系构成示意

(二) 创意休闲型农业方兴未艾

通过农工融合、农旅融合、农文融合等不同方式，发展休闲型农业，是特色村 2.0 时代的新动能。休闲型农业发展以房干村最为典型。1984 年开始，房干村先后兴办了烟花鞭炮厂、塑料制品厂、养殖场、水泥厂等集体企业，使集体经济收入增长到几千万元，发展起以加工制造产业为主导的特色产业。但随着国家对生态环境的日益重视，以及房干村集体对未来发展前景的判断，自 20 世纪 90 年代中期开始，房干村通过关停并转的方式，逐步放弃原有的小规模工业，决定通过开发生态旅游资源实现可持续发展。1995 年左右，在综合整治村庄集体山水生态资源基础上，先后开发了九龙大峡谷、金泰山、梦幻情人谷、石云山、生态农业观光园等十大景区、100 多个景点，通过产业关联效应带动了主要由鹿鸣山庄大酒店、康复医院、玻璃栈道天桥等集体经营项目，以及农家乐、家庭旅馆、旅游商品零售等农户个体经济，不仅壮大了房干村的集体经济收入，也直接提高了农户的收入水平，并推动旅游业由观光旅游走向产业形态丰富的康养、休闲、体验型旅游转变。如今，房干村成为鲁中地区乃至全国知名的生态旅游特色村，生态是其第一名片。对生态资源的产业化利用，并从产业收益中更好地发展生态，成为特色村经济转型中的一种典型发展模式。

(三) 迎合市场细分的品质型乡村产业

生产者为更好满足消费者需求、获得更强的市场竞争地位，或者希望其所提供的最终产品能够创造更多新的价值[1]，是推动特色村品质提升的最大动力。因为农业具有长期城乡关系不对等背景下形成的弱质性和典型的小农经济特征，农户在资金投入水平、信息技术获取能力等方面存在先天不足。即使是最早开展特色经营的农民企业家，也只能选择从模仿和低端产品做起。但随着居民消费结构升级和农村要素供需格局的持续改善，特色村逐步走向高中低档产品兼具的阶段。在丁楼村，早期产品以表演服饰为主，在面料、做工、质量等方面较差，仅限于一次性使用。但近年来，许多传统服饰的功能由表演类升级为日常穿着类，

---

[1] Humphrey, J. and H. Schmitz, "How does Insertion in Global Value Chains Affect Upgrading in Industrial Clusters?", *Regional Studies*, Vol. 36, No. 9, 2002.

于是一些农户针对市场细分,开始对汉服等高品质类服饰进行重点设计。如李菲从 2015 年开始专门从事汉服的设计与生产,已申请外观专利三个、版权一个,希望将传统汉服作为其走向国际化的一个突破点。按照阿里巴巴的服务体系,淘宝网主要是 C2C 业务,阿里巴巴企业店主要为批发商服务,而天猫店则是为具有品牌信誉的企业服务,丁楼村的多数农户三店兼备。在迟家村,早期品种主要是杜鹃等品类较少的盆栽花卉,随后种植品类扩展到仙客来、火棘、蟹爪兰等国外进口或外地引育的品种,以及蝴蝶兰等高档花卉和一品红、应时草花等特色品种。

四 专业化的市场竞争优势得到巩固

需求与供给互为前提、相互促进,最后走向市场均衡。城乡一体化背景下,城乡居民的消费升级以及对品质、健康、绿色、文化的追求,要求乡村必须充分发挥其担负的不同于城市的多功能属性,供给兼具高端、高质、多元、绿色等综合性特征的特色产品,这同时也契合了新时期对乡村高质量发展的时代要求。功能集聚和模式创新共同作用下,特色村形成了差异型、品质化的特色产品供给体系,是对特色产品消费需求扩张的直接回应;而发达的市场体系因为实现产品价值,进一步巩固了特色村的专业化优势和市场竞争力。

城乡融合程度加深和现代信息技术的发展,使产品市场的空间范围不断拓展。信息化时代下,空间成本约束越来越低,产品市场逐步由本地性、区域性市场扩展至全国甚至全球市场。以丁楼村为代表的淘宝村,是创新销售模式、提高交易效率、实现市场广度深度拓展的成功典型。据统计,淘宝网上所售 70% 的表演类服饰来自丁楼村所在的曹县,是全国最大的表演服饰产业基地。迟家村依托在本村建设的中国花卉苗木交易中心,依靠来自全国各地的花卉经纪人、专业化现代化的运输物流,把数量庞大、品种多样的花卉苗木销售到全国各地,使迟家村所在的黄楼街道成为全国最大的草花和盆栽花生产基地。

特色产业的发展归根到底是一个社会需求呼唤、从而拉动供给的过程,服从产业成长的一般规律,因此其增长速度变化一般呈现倒"U"形曲线。在特色产业的形成初期,特色经营农户适应与其生产经营模式相适应的内外环境深刻变化,通过创造有效供给促进了产出规模的快速增长,在彰显其竞争优势的同时推动了特色村的形成。随着经济社会的发展，其增长动力开始转向对产品结构和质量的改善，在这种转型过程中，农户收入增长速度趋于放缓。图5-4显示，经过快速市场扩张之后特色村农户收入趋于稳定的占比最高，也凸显出特色村从功能集聚和模式创新角度加快供给侧改革，从而实现品质化、多样化的市场扩张，助推农户收入稳定增长，实现特色产业跨越式发展，进一步巩固特色村竞争优势的必要性与紧迫性。

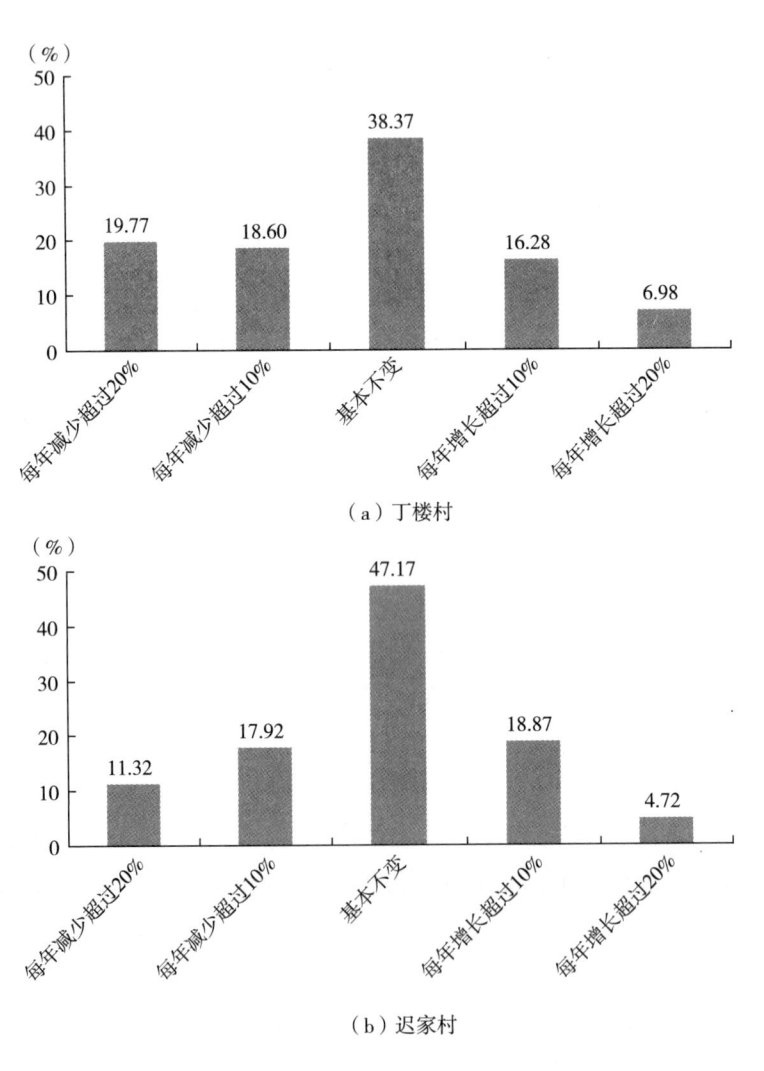

(a) 丁楼村

(b) 迟家村

图5-4 丁楼村和迟家村特色经营农户的特色经营收入变化

五　经济转型的相对初级性

根据前面的分析，无论是要素禀赋的拓展利用、关乎产业发展质量与效率的功能集聚，还是经济发展模式、取得的经济效益以及表现出的市场竞争力，表明三个案例特色村已经跨过特色村1.0时代、进入特色村发展的2.0时代。但深入分析之后发现，特色村经济发展的初级性、非系统性仍然十分突出，从经济转型的动力来看，其根本性的支撑保障和新发展动能相对不足，依然面临着高质量发展挑战、效率提升挑战和明显的资源环境约束。

首先，从要素禀赋利用与发展动能培育看，经济发展处于相对初级水平。特色村的要素利用仍然以有形资源和劳动力物质要素为主，对乡土特色文化、生态环境优势等特色乡村功能的挖掘利用不够，没有将其转化为打造、维持竞争优势的专业性要素，对高层次人才、金融资本、技术创新等现代要素的利用程度也比较低，使新发展动能的培育相对不足。比如，丁楼村的传统表演服饰，本可以提取中国一些优秀的传统文化、乡村传统手工艺等文化要素，创造性地将其融合进传统服饰的生产之中，并以此为"卖点"重塑产业竞争力，提高产品的附加值，无形之中也继承、弘扬了中国的传统文化。但目前来看，丁楼村仍主要以紧跟潮流、打造时髦快销的"爆款"为主，盈利模式严重依赖于"走量"，而非产品品质或蕴含在其中的文化内涵，没有形成自己的核心竞争力。迟家村的花卉种植，更可以把特色生产与生态环境、历史文化进行深层次的整合，形成难以模仿的系列高端产品，但现阶段仍处于相互模仿、一哄而上的较低水平阶段。此外，特色村还存在的一个普遍问题是，对乡村空间资源进行整体统筹、优化提升，以打造更具吸引力的人居环境、吸纳高质量生产要素的聚集等方面，仍然十分欠缺。在历史文化、生态资源禀赋方面均较为丰富的房干村，也基本停留在对景观资源的简单开发利用为主，文化与生态资源的符号化、产业化以获取更大经济效益的能力依然不足。

其次，经济转型尚未形成特色村的集体意识和自觉行动。尽管一部分农户在自身生产、经营转型方面做出了很大努力，但从其转型目的看，更加强调对基础要素的保障、降低生产经营成本、扩大产品销量、与客户建立稳固的生产合作关系等问题，但对如何构建具有本地根植性的、更富有市场竞争力的特色产品体系缺乏足够的认识与重视。特色经营户中，采取模仿追随策略的农户占比较高，这既制约了这些追随型农户的长远发展能力，同时也可能削弱创新型农户持续开展产品创新和技术创新的动力。当前农户创新更多的是基于增长导向与问题导向，对于社会、文化、生态等其他领域的发展关注度相对较低。以丁楼村和迟家村对资源循环利用的态度来看（见图5-5），因为丁楼村的布料下脚料更容易回收利用，所以有90%以上可以实现资源性再利用；但在迟家村，有58.49%的农户直接丢弃农业薄膜、塑料花盆等生产废弃物。另外，虽然特色村的外来劳动力、投资者、消费者数量越来越多，但缺乏对外来人口、资本等资源要素的整合利用。因此，特色村的经济转型更多以局部性的、非连续性的自然延伸为主，尚未形成带有集体意识的、其他领域协同支撑的系统性转型。

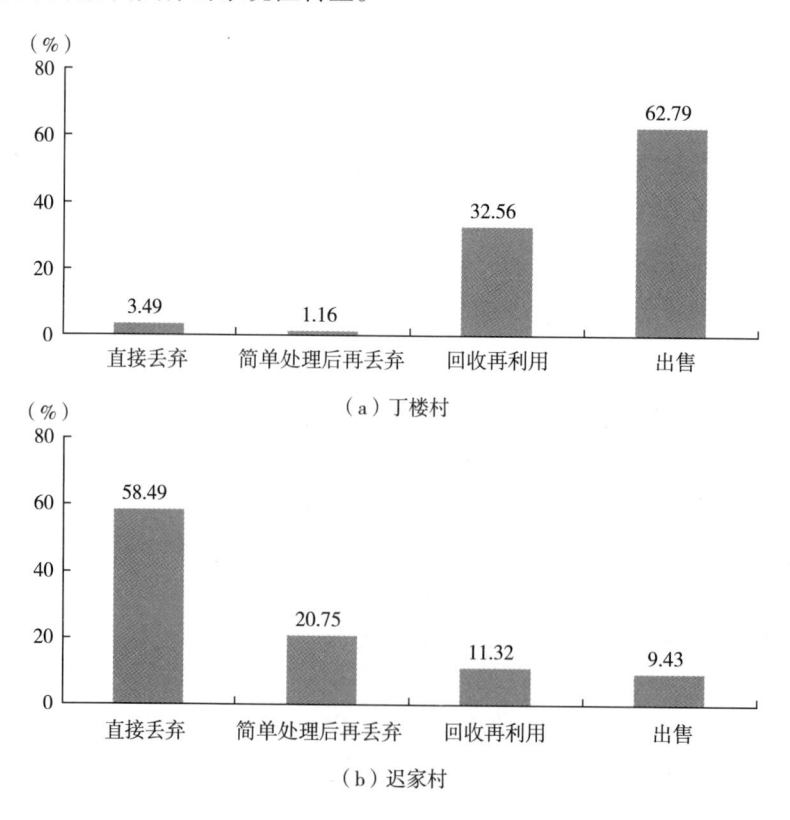

图5-5 丁楼村和迟家村受访农户对废弃物的处理方式

最后，对经营模式、制度创新等保障特色村经济持续转型的支撑体系仍未有效构建，一定程度上制约特色村功能集聚和发展层次的提高。乡村地区以农户为基本生产单元的经营管理模式根深蒂固，在特色村内部同样突出存在。特色村部分农户尽管通过企业形式推动了生产服务环节的产业化、专业化和社会化，但主要采用了家庭作坊式的经营管理模式，家庭成员是核心管理团队成员，以产权为纽带、通过农户之间或农户与外来企业之间的横向联合、资源整合、深度分工合作，推动规模化发展的进程仍处于酝酿阶段；距离现代企业所需的企业标准化管理制度、现代经理人制度、股权激励制度等企业现代管理制度更是遥远，长期发展能力受到明显制约，这种情况在淘宝村尤为明显。同时，从农户外部的制度环境看，现有制度体系仍主要是农用地流转为实施重点，但对千差万别的农村特色经营尤其是农产品加工制造等产业活动，政策设计上仍整体表现为以农户为基本单元的促进机制，对促进农民合作社、专业化合作组织等高质量发展的制度设计稍显不足。乡村地区的贷款融资等部分政策，虽然有助于缓解农户生产经营过程中的资本约束，但一定程度上也在持续强化小农经济的分散经营模式，降低农户对专业化、社会化生产性服务的消费需求，延缓专业化分工和功能集聚进程，进而阻碍特色产业的规模化、集约化、高效化发展。因此，对这些制度和政策体系进行梳理，破除当前小农经营的组织惯性，应是保障特色村走向更高水平发展的重要手段。

第三节　特色村经济转型的实证检验

在对经济转型特征定性分析基础上，进一步采用定量方法对特色村的转型机理进行微观检验，一方面更好度量 E—A—I 三大动力要素的转型效应，另一方面也更加客观地反映特色村经济发展过程中存在的问题。

一　实证检验的基本思路

根据前面的分析，特色村的经济转型是其产出增长及竞争力提升、结构不断优化、投入产出效率提高和资源环境消耗不断降低的过程。而中观层面的经济转型，是在微观层面上通过农户的具体经济实践实现的。并且，经济发展的根本目的是实现人的全面发展，农民收入水平又是其最重要的表征。因此，基于农户层面的微观数据，从农户收入角度定量测度 E—A—I 三大要素对特色村经济转型的影响。

通过对三个案例村开展社会调查，共发放农户调查问卷 475 份，收回有效问卷 468 份，其中迟家村 233 份、房干村 101 份、丁楼村 134 份（问卷总体的克伦巴赫 α 信度系数和 KMO 值分别为 0.592、0.623，基本满足问卷的信度和效度要求）。由于三个村分属不同区域，涵盖不同产业类型，需要对村庄层面的属性特征进行控制，而入户调查数据又为不同指标的非连续数据，因此最终选择村庄—农户两层次的 Logit 离散数据回归模型进行检验。由于此方法需对不同收入农户进行分组，因此主要通过在不同分组中对三大要素影响作用的共性表现进行总体判断。同时，通过观测不同分组之间三大要素影响方向、影响强度的差异性，探讨特色村经济转型的时序规律、面临的障碍及发展趋势等问题。在此过程中，对部分控制变量的影响也做相应探讨。

二　模型设定与变量选择

（一）模型设定

由于社会科学领域存在普遍的样本层次特征，分层线性模型主要解决具有层次包含关系的多层结构数据的估计问题[1]，较好克服个体样本由于分属不同组群而产生的估计偏差。其中，Long 进一步拓展了基于离散数据的广义多层线性模型、广义线性混合效应模型、多层多项 Logit 模型等[2]。但总体而言，相关应用在国内尚不充分[3]。

多层 Logit 模型估计的基本思路是：首先，确定个体样本的分层结构。由于本次检验针对三个实地调研村庄，并考察不同变量对村庄农户收入的不同影响，因此把不同农户的特征变量作为第一层次，村庄作为第二层次，建立层次间的嵌套包含关系。这样不仅有利于扩大样本量，使回归结果更加稳健，同时也可以对不同特色村进行整体控制，从而减

---

[1] 雷雳、张雷:《多层线性模型的原理及应用》，《首都师范大学学报》（社会科学版）2002 年第 2 期。

[2] Long, J. S., *Regression Modes for Categorical and Limited Dependent Variables*, London: Sage, 1997.

[3] 谢美华等:《多层多项 Logit 模型：原理与应用》，《心理学探新》2013 年第 5 期。

少不同特色村农户样本之间直接进行回归所产生的误差。

其次，确定检验模型的基本结构。收入水平是特色村经济发展和农户生产经营效益的主要显性指标，因此选择农户家庭总收入作为因变量。为排除特色经营参与度较低农户的影响，剔除特色经营收入占比50%以下的农户样本，将所余农户样本的总收入作为因变量。然而，由于问卷调查结果均为离散变量，因此将不同收入水平分成四组，就不同收入水平而言，模型的因变量最终表现为不同农户落入不同收入水平的概率，而本书研究的目的是衡量不同变量对各组农户收入的影响，故选择最高收入层次为参照组，对比各收入层次与其相比的影响因素差异，从而确定影响其收入增长的主要原因。

最后，确定模型的基本形式。选择分层 Logit 模型中的随机截距模型，模型表达式如下：

第一层次：

$Prob[Y(x)=m] = P(m)$，$m = 1, 2, 3$

$Prob[Y(x)=4] = P(4) = 1 - P(1) - P(2) - P(3)$

$\log[P(m)/P(4)] = \beta_{0j(m)} + \beta_{1j(m)}(Market) + \beta_{2j(m)}(Product) + \beta_{3j(m)}(WorkDivided) + \beta_{4j(m)}(Learning) + \beta_{5j(m)}(Organization) + \beta_{6j(m)}(Manage) + \beta_{7j(m)}(Education) + \beta_{8j(m)}(Connect) + \beta_{9j(m)}(Time) + \beta_{10j(m)}(Member)$，$m = 1, 2, 3$ （5-1）

第二层次：

$\beta_{0j(m)} = \gamma_{00(m)} + \gamma_{01(m)}(Village) + \mu_{0j(m)}$，$m = 1, 2, 3$ （5-2）

$\beta_{qj(m)} = \gamma_{q0(m)}$，$q = 1, 2, \cdots, 10$

其中，$P(m)$ 为因变量为 m 的概率，选取收入变量 $m=4$，即高收入农户家庭为参照组。$\beta_{0j(m)}$ 为第一层次的固定部分，$\beta_{qj(m)}$ 表示第一层次的第 j 个解释变量对收入水平变化的解释力度，$\gamma_{00(m)}$ 为第二层次解释变量的固定成分，$\gamma_{q1(m)}$ 为第二层次中的村庄变量对第一层次中第 q 个解释变量对因变量解释力度的影响强弱。

（二）核心观测变量和控制变量

选择不同的观测变量和控制变量（见表5-1），以度量三大要素的动力支撑作用。其中，市场扩张主要反映产品市场空间拓展情况及其市

表5-1 特色村经济转型效应的变量选择及指标定义

变量属性	特征含义	变量指标	指标描述	指标定义
因变量	农户经营收益	特色经营农户的收入水平	特色经营占比超过50%的农户家庭总收入水平的离散分类值,将2万-5万元、5万-10万元、10万-30万元、30万元以上分别赋值为1、2、3、4	income
层1控制变量	村庄属性	特色村及其整体特征	对特色村及其所属区域层面的基本特征进行控制,按丁楼村、迟家村、房干村,依次赋值为1、2、3	village
层2核心观测变量	市场扩张变量	产品、服务的最远销售地区	按照本乡镇、本县其他乡镇、国内其他省、国外分别赋值为1-4,卷中农户所选的最大范围赋值	market
	功能集聚变量1	特色产业组织功能的发育程度,用是否加入了农村经济组织表示	按照没有、加入了合作社、加入了行业协会、都加入了,分别赋值为1-4	organization
	功能集聚变量2	创新能力,采用每年参与特色经营培训的总时间	按照基本没有、1个星期左右、2个星期、2-4个星期、超过4个星期,分别赋值为1-5	learning
	功能集聚变量3	分工和专业化程度,采用从事特色经营环节的多少	按照从事环节的多少,由多到少,分别赋值为1-5	workdivided
	模式创新变量	按照市场细分的产品层次	按照低端市场、中间市场、高端市场和各层次都有分别赋值为1、2、3、4	product
层2控制变量	家庭人员投入	以不同方式在特色经营中参与半年以上的家庭成员	根据选项数量,分别赋值为1-5	member
	教育程度	户主文化程度	按照没有上过学、小学、中学、大学及以上,分别赋值为1-4	education
	行业经验	从事特色经营的时间	按照不到1年、1-3年、3-5年、5-8年、8年以上,分别赋值为1-5	time
	社会联系	平时社交中,联系最多的人群类型	根据选项数量,分别赋值为1-6	connect
	社会管理	是否参与村里的社会公共管理事务	按照基本不参加、参加一些红白事的活动、参加一些决策监督活动、各方面都参加,分别赋值为1-4	manage

场竞争力,采用调查问卷中"受访农户的产品、服务的最远销售地区"表示。功能集聚要素从三个维度来测度,用"采用从事特色经营环节的多少"度量专业化分工水平;用"农户每年参与集中技术学习和营销培训的总时间"度量创新能力;用"是否加入了农村经济组织"度量特色村生产经营的组织保障能力。农户对"产品或服务的市场层次"的选项,一方面既反映产品品质的结构性特征,同时因为理性农户根据市场细分选择多样化产品的生产策略,也大致反映出特色产品的种类,因此,用这一核心指标来表征模式创新带来的质量提升和种类扩大。控制变量的选取主要考虑农户的人员投入、教育程度、特色经营的行业经验、社会联系以及村内社会地位五方面因素。表5-2给出了各变量指标的描述性统计。

表5-2　　　　　　　　变量指标的描述性统计

变量	样本数(个)	平均值	标准差	极小值	极大值
市场扩张(market)	160	2.64	0.72	1	4
模式创新(product)	160	2.31	1.21	1	4
分工和专业化程度(workdivided)	160	2.04	1.16	1	5
创新能力(learning)	160	1.90	1.11	1	5
特色产业组织化程度(organization)	160	1.36	0.69	1	4
家庭人员投入(member)	160	1.50	0.65	1	4
户主文化程度(education)	160	2.96	0.57	1	4
行业经验(time)	160	3.96	0.97	1	5
社会联系(connect)	160	2.19	0.96	1	5
社会管理(manage)	160	2.31	1.29	1	4

三　模型检验结果

首先,通过设定"空模型"并对空模型进行检验,计算组内相关系数(ICC)判断本书研究是否适合多层模型。"空模型"表达式如下:

$$\log[P(m)/P(4)] = \beta_{0j(m)}, \quad m = 1, 2, 3$$

$$\beta_{0j(m)} = \gamma_{00(m)} + \mu_{0j(m)}, \quad m = 1, 2, 3$$

空模型检验结果如表5-3所示,可计算 $ICC = \sigma_b^2/(\sigma_w^2 + \sigma_b^2) =$

67.56%，表明此研究信度系数较好，适合使用多层次模型。

表5-3　　　　　　　　特色村空模型检验结果

组别	组间方差	组内方差
1	0.56257	0.31648
2	0.44752	0.20028
3	0.40124	0.16099

其次，基于三个特色村的农户问卷调查，通过 HLM 6.08 和 SPSS 24 所定义的分层 Logit 模型进行参数估计，所得结果如表5-4所示。所报告结果的直接含义是与高收入参照组相比，低收入组、中等收入组、较高收入组农户收入水平受到各因素影响所导致的收入变动概率的差别。从检验结果看，村庄变量均未构成对家庭收入高低的显著影响，既反映不同类型、不同区域的特色村均可能存在显著的农户收入差异，同时各类特色村之间并未因产业类型和区域不同而影响其总体收入水平，收入差距原因更多需要从农户特征解释。

表5-4　特色村转型动力对特色经营农户收入水平影响的检验结果

变量	低收入农户	中等收入农户	较高收入农户
市场扩张（market）	0.14	-0.28	0.09
模式创新（product）	-1.02**	-0.83**	-0.67*
分工和专业化程度（workdivided）	-1.60**	-0.27	-0.25
创新能力（learning）	0.0016	0.27	0.15
特色产业组织化程度（organization）	-0.87	-0.08	-0.17
家庭人员投入（member）	-0.39	-0.71	-0.22
户主文化程度（education）	-2.13***	-1.47**	-1.17**
行业经验（time）	-1.27***	-0.61**	-0.30
社会联系（connect）	0.41	0.44	0.47*
社会管理（manage）	-1.76***	-1.55***	-1.14***
村庄（village）	1.61	0.34	-0.12

注：回归系数的上标代表了显著性水平，其中 *、**、*** 分别代表通过了 10%、5% 和 1% 的显著性水平检验。

与高收入群体相比，通过显著性检验的不同变量对低收入群体、中等收入群体和较高收入群体的增收概率，都显著低于高收入群体。具体来看：①对于低收入农户群体，与高收入群体相比，产品升级、专业化分工、教育水平、时间投入、参与社会管理等指标，与高收入群体相比，对提高低收入群体的增收概率显著为负。可以这样理解，受限于低收入用户的学习能力和经营能力，比如迟家村69%的低收入农户只有小学教育水平，以及相对较小的经营规模、相对低端的产品质量和产品层次，产品升级变量对促进低收入农户增收的概率，要严重低于高收入农户。分工程度的负向影响，说明低收入特色经营农户群体从农业产业链分工中获益相对小于高收入群体，可能是受其经营规模的限制，导致产业链式的专业化生产模式的增收优势不能有效发挥出来。在产量受限、经营能力受限的情况下，投入更多的劳动时间，只会造成不经济，并无益于收入的增长。②对于中等收入农户群体，产品升级、教育水平、投入时间、社会管理的增收效应也要逊于高收入群体。③对于较高收入农户群体，在产品升级、教育水平以及社会联系与管理方面，对促进增收的概率均低于高收入群体。但社会联系的增收概率，表现为正效应。整体上看，第一，对于目前农业生产经营领域备受推崇的农业专业化分工与经济组织化程度，对高收入群体之外的不同群体的增收作用并不显著，可能是由于现阶段特色村的经济组织化水平相对较低，虽然也成立了相应的农业协会等新型发展主体，但因为其带动能力不强，大多数农户并没有从中获得实质性的经济收益。因此，下一步可以通过建立利益联结更为紧密、更有效的农村经济组织，不仅提高特色经营户的经济组织化水平，更要为其带来显著的增收效果。第二，产品升级、教育水平、社会管理三个变量均表现出较高的显著性，并且从低收入群体到较高收入群体，提高收入的发生概率越来越高。这说明，这三个变量的增收效应随着整体收入水平的增加在提高，通过利用功能集聚中累积的技术基础进行模仿式创新升级、提高农民的教育水平以及增强社会管理的参与程度，应该是提高特色村农户特色经营性收入的一个可行方向。

综上所述，根据不同收入水平之间影响因素和影响强度的对比分析，能够看到不同收入组之间收入增长动力的变化。但不容否认的是，目前特色村的整体发展水平仍比较初级，使实证结果并未完全与理论分析相一致。然而，随着农户整体收入水平的持续增加，可以预见整个特色村的经济转型将按照预期的方向发生积极变化。

第四节 特色村经济转型的路径

特色村的经济转型受到多层面、多维度因素的交叉影响，其经济转型进程必然具有复杂性、综合性、长期性特征。目前来看，尽管特色村的经济领域正发生深刻变革，但其转型的初级性和不充分性依然突出。因此，因地制宜地选择合适的转型模式与路径，是推动特色村经济向更高水平发展的基本逻辑。根据本书所构建的理论框架，在特色村内外多种因素综合影响下，通过E—A—I的互促机制，加速特色村经济转型的进程。

一 特色村经济转型的市场扩张路径

市场扩张是特色村产品和服务价值实现的过程，因此，这里重点从市场角度探讨市场扩张推动经济转型的路径。一方面，市场需求侧的居民收入水平、消费结构变迁等因素，对特色村而言是外生给定的，特色村的重点即在于通过对市场信息的大数据采集与分析，有效捕捉市场需求的变化和消费群体的分化，合理定位细分市场并提供差异性的产品和服务，这是促进产品市场扩张的前提基础。因此，政府加大对农产品市场信息的披露与服务，鼓励特色农户加强对市场信息的分析与挖掘，在市场竞争中逐渐形成特色化产品体系的同时，同步建立精准的市场推广与营销手段，为面向特定消费群体、特定区域的市场扩张奠定信息基础。另一方面，搭建从生产者到消费者快速便捷的"通道"，提高交易效率。交通信息技术的发展已经极大改变了乡村与外部地区联系互动的"通道"条件，未来可从两个方面，继续强化特色村的内生发展能力。一是利用现代信息技术和网络平台优势，不断创新农村电子商务新模式，持续推进乡村特色产品销售模式的创新升级。比如，当前新冠肺炎疫情期间，对此做了诸多探索，通过淘宝"吃货爱心助农"、农产品"直播带货"等不同平台和销售模式，帮助克服非常时期特色农产品的"滞销"难题；或者，在精准市场分析与定位基础上，利用互联网的强大"联结"作用，发展不同形式的新农业社区团购模式。二是特色村要在巩固已有交易效率改善途径的基础上,针对不同产业类型,加强更高等级、专用性功能更强的物理通道建设。例如,针对鲜活易腐的特色农产品,重点发展农产品冷链物流技术和产业,满足居民对健康、品质农产品的需求;针对淘宝村节律性的物流需求、花卉种苗运输的国际通道建设、旅游特色村的游客进入条件等,实现运输物流的高时效、低成本、优体验;针对乡村旅游、创客空间、研学基地等新兴产业或空间载体,借助互联网的网络效应加强产品推介活动,降低消费者的搜寻成本。

二 特色村经济转型的功能集聚路径

特色村已经积累了一定的产业基础,产业发展形成了相对稳定的路径依赖,嵌入经济发展的社会关系网络也达到某种均衡。要推动特色村的转型,就必须采用全新的发展理念、发展模式和组织方式,从内部打破这种已经相对固化的路径依赖和均衡关系。功能集聚是在既有或预期需求判定的基础上,通过关键功能的引入或培育,推动特色村同类产业的纵向延伸或多种产业的交叉融合,从而促进特色村经济转型。在此过程中,主要是需要发挥政府、企业和农户等多元主体的作用,重点完善并持续提升四类核心功能。①生产要素的承载功能。首先要持续提升农民人力资本。特色村转型,其关键主体必然是具有本地乡土情感的农民。因此,要充分发挥本地农民尤其是农村中坚农民和返乡农民的发展能动性,通过自主创业、回乡创业的形式,形成特色村的内生发展动力。这需要不断增强农村公共服务供给水平,稳步提高基础教育、医疗、基层文化服务、社会保障、就业创业等农村公共服务的数量和质量,加强对新型农民的技能培育,切实提高农民自身素质和就业创业的能力。其次是对高级要素的吸引与支撑。特色村要不断深化改革、促进开放,比如,在特色村集聚区内,统筹引进与规划技术研发平台、投融资平台、基层金融服务站、农业综合性信息服务平台等不同要素平台,促进高级要素的流入,增强资源要素优化配置的能力,最大限度激活资本、人才、技术等高级生产要素和文化生态要素的活力。针对第二、第三产业不断扩大的用地需求,通过土地制度创新增加非农产业的土地供给,通过立体利用、混合利用等方式提高土地利用效率,保障特色村长远发展的土地需求。②关键环节的生产性服务功能。针对特色经营的不同类型，明确不同时期最为亟须的关键性服务短板，并予以重点突破，是推动特色村经济转型的有效途径。针对种苗研发、第三方专业技术服务、运输物流、储存保鲜、旅游接待服务等核心功能需求，加强创新创业产业园等新型功能载体建设，或给予专门性政策支持，清除生产服务性企业培育壮大过程中可能遇到的一些制度约束或市场壁垒，提高生产性服务功能对优势特色产业的支撑与保障作用。③市场功能。此功能在广义上也属于生产性服务的范畴，但对于特色村而言尤为重要，因此单独列示。通过有形市场的建设及交易深度的不断提高，有效降低特色村产品和生产要素的交易成本，提高交易效率，推动生产规模扩大并深化专业化分工。丁楼村和迟家村的案例无不反映了市场交易功能的显著作用，但现阶段的市场发育程度仍然是总体不足的。一方面，应在产品市场交易的基础上，把交易类型拓展到全系列的生产要素交易层面，尤其是目前严重短缺的产权市场和技术市场；另一方面，应不断延伸市场交易的层次，把高品质产品和高质量生产要素的交易作为主攻方向，并针对特色经营的品类和行业影响力，发布产品价格指数，建立期货、期权、债券、融资租赁等新型交易形式，推动特色经营走向高端。④组织保障功能。通过加强专业合作社、行业协会等经济合作组织的建设，推动特色经营由分散型走向规模化、专业化、集约化、高效化。为改变特色经营有"实体专业化组织"而无"实际合作"的现状，应转变农户经营理念，规范经济合作组织的运作管理，强化合作社内部成员之间的经济联系纽带，使农户真正能够在经济合作中得到更大的经济收益。另外，产业空间布局上，加快田园综合体、农业科技园区、农业产业融合发展示范园等特色产业园区建设，把不同的平台载体建设作为推动特色村转型发展的重要手段。针对一些更高发展水平的特色村，在基础设施建设方面，应提升水电气热、污水环卫等设施的建设标准，为特色村提供更高水平的基础性保障；对特色经营中以牺牲部分生态环境为代价的经济增长，通过政策法规进行约束或价格调控机制降低使用强度，强化特色村经济转型的基础性保障功能。

从上述几类核心功能的构成来看，功能集聚路径应更多需要政府的直接参与或政策性引导，尤其对那些试图超前引领经济转型或转型过程中存在明显制约的特色村。尽管这一路径具有相对具体明确的可操作性，但由于各功能之间相互影响、相互作用，更依赖于各类要素、各级层面、各类发展主体的联动性，通过发挥集体效率才能真正实现。因此，选择合适的时点、关联性较高的环节进行重点突破，并由此带动特色村的功能集聚效应不断增强，路径策略选择方为有效。

三　特色村经济转型的模式创新路径

以市场需求为导向，加强供给侧结构性改革，不仅要继续强化农产品的专业化生产、规模化集聚，持续提高特色农产品输出的质量和规模；也更加重视农村农业的生态涵养、休闲观光、文化体验、健康养老等多功能和多价值。因此，根据资源禀赋和发展基础等，确定特色村的主导特色产业和发展模式，探究多元化、差异型的模式转型之路。对种养殖型特色村，以加速构建现代农业产业体系、生产体系和经营体系为目标，通过延长农业产业链，围绕优势产业的产前、产中、产后不断壮大农业社会化服务体系，发展更具有竞争优势的产业生态网络，进一步做大做强做优特色产业；从种子研发、农业生产活动、农产品流通到农业废弃物的处理，加强绿色导向的农业科技创新，推动形成资源节约、环境友好的农业生产体系、经营体系，推动特色村由粗放扩张型的增长模式向以品质高端、土地效率和劳动生产率大幅提高为主要特征的高质量发展模式转变。对工业型特色村，按照三位一体的发展理念，依托已有工业基础，积极培育并推动新业态、新模式的产业集聚，推动特色村由传统的工业生产集聚村向创意艺术、创客空间、手工DIY展示体验等不同产业的交叉融合转变。对生态环境良好、具有特色地域景观资源和历史文化资源的特色村，让生态、文化成为经济发展的统领和核心竞争力，既要发挥绿色产业化、文化产业化发展对村域经济的促进作用，又要防止乡村旅游等产业发展对村落景观生态和文化资源的破坏，做到在保护中传承、在传承中发展。特别是在智慧乡村加速推进之际，利用现代信息技术加快推进特色产业生产的智慧化，提高产业生产的精准化、规模化、高效化、智慧化，解决生产经营的低效、粗放等问题；特色经营的智慧化，提高产品定位的精准性、增强消费者的黏性，解决农产品"愁卖"的难题；产业管理的智慧化，提高农业管理部门在生产决策、生产调度、农产品质量安全管理等方面的精准性、科学性与高效性，从而"让农业更透明"；产业服务的智慧化，通过构建大数据服务平台，为农户提供实时有效的生产生活信息，突破农村信息服务"最后一公里"难题。

第六章

特色村社会转型的特征与路径

社会转型是发端于传统乡土社会的特色村，由于剧烈经济转型而出现人口结构、农民收入、社会关系、乡村治理等社会领域协同转型的过程。从调研案例村的社会发展情况来看，因为城乡融合趋势的加强、乡村振兴的前景以及乡村特色产业良好的发展态势，一些特色村呈现出流入人口规模扩大、收入增长、社会关系重塑、乡村治理与特色产业发展高度融合等典型特征，与特色村2.0时代的社会发展特征大致吻合。但同时，针对社会转型进程中呈现的特色村农民群众参与度低、发展主体以及利益诉求的多元化、社会治理模式相对滞后等问题，提出农民主导型、组织支撑型、社会融合型与智慧服务型等社会转型路径，为特色村高质量发展构筑坚实的社会根基。

第一节 特色村社会转型的内涵

社会转型描述了全球化、市场化、城镇化等新时代背景下发生的急剧社会变迁。对社会转型的动力、机制、形态等关键要素，采用不同分析工具与形式逻辑进行理论化解读，可以得出完全不同的社会转型理论解释框架[1]。大体上看，对社会转型的研究沿着"传统—现代"社会转型，市场转型驱动的社会转型，不同于西方资本主义国家、具有独特社会现象与实践逻辑的社会主义国家的社会转型，以及文化转型视域下的

---

[1] 张静：《社会转型研究的分析框架问题》，《北京大学学报》（哲学社会科学版）2019年第3期。

社会转型等不同理论脉络进行深化①,给出社会转型的不同目标和方案。自改革开放以来,中国开启了波澜壮阔的市场转型与经济转型进程,也由此拉开了市场转型背后隐含的社会领域的剧烈变革,加快了从农业社会向工业社会、从乡村社会向城镇社会、从封闭社会向开放社会等不同维度表征的传统社会向现代社会转型的进程②。研究经济社会转型,必然绕不开的一个术语是波兰尼的"嵌入性"概念③,特别是经过格兰诺维特系统阐释之后,强调了经济"嵌入"社会结构的思想④。因此,我们对社会转型的理解,重点强调市场与经济转型带来的社会结构、社会关系、社会治理等方面的转变。如果说,经济改革重在解决生产问题,社会改革则是解决分配问题,社会改革的目标是建立和谐社会和小康社会。

中国农村的传统社会被公认为是一种高度依赖于血缘、地缘和宗法制度的高度稳定的社会关系形态,是"乡土中国"⑤和"伦理本位"的社会⑥。但改革开放以来农村经济社会转型,"城乡中国"已经成为中国新的社会结构形态⑦,青年人外出打工、老年人在家务农的"半工半耕"结构⑧是较为普遍的现象。并且,在农村经济社会大转型的进程中,传统的乡土社区遭遇瓦解,原子化、市场经济等因素导致乡村失序,亟须社区重建与乡土重建⑨。乡村振兴战略为乡村社会转型确立了发展目标,即建成充满活力、和谐有序的善治乡村。在乡村治理上,从

---

① 王谦、文军:《社会转型与当代转型社会学研究的理论脉络》,《江海学刊》2019年第3期。
② 吴忠民:《20世纪中国社会转型的基本特征分析》,《学海》2003年第3期。
③ Polanyi, K., *The Great Transformation*, Boston: Beacon Press, 1944, pp. 244 – 270.
④ Granovetter, M., "Economic Action and Social Structure: The Problem of Embeddedness", *American Journal of Sociology*, Vol. 91, 1985.
⑤ 费孝通著:《乡土中国》,人民出版社2016年版,第86—89页。
⑥ 梁漱溟著:《中国文化要义》,上海人民出版社2003年版,第95页。
⑦ 朱战辉:《城乡中国:乡村社会转型中的结构与秩序》,《华南农业大学学报》(社会科学版)2019年第1期。
⑧ 杨华:《中国农村的"半工半耕"结构》,《农业经济问题》2015年第9期。
⑨ 李远行、李慈航:《重新认识乡土中国——基于社会结构变迁的视角》,《中国农业大学学报》(社会科学版)2019年第3期。

传统的乡政村治转向乡村多元共治，形成系统有机的治理生态[1]，实现乡村善治目标。特色村，作为依托传统乡土社会出现嬗变的一种乡村类型，在经济与社会深度融合与互动中，其社会结构变化既不同于华西村、南山村等高度工业化的"变异村庄"，也不同于日益衰败的"空心村"，而在人口规模、就业与收入、社会关系、治理体系等不同方面，呈现出明显不同于其他村庄类型的社会转型特征。

第二节 特色村社会转型的特征

社会转型，是特色村经济转型最早对社会领域带来变革性影响，并使之做出积极性响应的过程。分析经济转型进程中社会领域的协同转型机理，可以有的放矢地深刻把握特色村社会转型中出现的新特征与新问题。

一 特色村社会协同转型机理分析

城乡融合视域下，经济转型对社会转型的影响机理如图6-1所示。①促进经营农户收入的增长。首先，市场扩张通过促进产品市场的及时出清，保障产品价值的市场实现和农户的经营性收益。其次，功能集聚形成的规模报酬递增效应，以及产品价值中嵌入文化、生态内涵带来的市场溢价，使农户获得高于市场均衡价格的价值增值部分。然后，因为功能分化与发展模式创新，产生了大量的中间投入型企业、农产品加工企业以及文旅产品和生态产品等生产企业，拓展农民就业并带来新的价值创造。三方面原因，特色经营农户实现增收。②经济联系的增强，推动乡村社会关系发生变革。一般来说，在市场规模有限时，特色村基于地缘、亲缘的传统社会联系占据核心地位，但随着特色村市场扩张以及经济与社会的互动增强，规模化的产业组织使农户与农户之间、农户与不同中间投入企业、经济组织之间，依赖于强大的市场力量紧密关联起来。越来越强的市场关联逐步削弱了特色村原有的社会关系网络，并对乡村社会治理结构进行了重塑，由此也导致乡村社会治理模式从高度互

---

[1] 王名等：《社会共治：多元主体共同治理的实践探索与制度创新》，《中国行政管理》2014年第12期。

联的关系型合约到低互联度的距离型合约（更多的规则）过渡①。③产业规模扩张和模式创新孕育的新产业，不仅扩大了就业规模，也对就业结构产生明显影响，吸引更多劳动力、高素质人才和外来投资者参与进特色经营之中，特色村成为形成承载外来人口的一个重要载体。④特色村治理模式转型。因为经营农户之间收入的不均衡增长，再加上与无法从特色经营中获益且除农业生产外无其他额外收入来源的农户之间的收入差距，收入分化现象甚至阶层分化，都是剧烈经济转型带给社会层面的必然结果；还有，大量外来人员进入以及社会关系的变革，对特色村传统的乡村治理模式提出了新挑战。基于农村共建共治共享的自治逻辑以及国家治理现代化的时代要求，面对新的治理问题，特色村需要做出积极应对，通过创新乡村社会治理模式，维护社会公平、打造更有聚合力的农村社区。

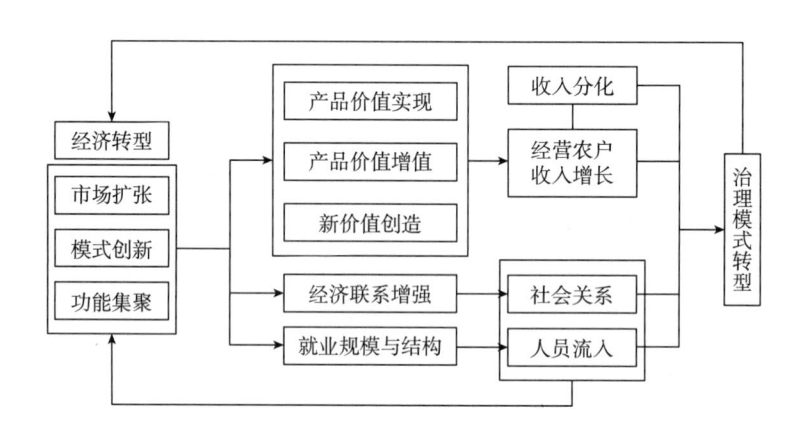

图 6-1 特色村社会转型的协同作用机理

当然，这种影响效应并非是简单的单向关系，社会领域也会做出被动或主动性的调整，以适应或保障经济转型。第一，从社会关系看，经济关联镶嵌于乡土社会，可以增强行业信任、加速农业技术的创新与传播以及新产业的培育等，从而助推经济转型。第二，外来人员特别是高素质人员，为本地村民带来新思想、新理念，对其形成现代生产生活方

---

① 王永钦：《市场互联性、关系型合约与经济转型》，《经济研究》2006 年第 6 期。

式起到潜移默化的促进作用；更多外来人员的流入，为特色村增添了创造力和经济活力，从而对经济转型形成一个正向反馈；外来人员以及农户收入的增长，扩大了生活性消费需求，刺激乡村服务业的发展。现代乡村治理模式变革中保障特色经营平稳发展的治理目标，更是一种积极的主动作为，为特色村经济转型提供社会保障与支撑动力。

二 特色村的人口结构变动

劳动力是最具有能动性的生产要素。以优势特色产业为核心的产业网络，是引致人员流动与集聚的根本动力。城乡融合，为农村劳动力市场的形成尤其是返乡下乡人员创新创业起到了积极的促进作用，不仅扩大了特色村的劳动力规模，也提高了特色村的人力资本水平和E—A—I的动力支撑作用。

（一）劳动力回流

目前中国的劳动力流动，已经改变了农民工由农村向城市的单向流动格局，进城农民工以及一些新毕业的本地大学生返回家乡创新创业也成为一种较为普遍的现象。农民工的回流，受到城乡融合趋势增强、城市宏观经济环境变化（比如2008年的国际金融危机，城市减少了大量就业机会）、城市高成本生活压力的推力和本村特色经营前景的拉力的共同作用。返乡创业创新的劳动力，不仅具有乡村情怀以及较高的发展视野，还积累了更多的技术和资金，优化了特色村的劳动力质量，成为推动特色村转型发展的中坚力量，有助于解决"谁来种好地"的难题，同时促进特色村"三新"产业的发展。丁楼村在这方面的表现尤为突出（见图6-2）。自2013年5月以来，丁楼村返乡务工青年达到200余名，返乡大中专毕业生40余名，丁楼村所在的大集镇，这项分别达到6500余名和700余名。

（二）外来投资者

城乡融合的发展趋势，逐步打破要素流动的障碍。当特色产业发展形成一定的市场规模与市场势力时，为投资者进入准备了基础条件。一些带有资本和技术的投资者，为特色产业提供不断细化的专业化配套服务或销售，成为特色村生产性服务功能空间集聚的主要推动力量。在丁楼村，来自四川等地的外来投资者主要开展绣花、裁剪等专业性配套服务；在迟家村，由于青州市花卉苗木交易中心就位于迟家村南部，来自全国各地、长期驻扎在迟家村的外来投资者,从事花卉交易、资材交易、运输服务等业务,实现花卉从本地县市走向全国的市场扩张。作为拥有两三千人口的中等规模村庄,迟家村内有超市10余家,还有许多从事食品、住宿、餐饮等行业的商贸个体户,从侧面反映了迟家村外来人口的数量规模。

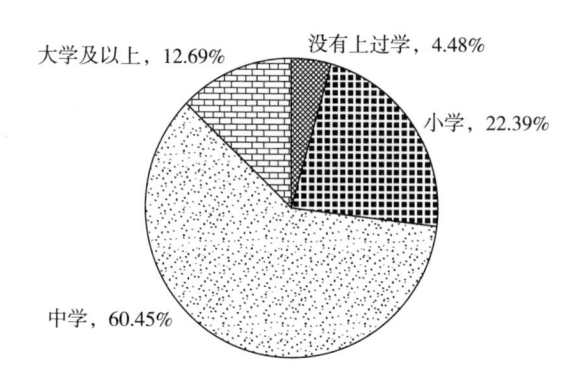

图6-2 丁楼村受访农户的学历结构

（大学及以上,12.69%；没有上过学,4.48%；小学,22.39%；中学,60.45%）

在房干村的外来投资者中,除了短期内参与景区开发建设的建筑群体外,还有一部分特殊人群。大约在20世纪90年代末至21世纪初,这一时间房干村周边开发了大量别墅式住宅,供外来人口购买或租赁。一些在济南等大中城市的高收入群体,季节性地到房干村享受兼具优美生态与田园意象的"第二套住宅"。这不仅满足了部分大城市高收入群体的田园生活需要,也给房干村集体增加了现实的收入流,由此保障了房干村在景区开发、村庄整治等方面的建设性投资。在2018年莱芜市并入济南市后,因为济南市拆违拆临政策的管制,当地对违反建设时间要求、风景区管理政策和当地土地规划的建筑实施了拆除,使这部分人群大幅度减少。总体而言,这部分人由于是季节性居住,与当地村民的日常交往并不频密。尽管如此,近在咫尺的存在也显著影响了房干村的社会关系。

（三）外来劳动力

特色村生产规模的快速扩张和产业网络的不断完善,使原有人口数量与结构难以满足其市场需求。各个经营主体基于其生产经营需求,不得不拓展劳动力资源可利用的市场范围，雇佣劳动力从邻近村庄向外县市拓展，使长期在本村生产生活的人口规模迅速扩大。在丁楼村，有46.27%的农户需要雇佣劳动力从事耗费体力、技术或占用时间的工作，而雇佣劳动力来自外村的农户占比达到30.6%。一些较大的演出服饰经营户雇佣规模达到几十人甚至上百人，尽管具有较强的时间阶段性，但大量外来劳动力的进入无疑大大冲击了村庄传统的社会结构。同样地，迟家村有56.65%的农户需要雇佣劳动力，半数以上被雇佣劳动力来自周围村庄和乡镇，也有6.01%的农户雇佣青州市以外的劳动力，而从本村雇佣劳动力的农户仅占2.58%。由于房干村的旅游经营主要依靠村集体企业进行运作，面对农户的社会调查无法反映这一问题，但根据房干村现有的景区建设格局和公司运作情况，分布在售票、酒店管理、景区管理、工程建设、环境维护、博物馆讲解等岗位的外来工作人员，据初步估计在千人左右。

拓展至目前中国深入实施的乡村振兴战略，乡村要集聚人气、充满活力，必须要以坚实的乡村产业做支撑，否则乡村振兴就是无稽之谈。但同时也要认识到，中国城镇化仍然在发挥着主导作用，特色村人口净流出的格局仍未根本扭转，丁楼村、迟家村、房干村分别有25.37%、25.32%、19.81%的农户在乡镇、县城以及其他地方购置了房产，也表明特色村将面临劳动力流出与回流并存的人口发展格局。

三 特色村收入与消费结构变动

整体上看，特色经营的出现，提升了特色村经济发展的总体水平，拓展了多元化的增收渠道，直观表现为农民收入和消费能力的增长以及消费结构的改善。但与此同时，也必须警惕不均衡收入增长导致的收入分层甚至农村社会阶层化现象。

（一）收入来源多样化

1. 特色经营的"兼业"特征

在特色村，虽然特色经营是主要的收入来源和劳动分工，但大部分特色经营农户并没有把全部家庭劳动力和资金投入到演出服饰、花卉种植、旅游服务等专业生产领域，而是延续了中国农村较为普遍的兼业特点（见图6-3）。以迟家村为例，106个花卉专业种植户中，有34户同时开展其他经济作物、花卉交易、开理发店等其他经济活动。造成多业经营的原因。第一，受农业生产的季节性或时律性影响，农户有"农忙"与"农闲"之分，也说明农户间的专业化分工还没有达到足够的深度。第二，分散经营仍是特色村最主要的经营模式，单个农户的生产规模受到土地规模的严重制约，再加上生产性服务业和技术进步对部分劳动的节约与替代，存在劳动力的"隐性剩余"。第三，多业经营是农户对抗市场经济不稳定性、自然等因素不可抗力的不确定性、拓展增收渠道的理性选择。比如，目前特色经营农户是农村地区受疫情严重影响的一个群体，抗疫中采取的"封村封路"等措施，使大量"特色农产品运不出去""产品滞销"，这种不利的市场环境给特色经营和农民收入带来严峻挑战，而多种收入来源的农户在降低市场波动性与市场风险方面显然具有更强的经济韧性与弹性。

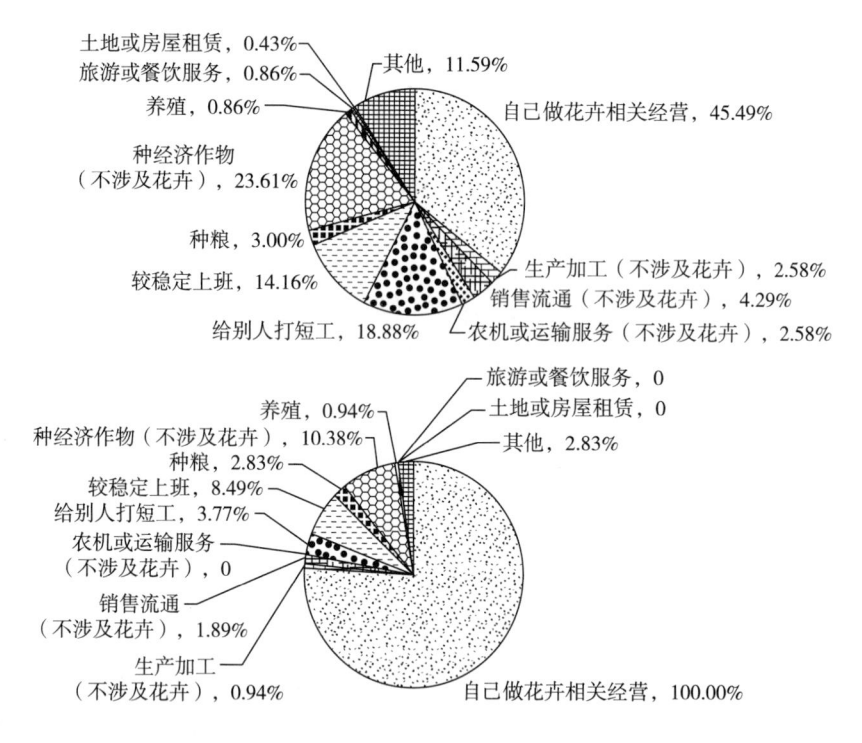

图6-3 迟家村全部受访农户（上）和花卉种植农户（下）的收入来源构成

2. 关联产业拓展就业机会

乡村特色产业的关联效应，一方面会因为分工深化带动关联产业的发展，比如，在迟家村全部受访农户中，有45.49%的农户从事花卉种植等相关经营，种植苗木等相关经济作物也占有较高比重。另一方面，外来人员的生活性消费和居住需求，为商店、理发店、饭店、房屋租赁等不同生活服务型产业的发展创造了新的市场机会。概括来看，收入来源多元化是特色村经济社会转型中必然出现的社会现象，实现了特色村增收动力的多元化，对促进农民增收起到积极的效果；农户收入来源多样性，也会促使基于不同业缘关系形成新的利益群体，产生新的结构化社会表达，对乡村治理提出更加复杂化的要求。

（二）农民增收与收入分层

1. 特色经营的农民增收效应

一个比较流行的观点是，农业内部增收难以为农民提供可持续的增收动力[1]。但特色村特色经营的出现，使农民增收动力主要依赖于农业内部提供了现实可能，使特色村获得明显高于全国农民平均收入的收入水平。根据中国2019年国民经济和社会发展统计公报，农村居民人均可支配收入16021元，中位数为14389元；把全体居民住户按照五等分组，收入最低的20%居民家庭人均可支配收入为7380元，收入最高的20%居民家庭人均可支配收入为76401元，高低收入比达到10.35，大体对应于3万元/户和30万元/户的水平[2]。从图6-4、图6-5关于丁楼村和迟家村两个村庄的收入分布情况来看，基本具备了橄榄型的收入分布结构，即5万—10万元和10万—30万元两类群体的占比均为最高，二者合计均在65%以上。其中，30万元以上高收入组已经具备一定规模，但2万元以下的超低收入组依然存在。整体表明，特色村的收入水平明显高于全国平均水平，尤其是在高收入农户比重方面表现更为突出。如果把特色经营农户分解来看，能更直观地看出特色经营的显著增收效应。图6-5显示，丁楼村、迟家村5万—10万元和10万—30

---

[1] 尹成杰：《农民持续增收动力：内部动力与外部动力相结合》，《中国农村经济》2006年第1期。

[2] 国家统计局：《中华人民共和国2019年国民经济和社会发展统计公报》。

万元这两类中间群体占特色经营农户的比重分别高达 75.58%、80.19%，30 万元以上的超高收入组占比均在 10% 以上，特色经营具有明显的普惠效应与收入提升效应。

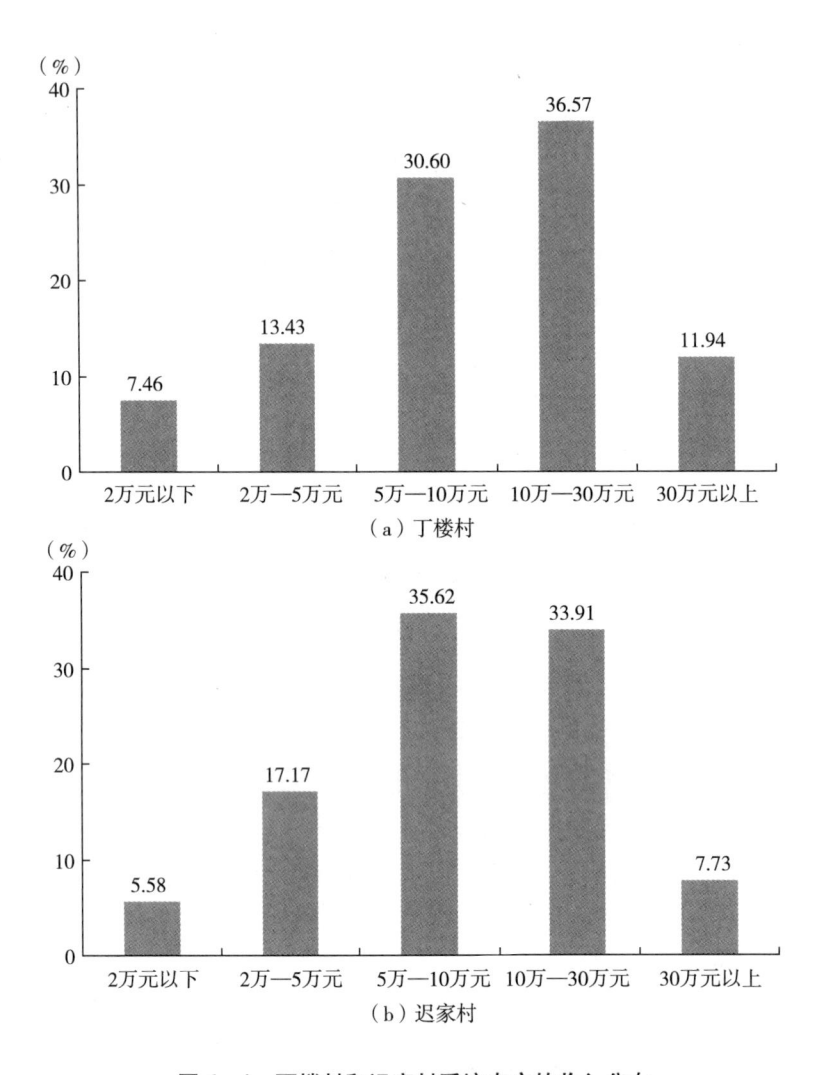

图 6-4　丁楼村和迟家村受访农户的收入分布

2. 特色经营的副产品：收入分化

在强调特色经营提高农民收入的同时，也不能忽视特色村收入分化的事实。社会学中有一个术语"马太效应"来形容富者越富、贫者越

图 6-5 丁楼村和迟家村受访特色经营农户的收入分布

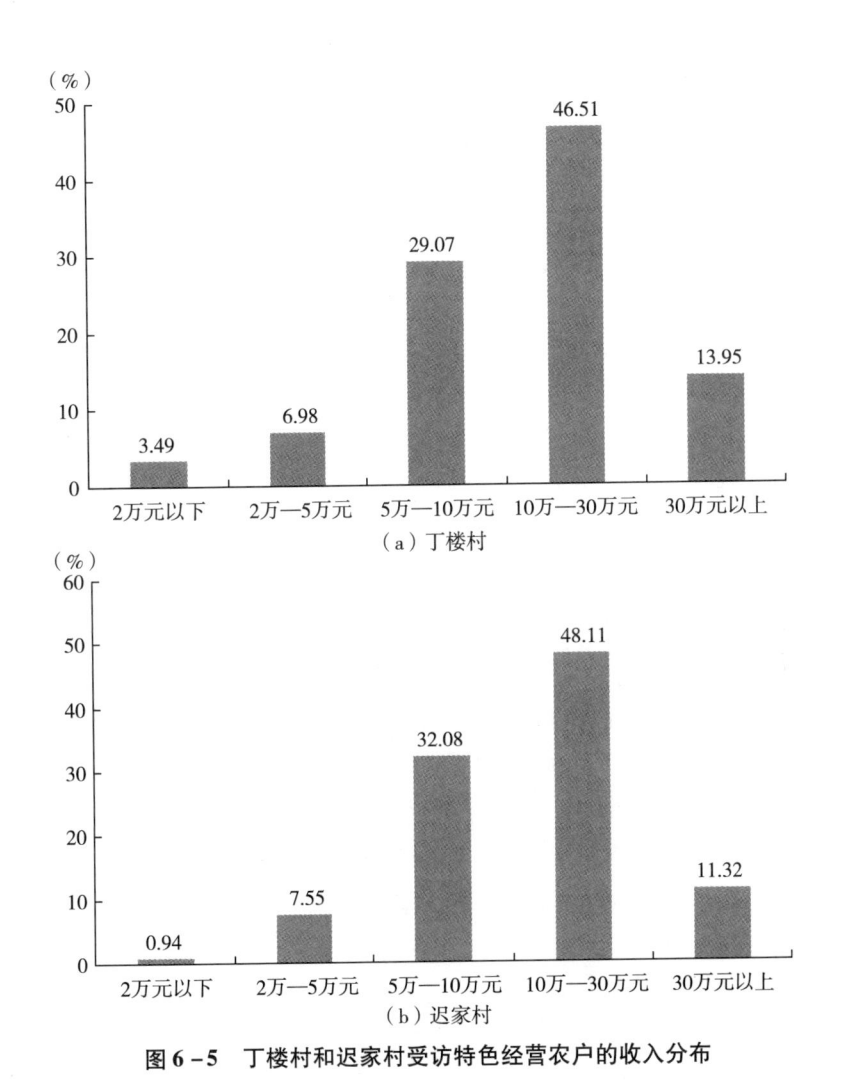

贫的两极分化现象。特色经营打破了传统农村"均贫"的社会阶层形态，一部分农户因为具有较高的教育水平、学习能力、健康条件、资本水平等要素禀赋条件，要么在生产规模、生产经营能力等方面具有优于普通农户的天然优势和技术优势，要么可以进入经济回报率更高的生产部门，从特色经营中获得越来越多的经济收益，拉高了特色村的整体收入水平；相反，也有一部分农户囿于各种现实条件的制约，并不能分享特色经营的好处，反而越来越贫。这种马太效应是否已经显现，还需要持续的跟踪观察。但从理论分析来看，特色村分工程度越深化，收入分

层的特征越显著，越会内生出农民的阶层分化。这是因为，农业产业链不仅是指生产链条，还表示链条上不同价值的分布，目前来看，中国农产品价值链基本表现为前后向与横向关联产业或环节的附加值和盈利率水平相对较高，而中间直接生产环节附加值和盈利率最低的"三高一低"格局①。随着分工深化和生产服务功能细分，越来越多的生产服务性农户或企业，如农业经纪人、农资供应零售商、休闲农业供给者等，将获得明显高于单纯从事农业生产农户的经济收益。

（三）消费能力增长与消费异化现象

与收入增长相伴随的是农户消费的变化。由于后续分析中用到农户住宅造价作为观测消费特征的主要变量，而房干村住宅是由村集体统一规划和指导建设的，因此不能充分反映村民自主决策下的消费支出特征，因此对消费结构的分析主要建立在对丁楼村和迟家村分析基础上。从图6-6看出，人情往来、饮食、子女教育是排在丁楼村和迟家村前三位的消费支出。特别是人情往来，丁楼村、迟家村分别有60.45%、66.09%的农户将其作为家庭总支出中位居前三位的消费支出，从一个侧面反映了民政部加强纠正随礼攀比、天价彩礼等不正之风的现实依据②。同时也看到，娱乐旅游、学习培训以及房贷车贷等新型消费，逐渐成为特色村部分农户消费支出的主要构成，可见特色村村民对生产经营能力提升与更高生活质量的追求，代表了特色村消费结构升级的发展趋势。

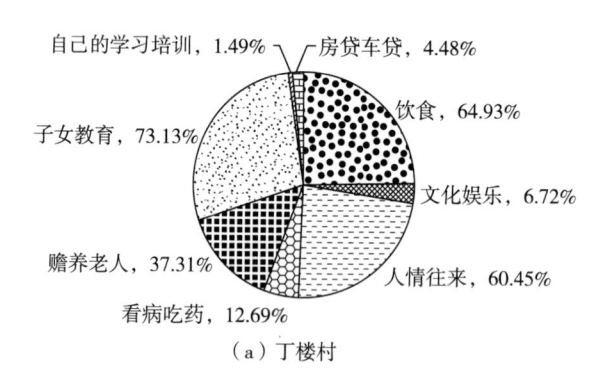

自己的学习培训，1.49%　房贷车贷，4.48%
子女教育，73.13%　　　饮食，64.93%
　　　　　　　　　　　文化娱乐，6.72%
赡养老人，37.31%　　　人情往来，60.45%
看病吃药，12.69%
（a）丁楼村

---

① 戴孝悌：《中国农业产业价值链现状、问题与对策分析》，《农业经济》2016年第1期。
② 《民政部印发〈关于开展婚俗改革试点工作的指导意见〉》，2020年，http://www.mca.gov.cn/article/xw/mzyw/202005/20200500027608.shtml。

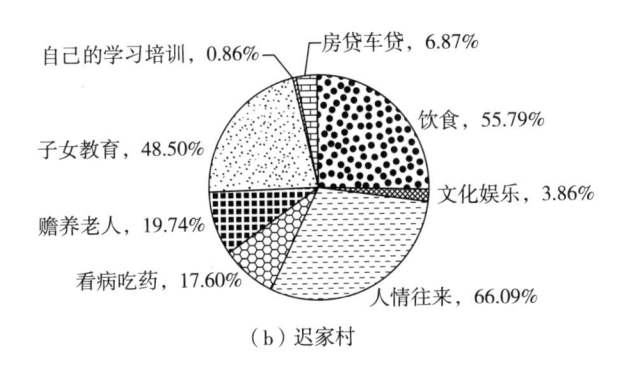

自己的学习培训，0.86%　房贷车贷，6.87%

子女教育，48.50%　饮食，55.79%

赡养老人，19.74%　文化娱乐，3.86%

看病吃药，17.60%　人情往来，66.09%

（b）迟家村

图6-6　丁楼村和迟家村受访农户中前三位消费支出分布

在传统的熟人社会里，"面子"是一种社会关系的综合，是一个人在村里获得的最大社会资本，代表着德高望重。在特色村，依然维持着人与人之间高度熟悉的熟人社会，"面子"机制仍然在发挥作用，但是，被经济熏陶、浸染的特色村"面子"，已经剥离了传统社会"面子"所内含的道德含量，而代以财富的象征。于是，可见的住房，就外化为一个家庭的"面子"，使特色村的住房消费出现了某种异化现象（见图6-7）。在调研中发现，部分农户的住宅排场豪华，成为该村地标性的建筑。在丁楼村，有20户农户的住宅造价高达50万元以上（不含装修费用），最高的甚至达到200万元。由于从事演出服饰加工销售的特殊性，虽然住房不仅仅是居住功能，还承担了加工车间兼仓库等其他功能。即便如此，高达百万元的住宅造价仍然远远超过了其实际利用价值。迟家村同样如此，有6户的住宅造价超过50万元，而装修费用有的也达到数十万元，其总价值可能已经超过青州市区一套商品房的价格。迟家村的农户住宅主要为居住功能，因此其高昂的建造费用更多是心理需求和面子工程。有村民认为，很多村民有短期致富的现象，对传统文化美德的缺失已经成为一个乡村社会问题。总体而言，消费异化是农户阶层分化的直观表现，它不仅仅会对乡村社会关系带来一定的负面影响，更凸显了农户作为经济人身份的理性缺失。

四　特色村传统社会关系的重塑

费孝通先生在《乡土中国》中给我们描述了一个带有乡土性的"熟人社会""圈子社会"，"社会的联系是长成的，是熟习的，到某种

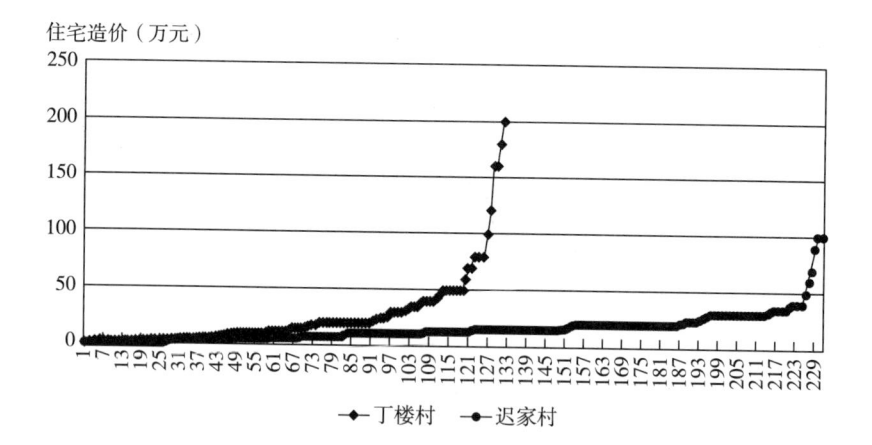

图 6-7 丁楼村和迟家村受访农户按由低到高排序的住宅造价

程度使人感觉是自动的"①。但在特色村自然经济向市场经济转变中，村民在以往"社会人"身份基础上又叠加了"经济人"身份，也就意味着传统的地缘、亲缘等社会联系纽带，与不断强化的经济联系纽带紧密地"缠绕"在一起。在社会交往关系上，就表现为在三个调研村，与亲戚朋友和邻居的联系仍然占据主导，但特色经营的同行和客户已经发展成为第三位的紧密联系对象（见图6-8）。丁楼村有44.78%的农户认为与同行和客户联系较多，在房干村，旅游开发主要依靠村集体统一运作，多数农户的参与方式虽然仅是在旅游服务机构稳定上班，但仍有30.69%的受访农户认为与同行和客户联系较多。这种社会联系的外向性一定程度上弱化了中国传统的"以我为中心"、呈波纹状向外扩散的差序格局，通过越来越强化的经济联系纽带，创造和重塑着人们新的社会交往方式与结构。从图6-9农户的日常休闲活动来看，一方面，通过广场舞等集体活动形式，强化农民之间传统的社会交往关系；另一方面，高达80%左右的农户选择"电视上网"打发休闲时间，虚拟网络和科技进步打通了农户与外界关联的通道。

---

① 费孝通：《乡土中国》，人民出版社2016年版，第53页。

（a）丁楼村

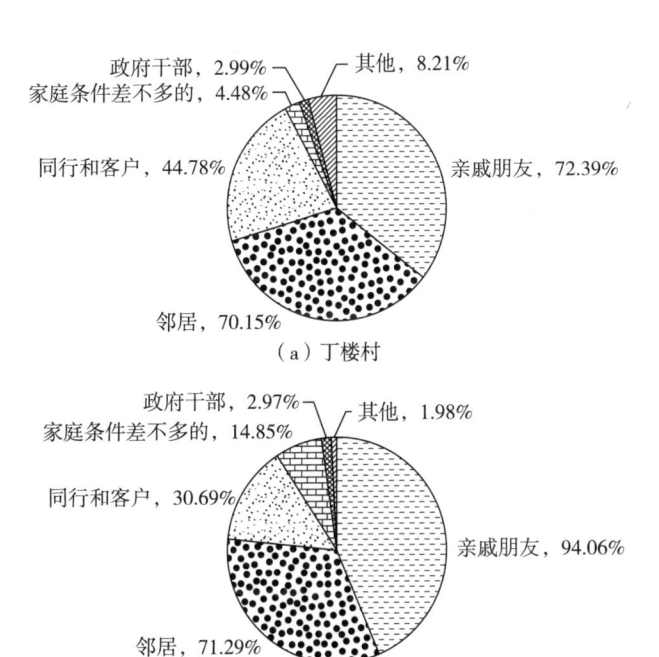

（b）房干村

图 6-8　丁楼村和房干村受访农户的社会交往结构

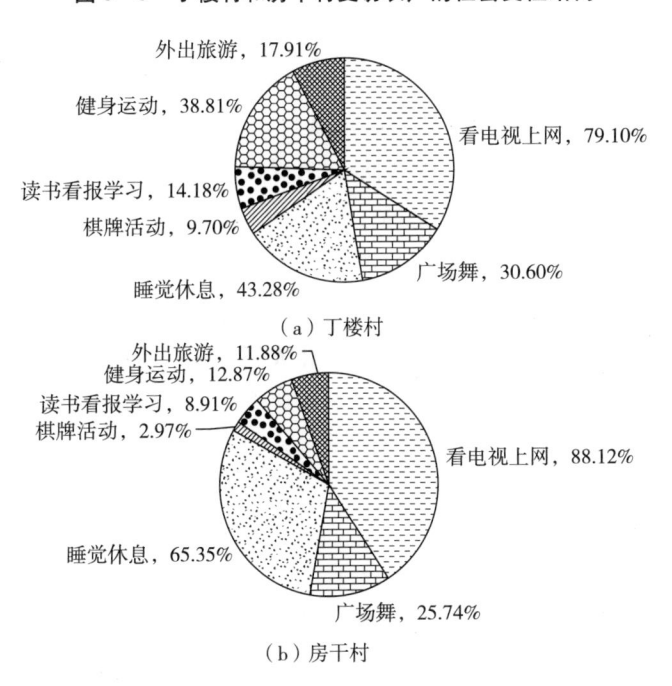

（a）丁楼村

（b）房干村

图 6-9　丁楼村和房干村受访农户的日常休闲活动

五　特色村社会治理模式的转变

乡村治理是为了实现农村公共利益，对乡村进行有效组织、管理和调控的动态过程①，其目标和归属即为乡村善治。乡村善治的核心特征是社会共治②，具有治理主体多元化、治理方式合作化、治理场域和目标公共化等显著特点③，其核心在于提高农民生活水平和质量、保障广大农民群众的民主权利、增强农村社会发展活力、建构农村公共性。从三个特色村的乡村治理实施情况来看，通过"村两委"这个组织媒介，将特色经营与乡村治理紧密关联起来，但农民群众对乡村治理的参与度并没有因为从事特色经营而有所提高。

产业兴旺是实现农业农村现代化的经济基础。面对当前不平衡不充分发展的农村经济，乡村治理的一个重要目标是更好地服务于特色村的特色产业发展，帮助农民实现美好生活。而特色生产经营与乡村治理连通的方式即在于，将有能力且有公心的部分优秀经营人才吸纳进"村两委"。在这个过程中，地方政府在其中起到明显的助推作用。近年来，山东省以新一届村"两委"换届选举为契机，重点打造"富民强村好支书"，强化农村党组织带头人队伍建设。曹县落实这一举措，实施了"双培养"工程，把电商骨干培养成党员，同时把党员培养为电商骨干④，从而为电商骨干按程序进入村"两委"提供了条件。特色经营与乡村治理的结合，将经济优势和组织优势叠加在一起，能更好地实现经济发展与完善乡村治理两个目标的有机统一。表6-1显示，丁楼村现任支部书记和村委主任同时从事表演服饰的生产经营，尤其是村支部书记凭借在特色经营中的引领作用，而被选举为村支部书记，如今已连任两届。同时，丁楼村和迟家村两委成员中从事特色经营的比例达到了2/3。相比而言，房干村由于其集体经营模式而具有一定的特殊性，尽管村"两委"成员独立从事旅游相关经营活动的仅有支部书记一人，

---

①　袁金辉：《论简政放权背景下的乡村治理》，《行政管理改革》2015年第10期。
②　高强：《乡村善治的基本特征、实现路径与政策支撑》，《环境保护》2019年第2期。
③　曾哲、周泽中：《多元主体联动合作的社会共治——以"枫桥经验"之基层治理实践为切入点》，《求实》2018年第5期。
④　《山东"中国淘宝村"半数在曹县党员争当电商能手》，https://w.dzwww.com/p/386325.html。

但其他三名两委成员均在村办旅游企业上班或以自然人身份入股。村党组织和村委会两大组织,既在乡村治理体系中担负主要责任,又是本村特色经营活动的代言人。这种"双结合"形式,会不会出现有些学者所担心的"精英俘获"现象①,即村"两委"负责人按照个人意志,决定资金项目的获取与使用、决策重大事项安排等,从而剥夺或弱化其他经营农户的诉求表达与实现机制?从图6-10给出的农户对重要事务决策的参与程度以及接下来要探讨的特色村空间不公平利用来看,对此表示隐忧。

表6-1　　　　　　　　三个特色村的"两委"成员构成

特色村	村两委人数	村支书或村主任是否从事特色经营	从事特色经营的村"两委"成员占比(%)	备注
丁楼村	6	是	66.67	村支书与村主任全部从事
迟家村	6	是	66.67	村支书不从事
房干村	4	是	25	支书与村主任一肩挑,村两委成员全部在村办旅游企业工作或入股

应该说,乡村治理成效关系农民群众的切身利益,农民是乡村社会治理不可或缺的基础性力量。但是,丁楼村超过一半、迟家村87%的农户认为乡村重要事务决策和自己无关(见图6-10)。分析产生这种现象的原因:一是在目前经济社会大转型中,传统的乡土文化逐渐消失,导致农村社会公共性衰落,集体利益观念越发淡薄。二是长期以来我们实行的是乡政村治模式,从法理上讲,乡镇政府和村庄是平等的、相互独立的"指导与被指导"关系。但在具体实践过程中,村治被嵌入大量"乡政"因素,农民长期处于"失语"境地。三是"能人治村"的惯性以及农民自身能力的现实制约。在一些村庄,那些有知识能力、有开阔视野、有管理经验的农村能人、先富群体担任村支书或村

---

① 张晓山:《促进我国农民合作社健康发展的几点思考》,《中国农民合作社》2014年第4期。

主任，领导村庄公共权力的运作，形成"能人治村"模式。这种"能人治村"模式也得到大部分村民的认可，认为这些村庄能人能给村庄带来发展机会。在这种认知下，并结合自身能力考虑，一些村民参与选举、议事、监督的动力大为降低。

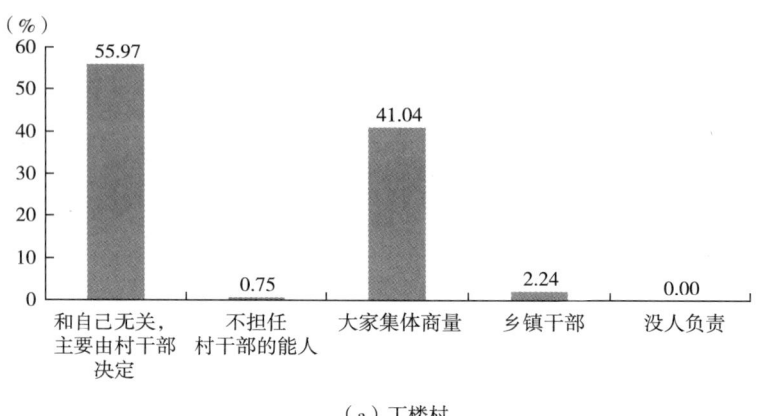

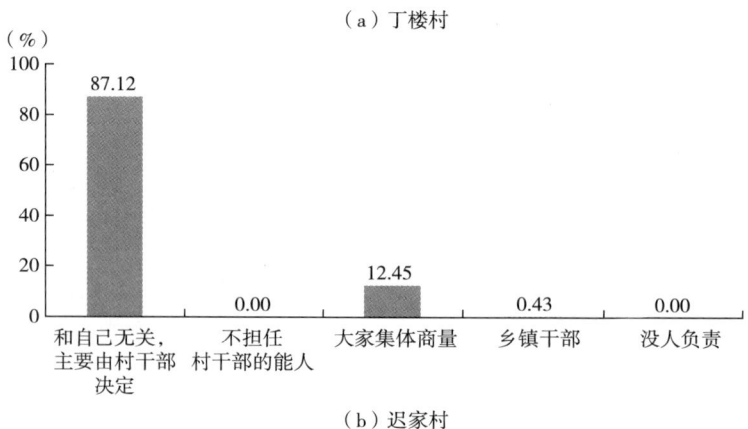

(a) 丁楼村

(b) 迟家村

图 6-10　丁楼村和迟家村受访农户对
乡村重要事务决策过程的认识

综合以上对三个特色村社会转型不同维度的具体探讨，并对照特色村的转型发展阶段，基本可以得出，案例特色村的社会发展总体呈现出特色村 2.0 时代的发展趋势（见表 6-2）。

表6-2　案例特色村与特色村不同转型阶段社会转型特征的对比

社会维度	案例特色村	特色村1.0时代	特色村2.0时代
人口变动	外来劳动力、返乡下乡创业人员增多	由乡到城的单向流动，生产以家庭劳动力为主	劳动力城乡双向流动，农村劳动力要素利用拓展
收入增长	多元化收入来源	农业专业化生产为主，收入来源相对单一	多样化经济和多元化增收渠道
社会关系	经济联系增强	农户与龙头企业、合作社的单链条联系，但仍以传统社会关系为主	网络化的产业组织增强了经济联系，重构传统的乡村社会关系
乡村治理	乡村治理深度嵌入特色经营，但农民参与程度亟须提高	能人带动经济，传统社会治理模式	乡村治理为特色经营服务，致力于构建现代乡村治理模式

第三节　特色村社会转型的路径

与一般乡村村落相比，特色村作为乡村振兴的先行者和均匀农区中的"凸起"，其社会结构变化的快速性、深层性和剧烈性是一般乡村所不能比拟的。为此，特色村应通过各具特色的路径探索和多样化的社会治理模式，在优势特色产业持续发展中营造包容有序的社会环境，加快构建充满活力、和谐有序的善治乡村。

一　农民主导型的社会转型路径

农民群众既是乡村自治的主体，也是社会发展的利益相关主体。以农民主导型的社会转型路径，重点强调三方面内容。首先，通过人力资本积累增强认知理性与政治参与度，改变农民群众在乡村治理中的长期"失语"现象。一方面，加强城乡间的社会融合，通过加大城市对农村教育培训、文化科技、金融、医疗养老、法律服务等多方面的服务输送，以及推动城市道路交通、网络宽带、环保环卫、水电暖、燃气污水处理等基础设施向农村延伸等"硬"支撑；另一方面，通过推动城镇现代文明和先进理念向特色村渗透，以及把特色经营农户与外界的经济联系走向深入的社会经济互动等"软"提升，不断提高农民的认知理性与人力资本存量,推动乡村治理参与意愿与参与能力的内源式提升。其次,培育农民参与社会治理的动力。健全完善村民自治章程、村规民约,以及村民代表会议、村民议事会、村民理事会、村民监事会的制度章程,严格落实"四议两公开"等民主决策制度,充分发挥乡村自治中群众自我管理、自我教育、自我服务、自我提高的社会功能,增强群众参与乡村公共事务的主人翁意识和责任感。针对农民越来越多元化的诉求,给予积极回应,诱导农民逐步参与到乡村现代化治理进程中。比如,通过集体经济组织、合作社等形式,建立以产权为纽带的底层群体帮扶机制,使特色经营能力较弱的低收入农户或老弱农户,在分享特色经营收益的同时,增强其对村级事务的自主性与积极性。最后,在特色村剧烈转型之际,更要秉承"以人为本"的社会主义核心价值观,构筑以底层群体保护为核心的"兜底"式社会保护网。特色村尽管取得了较快的经济增长,但由于老弱病残、自然灾害等客观原因和经营不善或经营能力不足等主观原因,不可避免地存在少量收入水平较低、生活水平较差的贫困农户。构建坚实的社会保护支撑体系,是特色村避免社会割裂、建立善治乡村的必然要求。

二 社会融合型的社会转型路径

以特色经营为基础,通过适度的社会流动性规避结构锁定,打造富有内聚力的农村社区,以社会深度融合形式推动社会转型。在城市区域,弱化传统"差序格局"的资源配置功能,培育"公共性"和"组织化"的社会融合问题得到了长期关注。对于具有大量外来人口的特色村而言,乡村融合问题也在变得越来越重要,一方面要强调特色村外来人口与原住人口之间的融合,另一方面是不同收入群体或阶层之间的融合。对于很大一部分特色村而言,外来人口主要是基于业缘关系而与特色村进行经济互动,但因为并不久居特色村,因而与原住民的社会关系存在"表层化"现象。然而,也有一部分特色村,如房干村,在当地购买房产的外来消费人口,虽然只是周期性地暂住,但由于利益关系已经与房干村建立了千丝万缕的联系,并且这些外来人口根据他们对农村田园生活状态的想象,实际上也在有意识地"建构"着乡村,因而应该关注其社会融合问题。当然,社会融合是一个含义丰富的概念,包括心理融合、文化融合、政治融合、身份融合等多方面内容,但总体而言应围绕三个重心予以推进。第一,打破空间隔离。新加坡通过强制推行住房的阶层混合,遏制了社会阶层的空间极化,形成较为均质的城市社区。实际上,对于丁楼村和迟家村这类旧村衰退的特色村而言,加强统一规划、及时推进村庄功能更新、提升乡村人居环境品质,应该是一种实事求是的态度。但对于房干村这种类型而言,必须探索集体建设用地用于商业开发的基本模式,使以常住地为标准的生活社区融为一体,以激发社会多样性的活力。第二,深化群体互动。无论是心理融合、文化融合、政治融合,还是身份融合,实际上都是一种群体互动方式。特色村应通过集体性活动组织,深化不同群体之间的沟通与交流,形成互动频繁、以熟人社会为主要特征的新乡村社会。第三,加强社区认同。以共同价值观念和生活习俗为凝聚力的文化融合和社区认同,是推动社会融合的深层次动力。只有在相当长时期内进行碰撞和交融,并经过有意识的建构和引导,社区认同才能内化为居民的自觉行动,而后外化为可见的景观风貌和显性符号,成为全体居民的精神寄托和坚实的社会根基。总之,通过不同途径,促进特色村的社会融合发展,构筑具有更强凝聚力、更优创造力的村落利益共同体和发展共同体。

三 组织支撑型的社会转型路径

组织不仅是个人的集合体,它还具有系统的功能与作用,由农民组成的各类乡村组织组成了覆盖乡村社会、具有强大能量的组织网络[①]。以党组织为核心,不断健全完善乡村组织体系,加强基层党组织领导机制、民主议事决策监督机制、乡村社会组织参与机制等多元化机制的协同运作,加快形成共建共治共享的乡村善治格局。

第一,全面提升基层党组织组织力,使其成为在农村的坚强堡垒。历史实践一再证明,基层党支部的组织力是在与群众的紧密联系中发展的。在深入实施乡村振兴战略之际,一方面,村党支部有"因地制宜推动发展壮大集体经济"的职责任务[②],另一方面,推行农业的适度规模经营、提供农业社会化服务,把小农户引入现代农业轨道,或者拓展

[①] 吴理财等:《经济、组织与文化:乡村振兴战略的社会基础研究》,《农林经济管理学报》2018年第4期。

[②] 中共中央:《中国共产党农村基层组织工作条例》,2019年,http://www.gov.cn/zhengce/2019-01/10/content_ 5356764.htm。

乡村生态涵养、文化传承、绿色康养等多维功能，推动农村三次产业融合，为基层党支部深化与群众的经济联系、优化提升组织力提供了一个有利契机。为此，党建工作突出抓手，可以通过村基层党组织领办农民合作社等形式，使特色村党组织真正成为代表先进生产力发展方向的最广大农民群众代言人。第二，村民委员会全面履行基层群众性自治组织功能，通过民主选举、民主决策、民主管理、民主监督，实现村民自我管理、自我教育和自我服务。村务监督委员会有效发挥在村务决策和公开、财产管理、工程项目建设等事项上的监督作用。第三，积极培育乡村社会组织。以特色村矛盾调解、集体公共文体活动组织、社会互助组织、志愿者组织、行业协会等为重点，不断丰富和完善乡村社会组织的类型，充分发挥其在丰富特色村精神生活、提供社会公共服务、文化公益方面的作用，引导其发展成为乡村社会治理不可或缺的主体。同时，加强对乡村社会组织的监管，引导社会组织由负责人主导的人治逐步转向组织的制度化、规范化建设，完善不同社会组织诉求表达制度建设，提高社会组织参与乡村治理的事务范围。在各类组织的共同参与下，特色村生产生活的组织化程度将大幅提高，加快形成科学合理分工、全面释放乡村组织活力的乡村治理格局，将日益式微的乡土社会整合为一个高度组织化的现代乡村。

四 智慧服务型的社会转型路径

借助网络化、智能化、智慧化等现代信息技术，推动社会治理和社会服务智慧化，是信息化时代特色村实现乡村善治的发展目标。智慧服务的核心在于，由过去以政府为主导的"一刀切"式标准化的乡村管理模式，朝着全面感知民众需求并提供智慧服务的智慧治理转变。在服务形式上，过去政府严格的层级制度使政府信息层层传达，居民获得的信息可能存在滞后甚至"走样"现象，而智慧服务模式通过组织结构的扁平化和政府信息业务的集成化，使特色村农民群众和农业企业实时获取政府信息变得方便快捷。在服务对象上，借助大数据和现代信息技术，精准获取并满足不同群体的公共服务需求。针对由于缺乏信息知识和技术或受经济、健康等因素影响无法公平获取公共服务的社会弱势群体，更加包容的智慧服务将对此做出智能化的响应；针对特色村的流动人口、外来资本与企业，将其纳入社会公共管理与公共服务的范畴，保障其社会福利以及公平正义诉求。在服务内容上，推动城乡服务均等、城乡保障统一、城乡权利平等的城乡融合治理，实现城乡基本公共服务均等化、城乡居民统一的社会保障体系、城乡居民平等的发展权以及公平分享改革和发展成果的权利。智慧型的社会治理，将重新建构中国传统乡村治理的模式，更加强调多元化的治理主体，并为不同类型社会群体提供精准化、分散化的智能服务，实现社会治理精细化。

第七章

特色村空间转型的特征与路径

空间是承载特色村经济社会发展的重要载体，在经济社会剧烈转型进程中，特色村的传统生产生活生态空间也不断被"被表达""被建构""被感知"，表现在地域实体空间上即为特色村的空间转型。本章在明确特色村空间转型内涵的基础上，重点关注了农户层面的家庭居住空间、村庄层面的生活空间、村域层面的生产生态空间等不同空间利用形态、功能格局的变化特征。同时也注意到，缺乏空间发展科学指导与规划、相对"自由发挥式"的空间转型，带来诸如影响农民生活品质、与国家耕地红线和生态红线相冲突以及出现的有损空间公平现象等消极影响，值得关注与警惕。如果说特色村1.0时代空间转型的主要表现特征是土地利用类型的结构性调整，那么，目前三个案例村呈现的混合型空间功能格局、专用性设施建设等空间发展特征以及其中蕴含的冲突和矛盾，恰是特色村2.0时代的空间表征和努力解决的问题。

第一节 特色村空间转型的内涵

空间的概念看似明确，但也经历了许多争论。学术界曾长期把空间视作实体空间与抽象空间的二元对立统一体，而后期又提出了三元认知框架，也就是空间既是一个人类实践的场所，也是一个主观构造的意象，还是一个被日常生活加工改造的对象[1]。以此为基础，Halfacree 等

---

[1] Elden, S., *Understanding Henri Lefebvre: Theory and the Possible*, London and New York: Continuum Press, 2004.

学者认为乡村空间应具有三个基本维度,即同时可以是"被感知"的乡村空间、"被表达"的乡村空间和"被生活"的乡村空间,是一个多维统一的概念①。因此,从系统性的角度来看,乡村空间转型就是乡村空间在三重维度及其相互关联关系上发生结构性转变的过程。但根据目前国内的实际研究进展,由于中国乡村发展所处的历史阶段,学者对乡村空间转型的研究仍基本是以社会空间辩证法为基本原则,更多地关注经济、社会、文化、生态等不同领域的物质空间变化与乡村发展之间的互动演化特征,并因地制宜地提出乡村空间转型的方向与策略②。在此背景下,乡村生产生活的空间组织模式、地域功能结构的集聚过程及其空间差异、土地利用格局及其演化、基础设施和公共服务设施的配置供给等问题成为当前乡村空间转型的研究重点。

乡村物质空间既是社会生产关系在自然实体地域上的映射,也是重构社会生产关系的物理框架,在其相互作用过程中乡村空间不断发生转型与重构③。从特色村发展的具体实践来看,特色经营农户在经营业态和生活方式发生重大变化的同时,既对自身原有住宅和承包地等生产生活空间进行主动改造,以适应新生产功能的要求,也通过集体表达的方式推动村庄总体空间利用方式的变化,使农户和村庄、村域层面的空间转型相继发生。另外,由于农户生产生活空间的调整,改变了传统的生活方式与社会交流渠道,进而通过影响农户家庭内部和农户之间的生产关系而作用于其生产效率,最终促进或制约特色村的经济社会转型进程。可以看出,与一般乡村相比,特色村的空间转型不仅深入农户、村庄和村域各个层次,实现了空间功能体系、空间利用方式及其空间组合格局的系统转变,还表现出更强的主动转型动力和更典型的经济社会互动特征。特别是由于不同特色村经营类型的差异,其转型过程具有更丰

---

① Halfacree, K., "Rural Space: Constructing a Three-fold Architecture", in *Handbook of Rural Studies*, Cloke, P., T. Marsden and P. Mooney, London: Sage, 2006. 袁源等:《西方国家乡村空间转型研究及其启示》,《地理科学》2019 年第 8 期。

② 王丹、刘祖云:《国外乡村空间研究的进展与启示》,《地理科学进展》2019 年第 12 期;冯奔伟等:《新型城乡关系导向下苏南乡村空间转型与规划对策》,《城市发展研究》2015 年第 10 期。

③ 杨忍等:《中国乡村转型重构研究进展与展望:逻辑主线与内容框架》,《地理科学进展》2015 年第 8 期。

富的多样性，成为研究乡村空间转型问题的重要视角。

第二节　特色村空间转型的特征

特色村的发展模式创新以及各种生产性服务、农产品加工的功能性集聚，不断拓展特色村的生活空间与新生产空间，使特色村逐渐演变为集特色农业生产、生产服务、居住、休闲消费、文化娱乐于一体的"多功能性空间"[①]。而主观意义上的集体决策以及公共规划调节，也在自发无意的空间利用传统中开始发挥日益显著的影响。

一　效率导向的农民居住空间改造

对特色村而言，自有宅基地承载的居住空间逐渐演变为生产、居住的集合空间。农户在形成特色经营决策之后，根据产业类型的不同，需要对自有宅基地进行适应性改造。这个过程基于三方面考虑。首先，经过家庭联产承包责任制和农村宅基地制度改革后，农户拥有对宅基地上的住宅自我管理的实际支配权，可以在不违反乡村规划建设规定的前提下，对住宅和承包地的功能进行相对自由的调整。其次，近年来国家基于耕地保护的目的，不断强化对国土资源使用性质和用途的管制，使农户脱离原有住宅、另行开辟新生产经营空间的难度和成本大大增加。最后，特色经营初期的投入和产出规模均较低，在自有土地上开展相关经营活动能够兼顾生产和生活需要，降低通勤、办公、房屋租赁等各方面成本。

农户对居住空间的这种变通处理，在微观层面形成了不同的空间利用模式，大大降低了农户进入特色经营的门槛，也使特色村在初始阶段能够获得较快发展。如丁楼村传统的住宅布局是典型的四合院式，正房一般用于日常生活起居，东、西两侧配房用于仓储或厨房，南面配房和入户走廊安排厕所或车辆和农具的临时存放，院落用于粮食等大宗农产品的季节性堆置。但在开展表演服饰经营后，不同农户按照各自的业务重点和生产销售组织流程，形成了院落型、前后流线型、上下分区型、

[①]　McCarthy, J., "Rural Geography: Multifunctional Rural Geographies—Reactionary or Radical?", *Progress in Human Geograhy*, Vol. 29, No. 6, 2005.

多宅分区型等多种利用方式。其中,院落型是通过在住宅院落上加建防雨保温设施,然后用作加工车间;前后流线型是根据生产加工、仓储和物流发货的顺序,对住宅进行前后分区;上下分区型是指农户建造二层或三层楼房,而后把上层用于生活起居,底层用于生产经营;多户分区型一般是利用家庭内部拥有多处宅基地的条件,把其中一处或多处用作生产空间,其他则作为生活起居。这种对微观生活空间的改造,改变了传统农业生产条件下的家庭空间组织方式,有效提升了特色经营的生产效率,但也明显抑制了社会交往、休闲娱乐、子女教育等方面的空间需求。房干村从事农家乐或民宿经营的农户,对自有住房重新调整与布局,以往私密的居住生活空间演变为开放的经营场所。

然而,随着生产经营规模的扩大,在自有住房进行生产组织的局限性或负面影响越来越大。丁楼村大量特色经营农户的空间利用率过高,布料、缝纫和裁剪设备、成衣、快递包裹安置混乱,生产空间严重挤占了有限的生活空间,生活品质受到严重影响,并产生了明显的安全隐患。为此,一批经营规模较大和效益较好的经营农户,在镇政府引导下,开始搬迁到统一规划的电商产业园,造成留驻丁楼村的主要是经营规模较小和效益一般的农户,形成了典型的乡村沉淀效应。可以说,这是特色村转型过程中最明显的挑战之一。假使特色经营农户的空间利用方式不发生变化,其长远发展前景堪忧。

二 E—A—I驱动的混合型功能空间

空间转型中最引人瞩目的,当属空间功能结构的转变,也是城乡融合趋势下特色村经济社会发展在物质空间层面的映射。以往村庄作为生活空间,耕地、林地等作为生产空间,江河湖海等作为生态空间,三者之间有着相对明确的区分与地理界限。但随着乡村特色产业的发展,E—A—I驱动下多要素、主导产业与关联产业跨功能空间的集中布局,模糊了不同功能空间的边界,也造就了特色村逐步转向生产导向的混合型功能布局。比如,对于种养殖型特色村,集中连片的特色农业景观或者设施农业形成的独特农业图景,改变了农村传统的土地利用形态,实现了土地利用从大宗农产品向特色农产品的功能转型;对于乡村旅游类特色村,通过对生态资源的产业化开发,使生态空间实现生态再生产和经济再生产的有机统一;对于淘宝村,既需要与此关联的市场交易、交通物流、专业化技术服务、资金信贷等生产性服务功能的支撑，也需要商务洽谈、文化娱乐、餐饮住宿等一般性商务服务功能的匹配。农户自下而上的集体化行动，必然孕育着对乡村服务功能日益增长的新需求，使原本单一的生活空间承载了大量的产业空间集聚与组织功能，外化为特色村空间功能结构的显著变化。

　　具体来看，传统农业时期，由于农户需求的有限性和季节性，乡村所需的生产物资和农业服务总体呈现县—镇—村的层级式布局；村庄内部的小商店提供基本的生活需求，但往往难以保证供应的品类和服务水平。但随着特色经营的快速扩张，农户生产性服务需求的种类、数量、质量均大幅度提升，突破了市场供应所需的经济门槛，相应的服务主体开始进入或由本地农户予以填补。比如，在发展初期，丁楼村大量的快递包裹需要由农户自行送往乡镇驻地，再由乡镇驻地的快递公司收集后进行发送。而今，已经有包括顺丰、"四通一达"等在内的18家快递公司在此驻点。农户在家就可以自行打印快递单，然后把快递包裹放到门前，快递公司定时收取。当然，也有部分功能是与邻近村庄进行统筹布局的。如与丁楼村仅有数百米之隔的孙庄村，根据周边淘宝村庄对表演服饰配套服务的需要，规划建设了淘宝辅料大市场、农村淘宝服务站、电商公共服务平台、资金互助部等多种专业化服务功能的商业街，电商经济的服务体系和服务功能的集聚态势初步形成。迟家村受益于青州市花卉苗木交易中心的带动，也已经发展成为涵盖物流运输、市场交易、花卉资材采购、劳动力市场和专业技术服务队等多种功能的花卉产业功能集聚中心。在人员流动和经营活动日益频密的带动下，丁楼村和迟家村的教育培训、餐饮住宿、日用消费品零售、车辆保养维修等商务和生活型服务业也发展起来。而房干村旅游服务功能的完善更是在村集体的统一组织下，新增了房干村史博物馆、敬老院、康复医院、写生创作基地等衍生功能，使旅游吸引力不断提升。总之，特色村传统的生活空间演变为生产生活的复合空间。

　　进一步延伸，三个特色村已经跨过特色村1.0时代自然资源导向的地理集聚，朝着特色村2.0时代由技术创新和市场力量驱动的功能集聚和多产业协同集聚发展。但同时也发现，功能集聚具有明显的层级性，在一个紧密联系的特色村集聚区内，处于农业产业链两端的创新、服务和组织管理功能呈不均衡分布格局,有少数特色村发展成为专业性的生产性服务与管理中心;外围数量更多的特色村主要从事生产或经营环节,从而形成特色村集聚区内的"中心—外围"功能分布格局。

三 多元化诉求下的基础设施供给

基础设施属于公益性工程,但也有一些特色村又需要具有专用性用途的基础设施,因此,特色村表现出不同于一般乡村的设施供给特征:一是地方政府对特色村进行设施供给的投入力度更大,多样化程度更高,使特色村在村庄体系内的地位进一步凸显;二是设施供给的类型和形式更加个性化,以充分满足特色产业高效发展的现实需要;三是设施供给的主体更加多元化,特色经营农户开始广泛参与并发挥了日益重要的作用。

伴随着城乡关系的改善,国家致力于补齐农业农村发展的短板,推动基础设施向农村地区的延伸。然而,尽管加大了对农村的投入,但农村居民占有的公共资源和公共设施仍远低于城市居民[1],不仅影响了农业经营效率,也拉大了城乡发展差距和城乡居民生活水平差距。因此,近年来,从国家乡村振兴战略、农业农村优先发展和城乡融合发展等多方面政策要求出发,各级政府进一步加大了对农村地区基础设施的建设水平。尤其是特色村作为农村地区最具有活力和示范意义的地区,各地更是集中力量进行打造,以贯彻国家政策意图并彰显地方政绩。同时,特色经营农户由于各方面需要,也具有更强的基础设施建设诉求。这种农户自下而上的需求表达与政府自上而下推动之间的对接,在特色村表现得更为明显。

现实来看,以往基础设施供给按照村庄规模进行负荷预测,缺乏村庄产业发展需求考虑,具有产业专用性用途的基础设施供给比较薄弱。随着特色村地域空间上的集聚、特殊设施需求的规模性以及诉求表达的有效性等有利条件,开创了特色村"定制化"的基础设施供给方式。以丁楼村为例,从2013年开始,淘宝经营户大量增加,原有电网负荷难以满足电子商务发展需要。而在淘宝村的节日销售季2015年"六一"前夕,丁楼村及周边村庄要进行电力改造,但停止供电将给农户

---

[1] 魏后凯:《新常态下中国城乡一体化格局及推进战略》,《中国农村经济》2016年第1期。

带来大量销售损失。在村支部书记向乡镇党委反映后，县乡两级政府合力为丁楼村架设了供电专线，并改造了变压器等电力设备，彻底解决了淘宝村超负荷用电问题。

与政府主导的公益性基础设施建设路径不同，村域环境设施的供给更多依赖于特色村内生的生态觉醒与自我完善。房干村以生态环境为根基的产业类型，生态意识自不待言。丁楼村和迟家村在起步阶段，对村内环境卫生不够重视，农户对生产过程中产生的废弃物或下脚料往往采取堆肥、丢弃自然分解等方式进行传统处理，导致农村生态环境近年来有恶化趋势。这里固然有废弃物规模较小、收集处理难度大等方面的客观因素，但农户从自身时间和经济成本出发的考虑也是重要原因。但面对日益严重的资源消耗和生态环境压力，两个特色村都表现出对改善村庄面貌、加强村庄污废处理的集体诉求。为反映农户对改善村庄面貌的迫切性，在调查问卷调查中，设置了"为了改善村里的面貌和生活条件，您是否愿意分摊一些费用"的问题。从图7-1统计结果看，三个

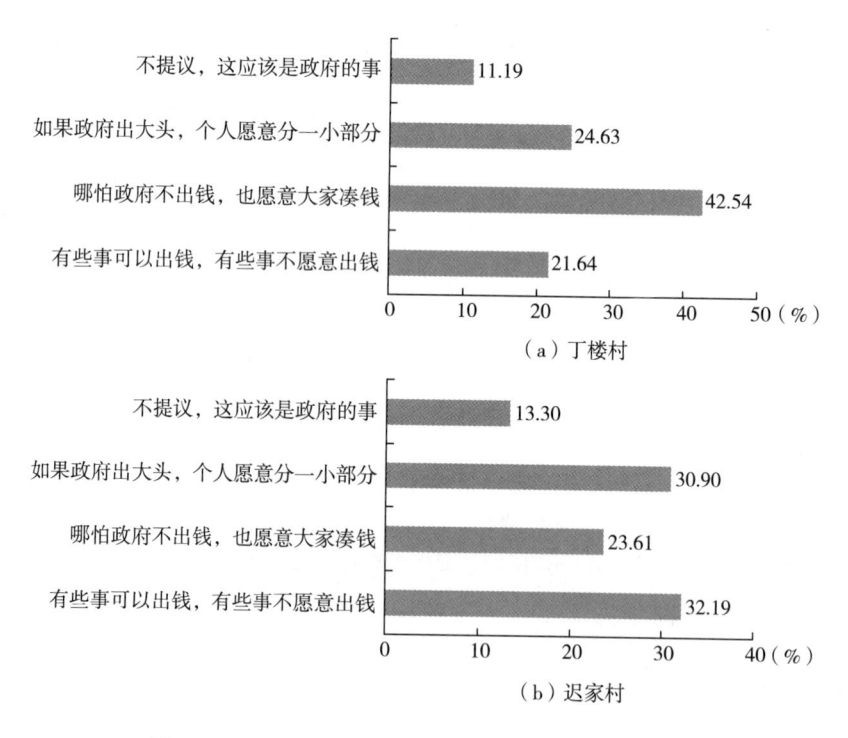

图7-1 丁楼村和迟家村对分担村内建设费用的态度

村庄的农户均有较强的为改善村庄面貌而负担部分费用的积极性；甚至还出现了部分特色经营农户通过集体募资等形式，主动支持相关设施建设的情况，显示出空间生活品质改善的内生性动力。

四　蕴含着矛盾和冲突的空间利用

空间权力的公平分配和利用，正是空间正义的重要体现。但土地利用类型转变和村庄空间布局中对优势地理区位的占有，成为激发特色村空间矛盾的焦点。一方面，中国农村实行严格的耕地保护制度，但特色经营规模的扩大和功能集聚与模式创新的发展需要，使农户对土地资源有更强烈的渴望，由此导致自下而上和自上而下两股力量之间的矛盾和冲突不可避免。另一方面，由于特色经营的出现，显化了特色村优势区位的市场垄断收益，特色村的经济能人或政治能人具有更大的空间选择和利用权力，从而产生了所谓的"精英俘获"现象。特别是当特色村少数精英在相对垄断空间进行集中布局的时候，中国农村特色的空间隔离或将出现，由此对农村内部的平等和谐产生侵害。

一是特色村土地利用形态变化导致的冲突。以丁楼村为例，农户在自家住宅上从事表演服饰的加工和销售，既限定了最大的经营规模，也影响了家庭生活质量，因此寻找合适的空间进行扩大再生产是很多淘宝户的迫切需求。已经有一部分经营效益较好和较稳定的农户搬迁到镇政府统一规划的电商产业园，但还有部分农户由于产业园车间的购置费用问题或其他方面的顾虑，或者具备在村内找到合理位置并使其合法化、或能够承担违法成本的能力，他们选择留在丁楼村扩大产能。对于淘宝户而言，将待邮寄包裹放到路边由物流公司定时收取，最为节约时间成本，使桑万路（从丁楼村至大集镇驻地的主要道路）北段成为全村交通物流区位最为优越的地区。这里原本属于耕地范围，目前已经转变为生产车间最集中和建筑单体规模最大的区域。改变土地利用形态的违规操作，也同样发生在房干村。房干村有大量供外来消费者租赁或购买的"第二住房"，在20世纪90年代中后期是符合国家政策的。但2007年房干村生态旅游区获批为旅游度假区后，为防止商业性住宅开发对山地生态资源损害而被认定为违法建筑，2019年被地方政府予以拆除。应该说，对土地利用格局，尤其是部分地区土地利用性质的改变，在特色村已经成为一个典型事实。一些被保护的耕地、林地变更为建设用地，是农户、村集体、维护法律法规权威的地方政府等各方利益综合博弈的结果，实质上反映了乡村特色产业发展对增加农村建设用地供给、扩大发展空间的强烈诉求。在严防国家生态红线、耕地红线的情况下，通过合理的土地利用规划和村庄规划，满足特色村乡村产业对建设用地的需求，也是农村管理与发展政策亟须完善的一个重要方面。

二是特色村宅基地的空间布局可能引发的矛盾。通过对丁楼村房屋的建筑年代和建筑质量逐户调查，并把建筑质量按照优良中差进行综合评价（见图7-2左），可以看到，一方面，建筑质量较差的农户占比较高，这其中有一部分是年久无人居住的建筑，但总体上仍明显反映出部分农户的低收入状态，业已形成了典型的收入分层现象。特别是，建筑质量等级为优和良两个等级的农户主要分布在桑万路沿线和村内东西向主要道路北侧，而两条东西向道路之间和较偏远的位置基本为中或差的等级，这也说明了区位选择的空间结果和选择权力之间的分异，反映农户之间正逐步走向空间的分割状态。迟家村有类似的反映，但由于当地政府严格的宅基地管控政策，实际空间格局有所差异（见图7-2右）。尽管如此，也可以看到，建筑质量最好的农户主要集中在南北两翼，尤以南翼居多。而这两部分均为交通条件和生产或交易可达性相对更好的区域，其中青州市花卉苗木市场就紧邻村庄南侧。当然，这其中

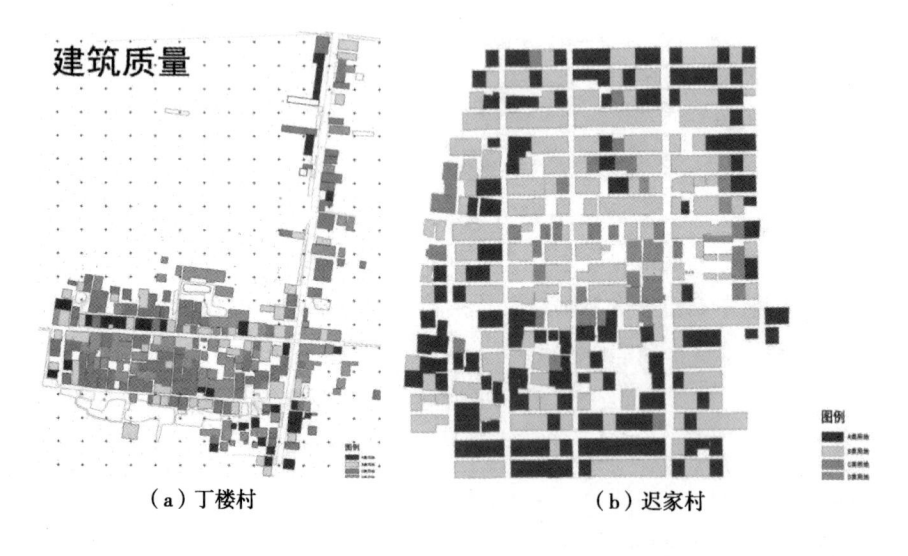

（a）丁楼村　　　　　　　　　　（b）迟家村

图7-2　丁楼村和迟家村农户房屋质量评价等级分布

第七章 特色村空间转型的特征与路径

到底是原有区位为部分农户带来了更好的盈利能力，还是盈利能力差异导致了区位格局的分化尚需深入对比。但无疑也反映出，改革开放以来迟家村花卉种植经营的发展，已经导致农户以社会经济地位差异为基础的空间集聚或分隔。房干村在2012年前后开发建设了南山花园，农民实现了更加现代化的生活方式，也成为收入较高农户的身份象征，但同时产生了不同社会群体之间社会交往减少、乡土内聚力减弱的问题。因此可以认为，特色村新的空间布局一方面在强化特色经营中建立起来的经济联系，但由于不同收入群体间的空间隔离，也在消解特色村作为传统内聚性社区所固有的血脉温情。这似乎是特色村经济社会转型在空间层面的客观反映，但也不应该将其视作一种必然。

第三节 特色村空间转型的路径

构建融入有序、公平、高效多维发展理念的空间体系，是特色村空间转型发展的主要目标。通过对生产空间布局、生活空间改造、生态空间修复的系统性优化提升，从整体上塑造特色村全新的空间风貌。根据切入点及其诱发效应的不同，可以因地制宜推进四条路径。

一 优化布局特色产业空间

特色村重在打造集约高效的生产空间，促进产业空间的优化升级。针对农户、村庄与村域不同空间层面面临的问题：一是通过分散经营的空间集聚和产业升级，进行相对明确的生产和生活功能区分，建立互不干扰或少干扰的空间布局形态，严守国家耕地红线和生态红线，提升特色村空间布局格局、更好保障特色经营的可持续发展能力。在具体实践中，存在三种可能的情境：①在本村范围内实施。按照特色村的土地利用规划，集中划定一个区域，把原有分散在各农户自有土地或宅基地的生产功能以及生产配套服务企业进行科学合理的布局，形成具备一定规模的特色产业集聚区。这样既解决了生产生活空间混杂的问题，便于特色产业的整体配套，又不会对本地生活、社会关系和产业生态的既有格局造成大的冲击，从而具备较强的可行性。然而，受到村庄可利用空间的限制和国家乡村建设管理政策的约束，其长远发展仍存在一定局限。②在城镇异地实施。由于城镇地区在产业承载能力方面具备的突出优势，尤其对于农产品加工企业，在周边城镇选址建设产业园区成为一个可行选项。但在向城镇转移全部或部分生产环节的同时，要么会增加农户的生产成本，要么会弱化特色村持续发展的原生根基，使其存在一定风险。③与周边多个特色村共同实施。这是基于特色村的区域化现象，在一定半径范围内整合多个特色村的资源要素，特色村之间进行合理的专业化分工，形成就近的集聚发展。这种思路综合了前面两种类型的优势和弱点，是一个相对折中的路线。二是加快村庄对外道路、网络基础设施等快捷交通通道建设，村级综治中心、农村社区党群服务中心等特色村公共服务建设，以及特色村旅游服务中心建设，推动与特色村多功能发展相适应的对外联系与服务功能的高效化。当然，追求空间的集约高效利用，但也不能以损失空间公平为代价。这就需要依赖于现代化的乡村治理，加强民主监督与制度性约束，保障公平发展的空间环境。

二 营造宜居适度的人居环境

针对特色村功能混杂、人居环境质量不高的问题，除了建立明确的功能分区体系并进行集中配套外，还可以通过创新设施供给方式予以部分化解。比如，针对农户正常生活受到特色经营干扰的问题，可以增加广场公园、沿街绿地等生态空间，为居民户外活动或集体文娱项目提供公共活动空间，从而在一定程度上替代住宅内娱乐休闲活动的空间需求；针对未成年人的活动需要，可以考虑提供中小学看护服务、增加学校内的文体活动项目等；针对村内功能布局混乱的问题，可以按照供应链管理的思路，为农户提供即时的物流运输配送服务，或选址建设小型仓库、共享车间等产业服务设施，等等。因此，以设施或服务延伸的方式，可以实现另外一种形式的空间匹配，使特色村能够提供与城镇或产业集聚区相类似的配套条件。但总体而言，不打破原有格局的调整策略在很大意义上是被动的、不够彻底的，有可能形成更大的历史负担，但对于特定阶段和条件而言，无疑也是一种变通选择。

合村并居，被认为是提高农村地区人居环境质量的一条重要推进路径①。但目前山东省正在大力推行的"合村并居"举措，却受到一些学

---

① 郑风田：《山东"合村并居"，好事为何办坏？》，http：//news.ifeng.com/c/7x Wlae-ETR5w。

者的尖锐批评①，认为这是一种"伪城镇化"②和"新时期的一种'大跃进'"③，损害了农民的基本权利，会引发农村地区的系统性风险④。从长期发展趋势来看，在一些具备基础条件的特色村，在不破坏乡村文化肌理的情况下，通过科学适度的"合村并居"，应该是推进农村新型社区建设、改善农村人居环境和提高农民生活水平的一条有益途径。但是，在具体推进过程中，置乡村发展水平和城镇化发展客观规律于不顾，采用"简单粗暴"手段将农民赶上楼的做法却不可取。科学有效的"合村并居"，必须立足特色村的经济社会发展水平和农民的生产生活实际需要，走有乡村特色产业作支撑、实现社会福利帕累托改进的可持续发展路径。这不仅要强调以农民主体为导向的科学村庄布局规划和农村新型社区建设，更要注重补齐农村基本公共服务的"短板"，打造真正宜居适度的人居环境，切实提高特色村农民的生活质量和生活品质。

三 促进生态环境的修复提升

生态环境的修复提升一方面可以引领产品和服务的生态化改造，提高产品附加值；另一方面通过对经济社会活动的外在约束，倒逼经济社会转型。特色村目前对乡村生态功能的挖掘仍然是远远不够的，或者说仅仅将其作为单向利用的对象，而尚未内化为发展模式转型的重要驱动力量。在生态环境修复提升视野下，首先，要打破特色农业过量化学品投入、土壤功能退化、特色农产品产量降低的恶性循环，对特色生产的全流程进行生态化改造，使绿色可持续理念成为支撑特色村长远发展的根本动力。对特色生产与加工产业而言，就是要把绿色、有机、健康、生态等新材料使用和新生产工艺融入产品转型战略，使其在引领社会消费潮流中获得更大竞争力。其次，要系统改善特色村生态环境。通过降低土地等资源环境消耗和生态环境资源的修复提升，建成秀美宜人的农

---

① 温铁军：《对"合村并居"的批评》，http://www.zgxczx.org.cn/guwen/1136.html。
② 陈亚辉：《〈山东合村并居〉热文作者吕德文：强推农民"上楼"是伪城镇化》，公众号《搜狐城市》，2020年6月22日。
③ 贺雪峰：《我为什么说山东合村并居是大跃进》，武汉大学中国乡村治理研究中心官方公众号《新乡土》，2020年6月20日。
④ 贺雪峰、桂华：《山东省大范围合村并居可能造成系统性风险》，武汉大学中国乡村治理研究中心官方公众号《新乡土》，2020年6月11日。

村人居环境，使其具备更强的人才吸引力和产业承载力，让高质量要素流入与功能集聚、模式创新与产业升级、生态环境修复成为良性反馈的过程。最后，把生态文明理念内化为居民自觉行动。通过主动延伸生态优势、自觉应用生态价值，把资源节约和环境友好作为特色村经济社会转型发展的目标和方向，让生态文明理念成为推动各领域创新的历史潮流和行动指南，持续促进特色村的高质量发展。

四 生产生活生态空间的同步转型

前面三种路径更多的是从生产、生活、生态单一维度分别提出的，而三生空间的同步转型，显然是一个更高层次的和更加综合系统的空间转型路径。当前，国内部分地区按照新型农村社区、现代产业园区、生态功能区"三区同建"模式，推进特色村空间系统的整体优化[1]。参照这些地区的经验案例，未来特色村的空间转型，应首先建设高效率的特色产业园区。本部分第一点已经做了具体阐述，此处不再展开，需要重点把握的是处理好产业园区与新型住区的职住平衡、生产组织关系、产业生态系统的构建以及本地社会网络的维护等。其次，是要建设高品质的新型农村社区。当然，新型农村社区也有原村改造和异地迁建两种模式，但其主要目标都是要维持原有产业生态系统的本地根植性，并解决好生产和生活功能混杂的矛盾。通过新型居住社区的建设，让农民能够享受现代化的生活方式，改变污水排放、供暖供气等长期难以解决的问题。关于新型农村社区建设的成果和文献很多，其要点和应规避的倾向，如套用城镇建设模式等，在此不再赘述，但根本要义是要保持好特色村的乡土传统、山水田园风貌和历史文脉。最后，建设高水平的生态功能区。有些地区则提出建设乡村特色旅游景区，当然这是一个愿景式的提法，其核心问题同样是营造高品质的生态环境[2]。在部分具备条件的特色村，可以把特色产业的生产加工流程、特色景观、优美的生态环境等进行充分的展示和利用，开发农事体验、生态观光、休闲度假等旅游产品，使其成为具有一定区域影响力的乡村旅游节点。在其他并不具

---

[1] 张波等：《关于衡水市"三区同建""五位一体"统筹发展模式的调研报告》，《经济论坛》2016年第10期。

[2] 《皇华镇"三区同建"推进生态农业发展》，http://www.zhucheng.gov.cn/zcdt_1/zjdt/201704/t20170412_1843998.html。

备独特旅游资源的特色村,也应按照景区的思维进行规划建设,将其打造为传承乡土记忆、陶冶居民情操的宜居乡村,推动特色村三生空间的深度融合。

第八章
主要结论、政策建议与未来展望

本书对国内外研究进展进行总结梳理的基础上,通过理论分析、综合社会调查和计量检验等理论与实证相结合的研究方法,对中国特色村转型发展的内在机理、一般过程、多维特征与转型路径等问题进行了系统的探讨。在城乡融合视域下,通过开展本研究,不仅希望对现有城乡融合发展、乡村振兴提供一个特色村角度的切入点,丰富相关的理论成果,同时也尝试为特色村发展政策的关注重点及其顶层设计提供新的借鉴,从而更好地满足国家需求。当然,本书仍存在一些后续待深化和完善之处,在此进行全文总结。

第一节 研究结论

通过对城乡融合视域下特色村转型发展的理论与实证研究,得到以下主要结论:

第一,提出特色村转型发展的综合理论解释框架。从国家乡村振兴和城乡融合战略提出的背景、内在逻辑和客观现实出发,特色村应该成为中国乡村振兴战略实施的理想形态和主体方向,也应作为城乡融合发展进程中政策设计的基本关注类型。通过对不同类型特色村的整合,建立了特色村转型发展研究的统一框架体系,不仅有利于探讨其内在的一致性规律、深化乡村发展理论,也有利于相关政策的统筹衔接和一体化设计。具体来看,以特色村为研究对象,提出"市场扩张—功能集聚—模式创新"的特色村转型核心机制,并综合考虑特色村转型发展的内外部影响因素以及多系统的协同演化,最终构建了一个包含"三圈层五系统"的特色村转型综合解释框架。作为中间圈层,"市场扩张—功能集聚—模式创新"三要素的融合互动,是特色村转型过程中承内启外的关键作用机理。居于内圈层的资源禀赋、社会网络、乡村社会组织和历史文化传统等因素,是在具体微观领域和乡村内部层面发挥其影响作用,但需要通过或上升为中间圈层的变化而体现影响效果。外圈层主要包括市场制度安排、政策环境变化、消费趋势演进、信息技术进步以及地理区位和城镇格局等,是特色村所在区域的背景性因素,同样需要通过作用于中间圈层的运行过程而产生影响。尽管经济转型是当前特色村发展的核心驱动力量,但社会转型为其提供了人本取向的价值判断和稳定社会环境,空间转型建立了物理保障和支撑框架,文化转型和生态转型既蕴含了充沛的动力源泉,也规限其实现路径,最终表现为经济—社会—生态—文化—空间系统的彼此依赖与循环反馈,从而推动特色村的全方位转型。

第二,按照规律导向、问题导向和目标导向的基本逻辑,以时间轴为观察维度,科学凝练出特色村转型发展的三阶段论,对中国特色村发展进行了全面的实践梳理与高度的理论概括。中国特色村发展经历了以专业化生产为主要特征的特色村 1.0 时代,正在迈向产业、生态、文化"三位一体"发展的特色村 2.0 时代,未来朝着以智慧村为代表的特色村 3.0 时代转型。特色村 1.0 时代,是改革开放以后中国城乡关系处于对立与分割状态时,基于本地资源比较优势,实现由传统村庄向特色村转型的跨越阶段。这一阶段更多强调经济增长的单一维度,依赖于物化投入驱动农业增产增收,形成了以特色农业生产为主导、以地理集聚和本地劳动力为支撑的专业化经济。但到特色村 1.0 时代后期,这种产量导向的粗放型增长模式造成的发展不可持续性广受诟病,也难以满足城乡居民消费结构升级的需要。特色村 2.0 时代,发展模式由粗放型增长向内涵式发展转变,强调深度挖掘特色村本地根植性资源,重塑特色村的竞争优势。这一阶段是城乡关系由分割对立逐步走向融合的时期,E—A—I 动力支撑作用不断增强,乡村生产性服务业和休闲型农业不断培育与壮大,成为特色村 2.0 时代的新动能,特色村的经济结构骨架逐渐健全与完善,农民增收渠道和空间不断被拓宽。特色村 3.0 时代,是特色村实现全面、高质量发展的黄金时期。此时城乡实现全面融合,信息化赋能 E—A—I，乡村功能得到充分挖掘与创新性利用，智慧农业为主体、多业态综合发展的现代乡村经济体系全面形成，特色村全面进步，农民全面发展，实现农业农村的现代化。

第三，特色村的经济转型表现出要素供需格局逐步扭转、特色生产网络走向专业化集约化、特色产业体系呈现多样化格局、专业化竞争优势得到巩固等多维度特征。具体而言，在要素投入结构方面，随着城乡关系的改善，特色村改变了主要依赖自有积累或本地要素市场的局域和低端特征，突破了要素利用类型、地域、质量层次上的结构性壁垒；在特色生产方面，技术创新和产品创新同步推进，分工细化水平显著提高，生产专业化朝着生产服务专业化深化；在经营组织创新方面，部分职业"新农人"等新型经营主体不断涌现，区域性生产协作网络逐步形成；品质型农业、服务型农业、休闲型农业等多类型的特色产业体系逐步健全，特色村的市场竞争优势进一步强化。然而，实证分析和计量检验结果表明，特色村经济转型的不完全性、相对的浅层性和不稳固性问题比较明显，系统性、自觉性、持续性仍有待提升。不同特色村应根据自身的产业属性与发展瓶颈，选择市场扩张、功能集聚和模式创新等各有侧重的经济转型路径。

第四，特色村的社会转型具有一般乡村所不能比拟的快速性、深层性和剧烈性，经济转型在促进外来人员流入激发社会活力和创造力的同时，也使特色村面临多元化的发展主体以及多元利益诉求、收入增长与收入分层、社会关系重构、社会治理模式转变等新特征、新问题。为构建安定有序、充满活力的善治乡村，为特色村高质量发展构筑坚实的社会根基，未来可从农民主导型、组织支撑型、社会融合型、智慧服务型等不同路径予以重点推进。一是加快城乡之间的社会融合，通过现代发展理念与基本公共服务向农村延伸等方式，提高农民乡村治理参与意愿与参与能力的内源式提升，推动农民主导型的社会转型；二是推动特色村内部的社会融合，重点关注外来人口与原住人口以及特色村收入分化导致的社会分割现象，通过打造富有内聚力的农村社区推动社会转型；三是不断健全完善乡村组织体系，加强基层党组织领导机制、村民委员会的民主议事决策监督机制、乡村组织参与机制等多元化机制的协同运作，加快形成组织支撑型的特色村共建共治共享格局；四是借助网络化、智能化、智慧化等现代信息技术，推动社会治理和社会服务的精细化、智慧化，走智慧服务型的社会转型路径。

第五，特色村的空间转型同时发生在农户、村庄和村域层面，在支撑经济社会转型的同时，但由于缺乏空间发展科学指导与规划的"自由发挥式"空间利用模式，出现了空间功能混乱、与国家耕地红线和生态红线相冲突、空间极化乃至非公平利用等问题。为此，特色村应加快构建基于有序、公平、高效多维理念的特色村空间体系，从生产空间布局的角度，可以选择本村、城镇异地和多村联建的形式，推动分散经营的空间集聚和产业升级，建立相对明确的生产和生活功能分区，形成互不干扰的空间布局形态；从生活空间改造的角度，可以通过创新设施供给方式的途径，局部解决特色村功能混杂、人居环境质量不高的问题；从生态空间提升的角度，对特色经营的全流程进行生态化改造，建设秀美宜人的乡村人居环境，使绿色可持续理念成为支撑特色村长远发展的根本动力；从三生空间融合的角度，则应以特色村为依托，统筹推进新型农村社区、特色产业园区和乡村旅游景区的三区同建战略，保护好特色村的乡土传统、山水田园风貌和历史文脉，处理好特色产业的生产组织关系，打造宜居宜游的美丽乡村建设样板。

第二节　主要政策建议

在特色村经济、社会与空间转型路径中，部分举措本身就是需要政府公共政策的推动或予以保障配合的，但从整体顶层设计的角度，还应在城乡融合视域下，重点关注以下几个方面的问题，以提高特色村的转型质量、效率与效益，加快实现特色村的农业农村现代化。

一　加强政策一体化设计，促进不同类型特色村均衡发展

在中国促进特色村发展的政策体系内，不仅有国家层面的传统村落（住建部等六部委）、乡村旅游重点村（文旅部和发改委）、美丽休闲乡村（农业农村部）、一村一品示范村镇（农业农村部）等不同类型的示范创建与实际扶持，还有地方政府根据各地实际推行的大量实践探索。尽管这些政策对特色村发展起到了重要的推动作用，但由于部门职权分割、村庄类型构成的区域差异，在实际执行时容易出现推进目标重复或

不相衔接、识别标准不统一、扶持力度差别大、政策实施不均衡等问题，影响政策的权威性和公共资源配置效益。

对此，一是要确立特色村的统一分类体系。应把特色村作为统一的整体，并根据特色村形成演化所依赖的地域功能属性，建立逻辑清晰的特色村类型划分体系。本书中的表1-1基于乡村多功能属性和一般空间属性，提供了一个可行的划分思路。可以此为蓝本，对现有混杂的特色村类型进行整合或进一步细分，形成一套严密科学、减少交叉、认可广泛的分类标准，作为后续政策设计的基础性工作。二是因村制宜，确定各个特色村的类型定位。以类型划分标准为依据，研究提出具体的量化识别指标，再根据各个特色村发展的现实基础和未来转型方向，确立以主体功能思想为指导的类型定位，从而改变过去同一特色村可能从属于多种类型的矛盾。三是构建中央进行政策目标的顶层设计、部门和地方政府负责细化落实的政策供给机制。中央可以根据特色村发展的实际情况，阶段性确定不同类型特色村的推动目标和重点任务，并按照特色村类型与部门权责相近的思路，确定部分之间的责任分工。同时，构建部门和区域协调机制，形成各负其责、有机衔接的推进框架。四是应优化公共资源配置方式。主要是通过加大涉农资金等扶持要素的整合力度，将使用决策权下放到县市，由县市政府根据各地特色村发展的突出矛盾，进行统筹配置。但要加强转型成效的监督指导，在全国层面形成各类特色村均衡发展的良好格局。

二　突出供需双向衔接管理，构建特色村市场扩张的持续引导机制

乡村特色产品市场扩张是以特色村为供给侧、以城镇居民和厂商消费为需求侧、以供需双方的交易市场和对接渠道为中间变量的多方参与过程。尽管改革开放以来随着城乡关系的优化调整，尤其是新时期城乡融合体制机制的逐步建立，市场扩张已经成为推动特色村经济转型的关键动力。但毋庸讳言，当前存在的发展阶段障碍、思想观念障碍、体制机制制度障碍和技术条件障碍等因素，削弱了特色村蕴含的巨大的市场扩张潜力。在城乡融合视域下，需要强化市场供需双方的政策与制度，最大限度激发特色村的需求动力。

从供给侧来看，提高特色村经济转型动力与市场扩张成为一个互为因果的关系，但在特定的经济发展阶段下，可通过强化产品质量管理、

品牌管理、营销管理和售后服务管理等制度建设，逐步提高特色村产品的有效供给水平，推动特色村经济转型与市场扩张进入良性循环。一是加强城乡基本公共服务均等化建设，依托不同专业化组织提供具有针对性的教育培训和知识更新等，加快培育新型农民；加快新型发展主体和经营主体建设，积极把产品质量、品牌价值和售后服务等纳入产品核心竞争力的考虑范畴，确立长期可持续的经营策略。二是持续破除城乡要素流动与资源配置的制度性障碍，并不断优化特色村社会与空间环境，提高其对资本、技术、人才和劳动力等资源要素的吸引力和承载力，为产品质量提升、品牌建设、市场营销以及售后服务等供给侧改革提供充分保障。三是以公共资源支持的方式，鼓励特色经营农户建立规范的生产经营管理制度或组织形式，鼓励培育组建产品的自有品牌或区域性公用品牌，增强产品质量提升与服务改善的长期回报率。四是建立优势特色产业的风险防控机制。政策设计上，以往的政策主要是基于把特色产业做大做强的考虑，更多是从正面来设计的，但随着特色经营的不断深化，其暴露的市场风险性与脆弱性也越来越高。例如，2020年广泛蔓延的新冠肺炎疫情，由于物流运输、市场交易、外来人员雇佣等经济活动受到极大限制，特色村经济遭受巨大冲击。据迟家村所在的青州市花卉协会会长王新国初步估计，疫情将对青州市花卉种植农户造成30%—50%的全年收入损失。故此，应探索反向的促进政策，如设立相应的专门农业保险或财产保险、加强风险预警、建立特色经营的应急响应机制、增加中间调控能力等，也是促使特色经营农户免除后顾之忧、在更高水平上推动市场扩张的必要途径。

从需求侧来看，从提振城乡居民对特色产品市场消费信心的角度，不断增强消费者的消费意愿，改善消费结构，从而提高整个社会对乡村特色产品的消费规模。一般来说，特色村农户在初始经营阶段采取的简单模仿策略，使特色村产品被习惯性地贴上廉价劣质的标签，阻碍了特色产品的市场扩张。为此，应通过完善特色产品生产流通的全流程追溯系统，消除生产者与消费者的信息不对称。目前中国部分优势特色产业区已经建立起农产品的信息化追溯系统，但功能还不完备、覆盖程度还不够高。一方面，应在信息查询功能的基础上，强化消费者虚拟体验功能，使消费者能够切实感受到产品生产过程中新技术新工艺新要素等的投入，并产生足够的支付意愿；另一方面，要加大各类特色村和特色产品的系统覆盖程度，提高消费者对相关信息化平台的认知广度和渗透深度，建立供需双方注重信息对接的生产和消费习惯，推动信息不对称水平的整体改善。

从市场供需对接的中间媒介来看，核心任务是要建立高效、透明、法治的市场环境。一是应持续强化公平、可达的市场体系建设。根据特色村的产品类型和交通区位，建立线上线下相结合的多层次市场体系，形成高效便捷的产品展示、市场交易和价值发现机制，畅通信息传递与供需调节渠道，降低交易成本。二是完善特色产品的市场优质优价机制，优化市场体系对产品创新的引领和支撑作用。可以借助第三方机构的专业性和权威性，对特色新产品进行客观独立的评估认证，在降低农户市场推广风险、激励产品创新的同时，引导消费者扩大市场消费。同时，还可综合运用创新引导基金、特色产品保险等市场调节工具，对符合一定标准和条件的创新型产品实施保底收购或风险保障，减少农户创新失败的损失，提升创新动力。三是应构建健全完善的市场法治监管环境。完善社会信用体系和惩戒机制建设，不断创新政府和第三方平台的市场监管方式，形成农户诚信守法、不断提升产品核心竞争力的市场氛围以及产品优质优价的市场机制，提高特色产品的市场占有率、增强其对农民增收的带动促进作用。

三 加大资源保障与要素整合力度，促进特色村生产服务功能的集聚化发展

特色村生产性服务功能的短缺，既应归咎于长期以来城乡二元体制的严重束缚，也受到现阶段特色产业专业化水平不高、发展层次和规模量级仍处于相对低水平的制约。面对国家深入推进城乡融合发展的时代背景，各级政府应充分发挥公共资源的引导作用，推动特色村逐步构建生产性服务功能集聚的市场化机制，增强特色产业向高质量转型的内生动力，切实提升特色村在乡村振兴进程中的战略先导地位。

首先，强化产业思维，建立特色村生产服务功能的市场化运行机制。在以往的政策思路中，农业生产性服务往往被视作从属、配套、需要政府强力介入支持的功能，对其产业属性和市场化发展趋势的认识不

够充分①。然而，从目前现代农业，尤其是农村特色产业发展的现实需求来看，生产性服务功能已经具备较为充分的产业化条件，应按照产业发展的市场化逻辑和一般规律予以推进。一是构建政府少参与、不参与或间接参与的市场供给体系。针对科技推广等公益性较强的服务领域，政府应逐步转向以购买服务、财政补贴、项目奖励等间接参与为主的扶持方式，以促进第三方市场主体与生产服务需求的紧密结合。针对当前或潜在市场竞争较充分的经营性服务领域，政府应逐步完全退出，并通过公共政策手段不断完善市场环境，持续拓展农业生产性服务业的发展空间。二是引导形成合理的产业体系。应对农业生产性服务业在功能覆盖领域、细分服务环节、供给主体的规模和业务构成、技术创新水平、业态与商业模式特点等方面的供给结构开展监测分析，明确产业发展的结构性矛盾，并结合不同时期的产业发展战略针对性完善产业功能，推动新技术应用和新业态、新模式的培育，不断优化农业生产性服务业的整体格局。三是提升市场主体的供给质量与经营管理水平。应积极引导农民合作社、行业协会的规范化实质性运作，并加大对资金、人才、信息技术、大数据等现代要素进入农业生产性服务业的政策支持，依托优势特色产业区引导生产性服务功能的集聚发展，为市场服务主体扩大经营规模、开展业务创新、提升服务质量、加强内部管理等提供充分的保障条件，发挥生产性服务业在特色村转型进程中的引领带动作用。

其次，加快城乡融合一体化布局，构建网络化的资源配置模式。传统的城乡布局一般按照城乡聚落的人口规模、甚至行政等级进行生产性服务的功能组织，并自上而下地通过空间规划、要素供给、设施配套、项目建设、政策设计等措施予以落实，实际上是一种以经济效率优先和中心城市偏好为基本取向的资源配置模式。这种模式不仅先天设定了特色村功能集聚的上限，更因为先进要素供给不足制约了特色村的分工深化与技术进步，从内外两方面同时阻碍了特色村生产性服务功能的社会化、产业化和规模化。为此，一是应按照农业农村优先发展的理念，加大对特色村的资源保障力度，形成功能互补的网络发展格局。改变农村功能相对单一的经验认识和习惯思维，在资源配置过程中更多考虑特色

---

① 姜长云：《关于发展农业生产性服务业的思考》，《农业经济问题》2016 年第 5 期。

村对生产性服务功能的数量规模和特殊需要，从建设用地供给、人居环境改造更新、基础设施建设等方面予以充分的回应和支持。在此过程中，尤其是注重通过要素供给的相对集中促进生产性服务功能的空间集聚，从而形成生产性服务的规模经济优势和范围经济优势，扭转以往因依赖城镇单向带动而形成的不平等地位，真正建立各具优势、功能互补的城乡互动网络。二是构建特色村之间的协同关系。应当以农业及特色产业的共性功能需要为纽带，在特色村之间建立高效便捷的资源要素流动通道与互动机制，构建功能协同互补的发展共同体，弥补单个特色村承载多样化生产性服务功能的规模与能力限制。在此过程中，还应充分利用互联网的低成本强渗透优势，探索线上与线下相结合、虚拟与实体相结合的特色村功能整合利用模式。三是加快特色村内部的要素整合进程。尽管国家政策目标和特色村的发展期待是建立城乡平等的发展地位，但各个领域普遍存在的悬殊差距以及快速的城镇化仍然是必须直面的挑战。在调整外部格局惯性的同时，应深化既有体制机制改革，加大对特色村内部细碎耕地、低效闲置建设用地、社会资源及其他生产要素的整合挖掘和创新利用，在汇聚"资源池"的同时，实现服务功能及其市场需求的集中化和规模化，降低市场主体进入的交易成本，增强特色产业发展的可持续性。

四　推动智慧村建设的前瞻性布局，增强特色村模式创新的内生动力

从特色村转型发展的目标结果来看，智慧村是特色村进入到高级阶段的主要形态，但并不意味着这一建设进程开始于特色村2.0时代完成之后。相反地，中国当前正处于智能社会发展的战略机遇期，大数据、区块链、移动支付、5G网络、人工智能等新技术和新产业加速布局，特色村也应充分把握这一趋势，加快重点领域的信息基础设施和智慧化功能布局，不断为特色村的转型发展进程进行数字赋能，推动其完成由1.0时代到2.0时代的转型，并为3.0时代的全面高质量发展奠定基础。同时，2019年中共中央办公厅和国务院办公厅印发的《数字乡村发展战略纲要》，提出到21世纪中叶全面建成数字乡村的战略目标。然而，中国村庄量大面广，发展水平、现实需求和建设条件存在极大差异，如何解决投入需求巨大、利用效率和产出效益不足的矛盾，是相关工作必须考虑的现实问题。特色村由于已经形成的乡村地区"增长极"地位和未来转型发展的迫切需要，与一般乡村地区相比显然具备更为充分的建设启动条件。因此，以特色村为先导加快智慧乡村建设进程，也符合国家数字乡村战略的实施需要。但作为特色村发展的高级形态和战略目标，现阶段智慧村建设的实施重点应是结合国家新一代信息基础设施建设布局和新旧动能转换的战略部署，谋划设计前瞻性的建设体系框架，选择部分特色村急需和条件较为成熟的领域予以重点推动，同时为远期任务积累经验并预留接口。

首先，建立特色村资源要素的精细化管理框架。一是建立全域资源要素的管理分析平台。通过数字化手段，加强对特色村现有资源的统计建档及动态更新，形成全域全系统资源要素的常态化监测体系，为即时科学的村庄治理决策提供坚实基础。二是建立城乡统一的产权交易供需对接平台。以农村集体产权制度改革和监管机制建设为基础，建立线上线下有机结合的区域性农村产权交易市场，为特色村获取外部要素资源以及"资源变资产、资金变股金、农民变股东"提供价值交换平台与实现渠道。三是尝试开展柔性整合等多种方式的资源利用。依托信息化平台的低成本强渗透联系优势，按照不为我所有但为我所用的思路，通过柔性引进等方式，促进城乡人才、技术等要素的共享共用机制，最大程度上弥补当前特色村在吸引高质量生产要素方面存在的短板。四是建立空间规划与管理的信息化平台。强化对村域山水林田湖草等空间资源环境的信息化管理，对耕地保护红线、生态环境保护红线和建设用地增长边界等进行全时空监管，建立开发强度管理、乡村景观风貌的建设模拟与预警机制，切实提升特色村的资源环境保护水平与人居环境质量。

其次，建立特色村产业要素融合的互动媒介。特色村发展模式创新是以高质量生产要素为支撑、以产业链纵向高端延伸与横向深度融合为根本动力的综合转变。在此过程中，既需要不断拓展特色村资源利用的边界、优化要素组合结构，也应持续提升其运行管理与综合利用的效率。面对日趋系统化、复杂化的生产经营模式创新需要，应建立信息化的互动平台，凝聚应用需求。一是要充分依托特色村现有的市场信息、客户资源和社会关系网络，通过信息化平台建立关键共性功能的识别和汇集机制，开展智慧化应用的前瞻性布局，引领农户生产生活方式的转变。二是应切实发挥专业合作社、行业协会等农户经济合作组织和新型经营主体的纽带作用，通过专业化信息平台的研发和推广，使其成为产学研用的信息汇集平台和多样化服务功能的孵化培育平台。三是要因地制宜，根据不同类型特色村的产业类型和业态构成，针对性推进智慧应用的重点开发和突破方向。

再次，建立特色村智慧治理平台。从社会环境角度来看，智慧村建设应充分整合不同利益群体的意愿诉求，构建畅通便捷的利益表达渠道，促进社会融合并引导形成一个新的特色村生产生活共同体。一是建立广泛覆盖的信息化沟通渠道。主要是通过提升人口，尤其是底层群体的信息技术利用能力和参与深度，增强社会交流互动的效果。二是依托智慧党建、智慧社区等应用形式，强化以常住地为基本单元的人口管理体制，建立外来人口融入农村社区的激励与约束机制，提高外来人口参与本地社会交往的深度。三是开展丰富多样的社区生活。通过线上与线下相结合的组织方式，丰富本地集体性文化娱乐活动，减少身份、职业等对群体社会融合的干扰，构建外来人口与本地人口的交流互动平台。四是开展针对弱势群体的网格化、信息化关怀机制，加强对弱势群体的利益保护，避免形成社会极化效应。

最后，创新特色村智慧化建设模式。一是拓宽融资渠道。除了政府对智慧基础设施的投入和市场化开发主体的应用开发之外，还可以最大程度利用原有设施和本地资金。比如，可以发挥农户参与设施建设和技术应用的积极性，把新增新型基础设施与传统或既有设施的功能改造等结合起来，以节约智慧工程建设的总成本。同时，应大力鼓励社会工商资本的进入，既能充分对接经济社会发展的实际需求，也能缓解前期建设和后期运营维护的成本压力。二是优化建设模式。智慧村的建设要与区域城镇体系、村庄布局和建设规划充分结合起来，探索依托城镇、多村联建、与企业和园区共建、接入行业或部门平台等多种建设模式。这样不仅能够减少分散性重复投入，也能更好地汇聚市场需求，便于末端应用的集中开发和推广。三是适度稳妥推进新型农村社区建设，持续引导特色产业的规模化经营，减少主体分散所产生的巨大成本。

第三节 未来研究展望

在城乡融合视域下，对中国特色村转型发展的机制、过程、特征与路径进行了较为系统的研究，试图构建一个全景式的整体分析框架，为特色村的高质量转型发展提供理论指导和政策依据。总体上看，在乡村振兴战略和农业农村优先发展理念下，特色村的未来发展前景良好，越来越多的特色村会发展成为"具有鲜明产业特色、生态宜居宜业、注重历史文化保护与传承、治理更加有效、生活更加富裕"的升级版乡村，成为缩小中国城乡差距、推进城乡融合发展的重要载体和有力促进力量。但这一进程显然并非线性的、更不是均衡的，由于特色村所在区域的城乡融合程度以及特色村的发展基础、自然与人文环境、现代信息技术运用等方面存在巨大差异，市场扩张、功能集聚、模式创新的驱动效应以及多系统协同转型进程必然表现得参差不齐，甚至出现明显的分化。面对激烈的外部竞争以及迅猛的技术和发展模式变化，一部分特色村紧抓发展机遇，不断强化三大要素的动力支撑作用，可能成长为更具经济活力和乡村魅力的小城镇；但也有一部分特色村因为不能有效化解内部矛盾，或受到外部环境的消极影响，比如2020年突如其来的新冠肺炎疫情给禽类、蔬果花卉等特色农业生产造成较大风险冲击[①]，从而出现阶段性波动甚至持续衰退为一般性村庄。当然，这些可能出现的发展情景，为持续追踪特色村转型发展研究提供了丰厚的现实土壤。在本书后续研究中，可以广泛引用生命周期、战略转折点、分岔理论等不同的理论视角，借助大数据等先进技术方法，对不同类型特色村、特色村的不同转型效果、分异规律、突变条件等内容进行更加深入和系统的研究。

[①] 韩长赋：《统筹推进疫情防控和"三农"工作补上全面小康"三农"领域短板》，《求是》2020年第6期。

附　　录

山东省特色村发展现状调查问卷

备注：

1. 本附录中的问卷对迟家村的调查问卷，其他两个村庄除第8题因为特色经营类型不同而做了选项调整外，其他调整都集中在提问时的针对性表述部分；

2. 问卷共分三种题型，其中单选题（以"○"标注）和多选题（以"□"标注）均为必填，部分问题做了最多三个选项的限定；填空题（以"＿＿＿＿"标注）除第58题是非必答题，其他填空题均为必答题。必答题在问卷中以"＊"标注；

3. 根据农户具体回答的不同，问卷调查过程中设置了逻辑跳题。其中第15至第31题、第35至44题为特色经营户回答，其余为所有农户回答；

4. 本次调查通过问卷星手机App，由调查员或农户进行填写。

以下为问卷具体内容。

尊敬的受访人：

为了解山东省特色村发展的基本情况，我们开展了本次特色村发展现状调查。问卷共涉及您的家庭基本情况、家庭经营活动、家庭社会交往、对村庄发展的看法、未来的需要和计划等几大方面，填写时间约为30分钟。

调查结果仅用于学术研究，不作为其他用途。为了保证您的个人隐私，您的回答将直接汇总给课题组，其他人无权查看。课题组对您的个人信息承担相应的保管责任，在后续研究过程中所涉及的姓名、联系方式等都将改用代码或化名。所以，请您放心答问。

感谢您的支持！祝您身体健康、阖家幸福、万事如意！

2020 年 1 月

说明：

＊＊＊本次调查中的农户是经济上基本独立的一个家庭。户口本上没有分开但经济上已经分开的，属于不同户；即便不在家常住但经济上需要供养的，属于同一户（如大学生）；外出务工的，如果没有成家也没有分开居住，属于同一户。

＊＊＊户主是指您家对外交往中的实际决策人，问卷中的"您"和"您家"都是指户主，请户主或其他人协助以户主名义作答。

＊＊＊回答题型主要是单选题（○）、多选题（□）和填空题（_____），请您注意回答方式。

＊＊＊每户限填一份问卷，也请不要转发给非本村村民，否则将影响其他人的正常使用。

＊＊＊根据您的家庭情况，问卷回答过程中会出现跳题，只要能正常提交，就没有问题。

1. 受访户户主姓名：_____

填表人姓名：_____

与户主关系（本人、配偶、子女、亲属、朋友、邻居或其他）：_____

填表人手机号码：_____［填空题］*

2. 您家住宅的建筑面积：_____平方米

住宅层数：_____层

建设时间：_____年

造价：_____万元

装修费用（不包括家电家具）：_____万元［填空题］*

3. 除您外，您的家庭成员还有哪些 ［多选题］*

□丈夫/妻子	□1 位长辈	□2 位长辈	□3 位及以上长辈
□1 个子女	□2 个子女	□3 个及以上子女	□儿媳
□女婿	□（外）孙子/女		

4. 您的文化程度 ［单选题］*

○没有上过学	○小学	○中学	○大学及以上

5. 您家里有以下哪些设备？购买时的价值是多少（单位：千元）［多选题］*

□冰箱	□空调
□洗衣机	□智能手机
□电脑，购买价值_____*	□家用汽车，购买价值_____*
□营运汽车，购买价值_____*	□机械设备，购买价值_____*
□其他高值设备（5000 元以上），名称及购买价值_____*	

6. 您家里有以下哪些生活条件？［多选题］*

□宽带	□燃气	□有线电视	□暖气或壁挂炉
□冬天淋浴	□水冲厕所	□排水管道	

7. 您家的家庭总收入 ［单选题］*

○2 万元以下	○2 万—5 万元	○5 万—10 万元	○10 万—30 万元
○30 万元以上			

8. 您家的家庭收入主要来源 [多选题]*

□自己做花卉相关经营	□生产加工（不涉及花卉）	□销售流通（不涉及花卉）
□农机或运输服务（不涉及花卉）	□给别人打短工	□较稳定上班
□种粮	□种经济作物（不涉及花卉）	□养殖
□旅游或餐饮服务	□土地或房屋租赁	□其他_____*

9. 您家的日常生活开支中（不是生产开支和经营开支），最多的前三项是 [多选题]*

□饮食	□文化娱乐	□人情往来	□看病吃药
□赡养老人	□子女教育	□自己的学习培训	□房贷车贷

10. 您家里有没有在其他地方买房 [单选题]*

○没有	○在镇上买了	○在县城买了	○其他地方

11. 您家是否有人购买了新农合、车险以外的商业保险 [多选题]*

□没有	□买了医疗保险	□买了养老保险
□买了人身意外保险	□买了车险以外的财产保险	

12. 您家是否租赁了其他村民的承包地，或者是否流转给他人经营 [单选题]*

○没有，仍然自己经营	○租赁了其他人的承包地	○全部承包给其他人了
○一部分承包给其他人经营		

13. 您家租赁他人承包地的规模是 [单选题]*

201

○小于自家承包地面积	○是自家承包地面积的1—3倍	○是自家承包地面积的3—10倍
○是自家承包地面积的10倍以上		

14. 您家的主要租赁或承包人是 [单选题]*

○亲戚朋友	○本村村民	○企业	○村集体
○外村人			

15. 您家主要从事花卉经营的哪个环节 [多选题]*

□产品设计	□物料采购	□半成品加工	□成品加工
□销售流通	□营销推广	□下脚料处理	□运输物流

16. 您家从事花卉相关经营的时间 [单选题]*

○不到1年	○1—3年	○3—5年	○5—8年
○8年以上			

17. 与花卉相关的收入占您家庭收入的比例 [单选题]*

○不到20%	○20%—50%	○50%—80%	○80%以上

18. 近年来您家与花卉相关的收入每年增长/减少多少 [单选题]*

○每年减少超过20%	○每年减少超过10%	○基本不变
○每年增长超过10%	○每年增长超过20%	

19. 您家以不同方式在花卉经营中参与半年以上的家庭成员有 [多选题]*

□妻子/丈夫	□长辈	□子女	□儿媳/女婿
□（外）孙子/女			

20. 您家进行花卉相关经营的主要场所是 [多选题]*

□自家住宅	□租赁或购买本村村民房屋	□租赁或购买其他村村民房屋
□租赁或购买城镇房屋	□租赁集体土地自建	

21. 您家用于花卉种植、加工、仓储和销售等的面积是自家住宅建筑面积的 [单选题]*

○不到1/3	○1/3—2/3	○2/3—2 倍	○2—5 倍
○5 倍以上			

22. 您家花卉相关产品的主要服务层次 [单选题]*

○低端市场	○中间市场	○高端市场	○各层次都有

23. 您家销售的花卉相关产品有没有自己的商标和品牌 [单选题]*

○没有	○贴别人的牌子	○有自己的牌子	○有自己的，也用别人的

24. 您家花卉相关产品的主要销售方式 [单选题]*

○网店	○实体店	○网店和实体店都有
○顾客上门收购	○自己送到收购点	

203

25. 您家产品销售或所服务的地区（以顾客来源或发货目的地为准）［多选题］*

□本乡镇	□青州市其他乡镇	□潍坊市其他县	□山东省其他市
□国内其他省	□国外		

26. 您家生产经营中所需要的原料物料主要去哪里采购［多选题］*

□本乡镇	□青州市其他乡镇	□潍坊市其他县	□淄博市
□山东省其他市	□省外其他地区		

27. 您家经营的竞争对手主要分布在［单选题］*

○本村	○本乡镇其他村	○青州市其他乡镇	○潍坊市其他县
○山东省其他市	○省外其他地区		

28. 您家与本村其他花卉经营户有没有合作关系［单选题］*

○没有什么关系	○主要是竞争关系	○既有竞争，也有合作
○主要是合作，但并不固定	○主要是合作，并且合作很多	

29. 您觉得外来企业给你们带来了哪些影响［多选题］*

□竞争压力更大了，没什么好处	□带来了新的管理经验和新技术	□提供了配套产品和服务
□提供了新的生产标准	□改善了本地产品形象	□扩大了产品影响力
□没什么影响		

30. 为了扩大花卉相关经营规模，您家有没有负债或贷款，从哪里借的［单选题］*

○没有负债	○有，从各类银行、信用社、资金互助社等借的
○有，计算利息的民间借贷	○有，借的亲戚朋友的，没有利息

31. 您家用于花卉相关经营的家庭负债，占收入的比例是多少 ［单选题］*

○0—20%	○20%—50%	○50%—80%	○80%以上

32. 必要时，您能借到钱的借款利率一般是多少 ［单选题］*

○不需要利息	○年利率5%以下	○年利率5%—10%	○年利率10%—18%
○年利率18%以上	○不太清楚		

33. 您家每年需要雇佣的人主要来自哪里 ［单选题］*

○不需要	○本村	○周围村	○青州市其他地方
○青州市以外			

34. 您家每年雇佣的人主要完成什么工作 ［单选题］*

○耗费体力的工作	○需要技术的工作	○需要占用时间的工作

35. 您家是否把传统文化、地方文化等作为卖点并融入到您的产品中，效益怎么样 ［单选题］*

○从来没有尝试过	○尝试过，但销量反倒减少了	○尝试过，销量变化不明显
○尝试过，销量增长明显		

36. 您家是否把绿色、生态、循环使用这些特点作为产品的宣传口

号［单选题］*

○没有	○针对特定客户，有时会	○坚持这样说，但不一定这样做
○既这样说，也坚持这样做		

37. 比其他同行相比，您家在哪些方面进行了技术水平和经营理念的创新［多选题］*

□没有，模仿为主	□产品设计理念上	□生产工艺上	□营销策略上
□质量管控上	□售后服务上	□人财物的精细化管理上	

38. 您家学习新技术、新思想的主要渠道是什么［多选题］*

□亲戚朋友	□同行交流	□媒体网络	□技术服务公司
□社会培训机构	□政府设立的服务站	□大学和科研院所	

39. 您或家人因为谈生意、采购物料、技术学习交流等目的，去过的最远的地方是哪里［单选题］*

○只在青州市	○潍坊市其他县或淄博市	○山东省其他市	○国内其他省
○国外			

40. 您家每年参与集中技术学习和营销培训的总时间［单选题］*

○基本没有	○1个星期左右	○2个星期左右	○2—4个星期
○超过4个星期			

41. 您家一年中进行花卉相关经营活动的主要投入（没有填0）

加工原料物料投入：_____千元

水电气暖等经营耗材和运费投入：_____千元

雇佣劳动力投入：_____千元

购买数据信息和技术服务的投入：_____千元

营销推广投入：_____千元

租赁土地或房屋投入：_____千元

设备运行维护投入：_____千元

其他大额投入：_____千元［填空题］*

42. 您家在经营上面临的主要压力有哪些［多选题］*

□市场需求疲软	□竞争对手互相压价	□大的经营户挤压	□产品升级有难度
□经销商压款	□融资难、融资贵	□招工难	□生产空间不足或不稳定
□中间平台费用过高	□工作太累，不可持续		

43. 您家下一步在生产经营上有什么打算［单选题］*

○维持现状	○扩大规模	○逐步退出，改做其他
○维持现在业务，再做点不相关的	○以现在业务为基础，做相关延伸	

44. 您家在生产中的废弃物、下脚料如何处理［单选题］*

○直接丢弃	○简单处理后再丢弃	○回收再利用	○出售

45. 您家是否加入了农村经济组织［单选题］*

○没有	○是，加入了合作社	○是，加入了行业协会	○都加入了

46. 您觉得作为迟家村村民，是不是很有面子的一件事［单选题］*

○没有特别的感觉	○觉得有点不好意思	○说出去很有面子

47. 您家平时交往、联系最多的人有哪些 [多选题]*

□亲戚朋友	□邻居	□同行和客户	□家庭条件差不多的
□政府干部	□其他		

48. 您家平时有什么文化娱乐活动 [多选题]*

□看电视上网	□广场舞	□睡觉休息	□棋牌活动
□读书看报学习	□健身运动	□外出旅游	

49. 近几年，您家用于文化娱乐的时间 [单选题]*

○变少了	○跟原来一样	○变多了

50. 您认为村里成为花卉特色村后，邻里关系有什么变化 [单选题]*

○没什么变化	○更融洽了	○变疏远了
○不但疏远了，并且产生了新矛盾	○有的更融洽，有的更疏远	

51. 您认为村里成为花卉特色村后，村庄面貌和管理有什么变化 [单选题]*

○基本没变	○总体变得更差了
○总体变得更好了	○有些地方变好了，有些地方变差了

52. 为了改善村里的面貌和生活条件，您是否愿意分摊一些费用 [单选题]*

○不愿意，这应该是政府的事	○如果政府出大头，个人愿意分担一小部分
○哪怕政府不出钱，也愿意大家凑钱	○有些事可以出钱，有些事不愿意出钱

53. 您认为做花卉特色经营，有没有前景 [单选题]*

○必须转型，否则没有前景	○不管怎么转变，都没有前景
○维持生计的一种手段罢了，无所谓前景	○前景光明
○看不清	

54. 未来您家有没有搬迁到其他地方的计划 [单选题]*

○没有	○有，因为子女工作上学的原因
○有，因为村里生活不够方便	○有，因为业务需要
○有，因为其他原因_____*	

55. 您是否参加村里的社会管理事务 [单选题]*

○基本不参加	○参加一些红白事的活动	○参加一些决策监督活动	○各方面都参加

56. 村里的大事主要谁说了算 [单选题]*

○村干部	○不担任村干部的能人	○大家集体商量	○乡镇干部
○没人负责			

57. 在村里现在的主要问题中，您最希望改变的前三项是什么 [多选题]*

□生态环境不好	□文化娱乐活动少	□缺少公共活动空间
□村庄管理不民主	□村庄面貌太差	□老百姓收入太低
□排水、燃气、供暖等实现不了	□教育、医疗等公共服务水平低	□人情味不浓
□人越来越少，没有活力了		

58. 对您家的生产经营、对你们村的未来发展，对国家和县乡政府需要给予的支持，您还有什么想说的 ［填空题］

_____

参考文献

著作

［美］德怀特·H. 波金斯、斯蒂芬·拉德勒等编：《发展经济学》（第五版），黄卫平等译，中国人民大学出版社 2005 年版。

［美］库兹涅茨：《现代经济增长》，戴睿、易诚译，北京经济学院出版社 1989 年版。

［美］刘易斯·芒福德：《城市发展史：起源、演变和前景》，宋俊岭、倪文彦译，中国建筑工业出版社 2005 年版。

［美］罗斯托：《从起飞进入持续增长的经济学》，贺立平译，四川人民出版社 1988 年版。

［美］迈克尔·波特：《国家竞争优势》，李明轩、邱如美译，华夏出版社 2002 年版。

［美］迈克尔 P. 托达罗、斯蒂芬 C. 史密斯：《发展经济学》，聂巧平等译，机械工业出版社 2014 年版。

［美］西奥多·W. 舒尔茨：《改造传统农业》，梁小民译，商务印书馆 2018 年版。

［美］朱利安·斯图尔德：《文化变迁论》，谭卫华、罗康隆译，贵州人民出版社 2013 版。

［瑞典］博尔蒂尔·奥林：《地区间贸易和国际贸易》，王继祖等译，商务印书馆 1986 年。

［日］速水佑次郎、［美］弗农·拉坦：《农业发展：国家前景》，吴伟东、翟正惠等译，商务印书馆 2018 年版。

［英］大卫·李嘉图：《政治经济学及赋税原理》，郭大力、王亚南

译，译林出版社 2011 年版。

［英］亚当·斯密：《国民财富的性质和原因的研究》（上册，中译本），郭大力、王亚南译，商务印书馆 1974 年版。

费孝通：《乡土中国》，人民出版社 2016 年版。

国家发展与改革委员会价格司：《全国农产品成本收益资料汇编 2016》，中国统计出版社 2016 年版。

梁琦：《产业集聚论》，商务印书馆 2006 年版。

梁漱溟：《中国文化要义》，上海人民出版社 2003 年版。

秦富、张敏等：《我国"一村一品"发展理论与实践》，中国农业出版社 2010 年版。

魏后凯编：《现代区域经济学》，经济管理出版社 2006 年版。

张培刚：《发展经济学教程》，经济科学出版社 2001 年版。

中共中央马克思恩格斯列宁斯大林作编译局：《马克思恩格斯文集》（第 1 卷），人民出版社 2009 年版。

论文

阿林·杨格：《报酬递增与经济进步》，《经济杂志》1928 年 12 月第 38 卷。

白丹丹、乔家君：《服务型专业村的形成及其影响因素研究——以河南省王公庄为例》，《经济地理》2015 年第 3 期。

白小虎：《本地社会网络、分工网络与市场扩张的边界——桥头纽扣市场的经济史研究》，《浙江社会科学》2012 年第 12 期。

白雪梅、段志民：《非农产业对农村内部收入不均等的异质性影响》，《统计研究》2013 年第 8 期。

卞广萌、程文：《大城市边缘区乡村产业空间的多维优化研究》，《农业经济》2017 年第 6 期。

蔡昉、王美艳：《从穷人经济到规模经济——发展阶段变化对中国农业提出的挑战》，《经济研究》2016 年第 5 期。

常倩、李瑾：《乡村振兴背景下智慧乡村的实践与评价》，《华南农业大学学报》（社会科学版）2019 年第 3 期。

陈立梅：《基于扩展线性支出系统模型的我国农村居民信息消费结构分析——来自 1993—2009 年的经验数据》，《管理世界》2013 年第

9 期。

陈培培、张敏：《从美丽乡村到都市居民消费空间》，《地理研究》2015 年第 8 期。

陈前虎等：《城乡融合对小城镇区域专业化分工的影响——以浙江省为例》，《城市规划》2019 年第 10 期。

陈思羽、罗必良：《农业要素市场发育程度的区际比较》，《新疆农垦经济》2016 年第 3 期。

陈晓华等：《快速城市化背景下我国乡村的空间转型》，《南京师大学报》（自然科学版）2008 年第 1 期。

陈燕纯等：《基于行动者网络和共享经济视角的乡村民宿发展及空间重构——以深圳官湖村为例》，《地理科学进展》2018 年第 5 期。

陈治国等：《农户采用农业先进技术对收入的影响研究——基于倾向得分匹配法的实证分析》，《产经评论》2015 年第 3 期。

崔凯、冯献：《我国农业农村信息化的阶段性特征与趋势研判》，《改革》2020 年第 6 期。

戴孝悌：《中国农业产业价值链现状、问题与对策分析》，《农业经济》2016 年第 1 期。

定光平等：《中国历史文化名村羊楼洞的旅游名村打造》，《湖北科技学院学报》2013 年第 4 期。

董志勇、王德显：《科技创新、生产模式变革与农业现代化》，《新视野》2019 年第 6 期。

杜焱强：《农村环境治理 70 年：历史演变、转换逻辑与未来走向》，《中国农业大学学报》（社会科学版）2019 年第 5 期。

冯奔伟等：《新型城乡关系导向下苏南乡村空间转型与规划对策》，《城市发展研究》2015 年第 10 期。

冯小：《多元化农业经营背景下农业服务模式的创新与农业发展道路——基于三个典型案例的实证研究》，《南京农业大学学报》（社会科学版）2018 年第 3 期。

符钢战等：《农村能人与农村发展》，《中国农村经济》2007 年第 3 期。

付伟：《城镇化进程中的乡村产业与家庭经营——以 S 市域调研为

例》,《社会发展研究》2018年第1期。

《城乡融合发展进程中的乡村产业及其社会基础——以浙江省L市偏远乡村来料加工为例》,《中国社会科学》2018年第6期。

傅歆、孙米莉:《马克思主义城乡融合发展理论的逻辑演进》,《浙江学刊》2019年第6期。

高波、张志鹏:《文化资本:经济增长源泉的一种解释》,《南京大学学报》(哲学·人文科学·社会科学版)2004年第5期。

高帆:《分工演进与中国农业发展的路径选择》,《学习与探索》2009年第1期。

高耿子:《从二元分割到城乡融合发展新思路》,《现代经济探讨》2020年第1期。

高更和、石磊:《专业村形成历程及影响因素研究:以豫西南3个专业村为例》,《经济地理》2011年第7期。

高强等:《家庭农场的制度解析:特征、发生机制与效应》,《经济学家》2013年第6期。

高强:《乡村善治的基本特征、实现路径与政策支撑》,《环境保护》2019年第2期。

高杨、牛子恒:《农业信息化、空间溢出效应与农业绿色全要素生产率——基于SBM-ML指数法和空间杜宾模型》,《统计与信息论坛》2018年第10期。

郭斌等:《城市居民绿色农产品消费行为及其影响因素分析》,《华中农业大学学报》(社会科学版)2014年第3期。

郭珍:《密度、距离与城乡融合发展——基于可持续地理变迁视角的分析》,《求索》2019年第5期。

韩长赋:《统筹推进疫情防控和"三农"工作补上全面小康"三农"领域短板》,《求是》2020年第6期。

韩海彬、张莉:《农业信息化对农业全要素生产率增长的门槛效应分析》,《中国农村经济》2015年第8期。

韩旭东等:《乡村振兴背景下新型农业经营主体的信息化发展》,《改革》2018年第10期。

郝世绵、胡月英:《新型城镇化背景下特色村落文化产业化研究综述》,《阿坝师范学院学报》2017年第1期。

郝寿义、曹清峰：《后工业化初级阶段与新时代中国经济转型》,《经济学动态》2019年第9期。

黄季焜：《乡村振兴：农村转型、结构转型和政府职能》,《农业经济问题》2020年第1期。

何仁伟：《城乡融合与乡村振兴：理论探讨、机理阐释与实现路径》,《地理研究》2018年第11期。

何一鸣等：《农业要素市场组织的契约关联逻辑》,《浙江社会科学》2014年第7期。

贺亚亚：《中国农业地理集聚：时空特征、形成机理与增长效应》,博士学位论文,华中农业大学,2016年。

洪银兴：《中国经济转型与转型经济学》,《经济学动态》2006年第7期。

黄海平等：《基于专业化分工的农业产业集群竞争优势研究——以寿光蔬菜产业集群为例》,《农业经济问题》2010年第4期。

黄映晖等：《北京郊区"一村一品"发展特点、问题及对策分析》,《三农问题研究》2008年第8期。

黄渊基等：《新时代城乡融合发展：现状、问题与对策》,《城市发展研究》2019年第6期。

黄宗智、彭玉生：《三大历史性变迁的交汇与中国小规模农业的前景》,《中国社会科学》2007年第4期。

黄宗智：《中国的隐性农业革命（1980—2010）——一个历史和比较的视野》,《开放时代》2016年第2期。

黄祖辉、胡伟斌：《中国农民工的演变轨迹与发展前瞻》,《学术月刊》2019年第3期。

冀名峰：《农业生产性服务业：我国农业现代化历史上的第三次动能》,《农业经济问题》2018年第3期。

焦长权、周飞舟：《"资本下乡"与村庄的再造》,《中国社会科学》2016年第1期。

姜长云：《关于发展农业生产性服务业的思考》,《农业经济问题》2016年第5期。

姜长云：《实施乡村振兴战略需努力规避几种倾向》，《农业经济问题》2018年第1期。

姜长云：《科学理解推进乡村振兴的重大战略导向》，《管理世界》2018年第4期。

姜长云：《科学把握农业生产性服务业发展的历史方位》，《南京农业大学学报》（社会科学版）2020年第3期。

金成武：《中国城乡融合发展与理论融合——兼谈当代发展经济学理论的批判借鉴》，《经济研究》2019年第8期。

金书秦等：《农业绿色发展路径及其"十四五"取向》，《改革》2020年第2期。

景普秋、解阁阁：《城乡互动的国际经验及其对中国的启示》，《高等财经教育研究》2015年第2期。

景普秋、张复明：《城乡一体化研究的进展与动态》，《城市规划》2003年第6期。

孔祥智、李保江：《论发展我国的质量农业》，《中国农村经济》1998年第10期。

孔祥智、李圣军：《试论我国现代农业的发展模式》，《教学与研究》2007年第10期。

孔祥智、张效榕：《从城乡一体化到乡村振兴——十八大以来中国城乡关系演变的路径及发展趋势》，《教学与研究》2018年第8期。

孔祥智：《促进新型农业经营主体和服务主体高质量发展》，《中国合作经济》2020年第4期。

兰肇华：《政府在农业产业集群中的作用》，《宏观经济管理》2006年第4期。

黎元生：《生态产业化经营与生态产品价值实现》，《中国特色社会主义研究》2018年第4期。

李爱民：《我国城乡融合发展的进程、问题与路径》，《宏观经济管理》2019年第2期。

李兵园：《一核多元：新时期村庄治理模式的转型研究》，博士学位论文，华中师范大学，2017年。

李博伟等：《农业生产集聚能否促进农民增收——来自淡水养殖的

经验证据》,《农业技术经济》2019 年第 5 期。

李道亮:《城乡一体化发展的思维方式变革——论现代城市经济中的智慧农业》,《人民论坛·学术前沿》2015 年第 17 期。

李二玲等:《中国农业地理集聚格局演化及其机制》,《地理研究》2012 年第 5 期。

李敢、余钧:《空间重塑与村庄转型互动机制何以构建》,《城市规划》2019 年第 2 期。

李谷成:《中国农业的绿色生产率革命:1978—2008 年》,《经济学(季刊)》2014 年第 2 期。

李国祥:《论中国农业发展动能转换》,《中国农村经济》2017 年第 7 期。

李国正:《城乡二元体制、生产要素流动与城乡融合》,《湖湘论坛》2020 年第 1 期。

李海舰:《新时代中国区域经济转型发展研究》,《理论学刊》2019 年第 5 期。

李红玉:《城乡融合型城镇化——中国新型城镇战略模式研究》,《学习与探索》2013 年第 9 期。

李克强:《深刻理解〈建议〉主题主线,促进经济社会全面协调可持续发展》,《人民日报》2010 年 11 月 15 日。

李文宇:《城乡分割会走向城乡融合吗》,《财经科学》2015 年第 6 期。

李先军:《智慧农村:新时期中国农村发展的重要战略选择》,《经济问题探索》2017 年第 6 期。

李小建等:《农区专业村的形成与演化机理研究》,《中国软科学》2009 年第 2 期。

李小建等:《专业村类型形成及影响因素研究》,《经济地理》2013 年第 7 期。

李小建等:《欠发达区地理环境对专业村发展的影响研究》,《地理学报》2012 年第 6 期。

李小梨、吴昌庆:《自然风貌特色村规划探讨——以南雁镇堂基村为例》,《小城镇建设》2015 年第 6 期。

李玉恒、刘彦随：《中国城乡发展转型中资源与环境问题解析》，《经济地理》2013年第1期。

李远行、李慈航：《重新认识乡土中国——基于社会结构变迁的视角》，《中国农业大学学报》（社会科学版）2019年第3期。

李周：《乡村振兴战略下的现代农业发展》，《东岳论丛》2020年第3期。

刘骏民、季益烽：《中国经济转型特征与中国经济运行的独特方式——中国经济改革实践中的重大理论问题》，《政治经济学评论》2013年第1期。

林柄全等：《企业家行为与专业村形成及演变的关系研究——以江苏省宿迁市红庙板材加工专业村为例》，《经济地理》2017年第12期。

刘传喜、唐代剑：《浙江乡村流动空间格局及其形成影响因素——基于淘宝村和旅游村的分析》，《浙江农业学报》2016年第8期。

刘春芳：《基于乡村转型的黄土丘陵区农村居民点整治模式》，《经济地理》2014年第11期。

刘俊杰：《我国城乡关系演变的历史脉络：从分割走向融合》，《华中农业大学学报》（社会科学版）2020年第1期。

刘守英、熊雪锋：《经济结构变革、村庄转型与宅基地制度变迁——四川省泸县宅基地制度改革案例研究》，《中国农村经济》2018年第6期。

刘守英、王一鸽：《从乡土中国到城乡中国——中国转型的乡村变迁视角》，《管理世界》2018年第10期。

刘守英、王瑞民：《农业工业化与服务规模化：理论与经验》，《国际经济评论》2019年第6期。

刘松涛等：《日本农业六次产业化及对推动中国农业转型升级的启示》，《世界农业》2017年第12期。

刘晓玲：《城乡产业一体化的内涵分析与演进路径》，《北华大学学报》（社会科学版）2012年第6期。

刘亚琼等：《基于输出系数模型的北京地区农业面源污染负荷估算》，《农业工程学报》2011年第7期。

刘彦随等：《中国农村空心化的地理学研究与整治实践》，《地理学报》2009 年第 10 期。

刘彦随：《中国东部沿海地区乡村转型发展与新农村建设》，《地理学报》2007 年第 6 期。

刘彦随：《中国新时代城乡融合与乡村振兴》，《地理学报》2018 年第 4 期。

刘莹、黄季焜：《农户多目标种植决策模型与目标权重的估计》，《经济研究》2010 年第 1 期。

刘玉等：《乡村地域多功能的内涵及其政策启示》，《人文地理》2011 年第 6 期。

刘治彦：《城市经济转型升级动力机制分析》，《企业经济》2020 年第 2 期。

刘自强等：《乡村空间地域系统的功能多元化与新农村发展模式》，《农业现代化研究》2008 年第 5 期。

龙花楼等：《我国乡村转型发展动力机制与优化对策的典型分析》，《经济地理》2011 年第 12 期。

龙花楼：《论土地利用转型与乡村转型发展》，《地理科学进展》2012 年第 2 期。

龙花楼等：《农业地理与乡村发展研究新近进展》，《地理学报》2014 年第 8 期。

陆铭、陈钊：《在集聚中走向平衡：城乡和区域协调发展的"第三条道路"》，《世界经济》2008 年第 8 期。

陆学艺等：《转型时期农民的阶层分化——对大寨、刘庄、华西等 13 个村庄的实证研究》，《中国社会科学》1992 年第 4 期。

罗必良：《论农业分工的有限性及其政策含义》，《贵州社会科学》2008 年第 1 期。

罗必良：《论服务规模经营——从纵向分工到横向分工及连片专业化》，《中国农村经济》2017 年第 11 期。

罗必良：《小农经营、功能转换与策略选择——兼论小农户与现代农业融合发展的"第三条道路"》，《农业经济问题》2020 年第 1 期。

罗小龙、许骁：《"十三五"时期乡村转型发展与规划应对》，《城市规划》2015 年第 5 期。

罗震东等：《迈向淘宝村 3.0：乡村振兴的一条可行道路》，《小城镇建设》2019 年第 2 期。

马玉玲等：《专业村集聚时空演化特征——以河南太行山麓为例》，《地理研究》2018 年第 11 期。

毛丹：《村庄的大转型》，《浙江社会科学》2008 年第 10 期。

梅亮等：《创新生态系统：源起、知识演进和理论框架》，《科学学研究》2014 年第 12 期。

闵庆文等：《全球重要农业文化遗产的旅游资源特征与开发》，《经济地理》2007 年第 5 期。

南京大学空间规划研究中心、阿里新乡村研究中心：《中国淘宝村发展报告》，2018 年。

潘锦云、李晏墅：《农业现代服务业：以工促农的产业路径》，《经济学家》2009 年第 9 期。

乔家君：《村域经济研究的国际进展》，《人文地理》2010 年第 2 期。

任勇：《加快构建生态文明体系》，《求是》2018 年第 13 期。

邵秀英：《关于山西古村落及其旅游开发保护问题的探讨》，《今日国土》2007 年第 9 期。

申明锐、张京祥：《新型城镇化背景下的中国乡村转型与复兴》，《城市规划》2015 年第 1 期。

盛开：《以城乡融合发展推动乡村振兴战略》，《调研世界》2018 年第 6 期。

石忆邵：《城乡一体化理论与实践：回眸与评析》，《城市规划汇刊》2003 年第 1 期。

宋博、穆月英：《我国省域设施蔬菜生产碳排放的影子价格》，《农业技术经济》2015 年第 8 期。

宋迎昌：《城乡融合发展的路径选择与政策思路——基于文献研究的视角》，《杭州师范大学学报》（社会科学版）2019 年第 1 期。

孙中叶：《农业产业化的路径转换：产业融合与产业集聚》，《经济经纬》2005 年第 4 期。

索晓霞：《乡村振兴战略下的乡土文化价值再认识》，《贵州社会科学》2018 年第 1 期。

仝志辉、温铁军：《资本和部门下乡与小农户经济的组织化道路——兼对专业合作社道路提出质疑》，《开放时代》2009 年第 4 期。

汪卫霞：《农业信息化：中国农业经济增长的新动力》，《学术月刊》2011 年第 5 期。

王丹、刘祖云：《国外乡村空间研究的进展与启示》，《地理科学进展》2019 年第 12 期。

王海燕、张永森：《建设特色专业乡镇，促进农村经济发展——山东省的实践与启示》，《中国农村经济》2002 年第 6 期。

王京海、张京祥：《资本驱动下乡村复兴的反思与模式建构》，《国际城市规划》2016 年第 5 期。

王景新：《中国农村发展新阶段：村域城镇化》，《中国农村经济》2015 年第 10 期。

王景新、支晓娟：《中国乡村振兴及其地域空间重构——特色小镇与美丽乡村同建振兴乡村的案例、经验及未来》，《南京农业大学学报》（社会科学版）2018 年第 2 期。

王凯：《虚拟产业群与我国农业产业化模式新探索》，《未来与发展》2009 年第 5 期。

王名等：《社会共治：多元主体共同治理的实践探索与制度创新》，《中国行政管理》2014 年第 12 期。

王萍：《村庄转型的动力机制与路径选择》，博士学位论文，浙江大学，2013 年。

王谦、文军：《社会转型与当代转型社会学研究的理论脉络》，《江海学刊》2019 年第 3 期。

王颂吉、白永秀：《城乡要素错配与中国二元经济结构转化滞后：理论与实证研究》，《中国工业经济》2013 年第 7 期。

王颂吉、魏后凯：《城乡融合发展视角下的乡村振兴战略：提出背景与内在逻辑》，《农村经济》2019 年第 1 期。

王文彬：《基于资源流动视角的城乡融合发展研究》，《农村经济》2019 年第 7 期。

王莹、许晓晓：《浙江农家乐特色村（点）的空间分布与影响因素》,《河北师范大学学报》(自然科学版) 2013 年第 5 期。

王永钦:《市场互联性、关系型合约与经济转型》,《经济研究》2006 年第 6 期。

王勇等:《"双向运动"视角下苏南乡村集体经济发展的三次浪潮》,《农村经济》2016 年第 11 期。

王艳荣、刘业政:《农业产业集聚形成机制的结构验证》,《中国农村经济》2011 年第 10 期。

王志刚、于滨铜:《农业产业化联合体概念内涵、组织边界与增效机制:安徽案例举证》,《中国农村经济》2019 年第 2 期。

魏超等:《大城市边缘区旅游开发引导的乡村转型发展模式——以武汉市为例》,《经济地理》2018 年第 10 期。

魏后凯:《比较优势、竞争优势与区域发展战略》,《福建论坛》2004 年第 9 期。

魏后凯:《大都市区新型产业分工与冲突管理——基于产业链分工的视角》,《中国工业经济》2007 年第 2 期。

魏后凯:《论中国城市转型战略》,《城市与区域规划研究》2011 年第 1 期。

魏后凯:《新常态下中国城乡一体化格局及推进战略》,《中国农村经济》2016 年第 1 期。

魏后凯:《中国农业发展的结构性矛盾及其政策转型》,《中国农村经济》2017 年第 5 期。

魏后凯:《把握四个关键点推动城乡融合发展》,《农民日报》2017 年 11 月 17 日第 1 版。

魏后凯:《实施乡村振兴战略的目标及难点》,《社会发展研究》2018 年第 1 期。

魏后凯:《"三化"融合加快推进智慧乡村建设》,《农村工作通讯》2019 年第 6 期。

魏后凯、刘同山:《论中国农村全面转型》,《政治经济学评论》2017 年第 5 期。

魏后凯、刘长全:《中国农村改革的基本脉络、经验与展望》,《中国农村经济》2019 年第 2 期。

温铁军等:《中国农村社会稳定状况及其特征:基于100村1765户的调查分析》,《管理世界》2011年第15期。

温铁军、杨帅:《中国农村社会结构变化背景下的乡村治理与农村发展》,《理论探讨》2012年第6期。

吴理财等:《经济、组织与文化:乡村振兴战略的社会基础研究》,《农林经济管理学报》2018年第4期。

吴娜琳等:《特色种植专业村空间扩散及影响因素分析——以河南省柘城县辣椒种植为例》,《地理研究》2013年第7期。

吴忠民:《20世纪中国社会转型的基本特征分析》,《学海》2003年第3期。

武小龙:《新中国城乡治理70年的演进逻辑》,《农业经济问题》2020年第2期。

习近平:《推动我国生态文明建设迈上新台阶》,《求是》2019年第3期。

夏东民:《我国社会转型起始点论析》,《南京林业大学学报》2006年第3期。

夏显力等:《农业高质量发展:数字赋能与实现路径》,《中国农村经济》2019年第12期。

谢美华等:《多层多项Logit模型:原理与应用》,《心理学探新》2013年第5期。

徐晓林、朱国伟:《智慧政务:信息社会电子治理的生活化路径》,《自然辩证法通讯》2012年第5期。

徐振宇等:《我国城乡居民食用农产品消费需求弹性比较——基于2003—2012年省级面板数据》,《商业经济与管理》2016年第5期。

许彩玲、李建建:《城乡融合发展的科学内涵与实现路径》,《经济学家》2019年第1期。

叶超、陈明星:《国外城乡关系理论演变及其启示》,《中国人口·资源与环境》2008年第1期。

杨发祥、茹婧:《村域空间转型与生活世界的流变——基于川东北X社区的个案研究》,《新视野》2015年第6期。

杨发祥、杨发萍:《乡村振兴视野下的新型城乡关系研究——一个社会学的分析视角》,《人文杂志》2020 年第 3 期。

杨华:《中国农村的"半工半耕"结构》,《农业经济问题》2015 年第 9 期。

杨林、郑潇:《城市具备城乡融合发展的承载力吗？——来自 100 个地级市的证据》,《东岳论丛》2019 年第 1 期。

杨忍等:《中国乡村转型重构研究进展与展望：逻辑主线与内容框架》,《地理科学进展》2015 年第 8 期。

杨仪青:《城乡融合视域下我国实现乡村振兴的路径选择》,《现代经济探讨》2018 年第 6 期。

杨志江、罗掌华:《我国经济增长方式绿色转型的驱动因素研究》,《科学管理研究》2019 年第 1 期。

杨子等:《农业社会化服务能推动小农对接农业现代化吗——基于技术效率视角》,《农业技术经济》2019 年第 9 期。

尹成杰:《农民持续增收动力：内部动力与外部动力相结合》,《中国农村经济》2006 年第 1 期。

尹世杰:《扩大消费需求，促进经济发展》,《人民日报》2009 年 7 月 20 日第 7 版。

于淑敏、朱玉春:《农业信息化水平的测度及其与农业全要素生产率的关系》,《山东农业大学学报》(社会科学版) 2011 年第 3 期。

于水、姜凯帆:《内生整合与外部嵌入：农村社会发展模式比较分析》,《华中农业大学学报》(社会科学版) 2017 年第 6 期。

于正松等:《陕、甘、宁三省（区）农业现代化水平格局演变及其动因分析》,《地理科学》2014 年第 4 期。

袁金辉:《论简政放权背景下的乡村治理》,《行政管理改革》2015 年第 10 期。

苑鹏:《取缔空壳农民专业合作社刻不容缓》,《农村工作通讯》2019 年第 8 期。

袁源等:《西方国家乡村空间转型研究及其启示》,《地理科学》2019 年第 8 期。

詹丹:《乡村文化是否正在逝去——"城市化进程中乡村文化危机"研讨会综述》,《北方音乐》2005 年第 6 期。

张佰林：《农村居民点功能演变与空间分异研究》，博士学位论文，中国农业大学，2015 年。

张富刚、刘彦随：《中国区域农村发展动力机制及其发展模式》，《地理学报》2008 年第 2 期。

张国俊等：《广州市产业生态化时空演变特征及驱动因素》，《地理研究》2018 年第 6 期。

张海鹏：《中国城乡关系演变 70 年：从分割到融合》，《中国农村经济》2019 年第 3 期。

张红宇：《农业生产性服务业的历史机遇》，《农业经济问题》2019 年第 6 期。

张京祥等：《乡村复兴：生产主义和后生产主义下的中国乡村转型》，《国际城市规划》2014 年第 5 期。

张静：《社会转型研究的分析框架问题》，《北京大学学报》（哲学社会科学版）2019 年第 3 期。

张军扩等：《高质量发展的目标要求和战略路径》，《管理世界》2019 年第 7 期。

张军以等：《西南喀斯特地区城乡融合发展乡村振兴路径研究》，《农业工程学报》2019 年第 22 期。

张睿等：《基础设施与企业生产率：市场扩张与外资竞争的视角》，《管理世界》2018 年第 1 期。

张文明、张孝德：《生态资源资本化：一个框架性阐述》，《改革》2019 年第 1 期。

张小林：《乡村概念辨析》，《地理学报》1998 年第 4 期。

张晓山：《促进我国农民合作社健康发展的几点思考》，《中国农民合作社》2014 年第 4 期。

张哲晰、穆月英：《农业产业集聚的生产效应及提升路径研究》，《经济经纬》2018 年第 5 期。

赵晨：《要素流动环境的重塑与乡村积极复兴——"国际慢城"高淳县大山村的实证》，《城市规划学刊》2013 年第 3 期。

赵春江等：《中国农业信息技术发展回顾及展望》，《农学学报》2018 年第 1 期。

赵德起、陈娜：《中国城乡融合发展水平测度研究》，《经济问题探索》2019 年第 12 期。

赵民等：《"城乡发展一体化"的内涵与评价指标体系建构》，《城市规划学刊》2018 年第 2 期。

赵群毅：《城乡关系的战略转型与新时期城乡一体化规划探讨》，《城市规划学刊》2009 年第 6 期。

赵旭东、孙笑非：《中国乡村文化的再生产：基于一种文化转型观念的再思考》，《南京农业大学学报》2017 年第 1 期。

郑风田、程郁：《创业家与我国农村产业集群的形成与演进机理——基于的实证分析》，《中国软科学》2006 年第 1 期。

中国经济增长前沿课题组：《中国经济转型的结构性特征、风险与效率提升路径》，《经济研究》2013 年第 4 期。

钟荣桂等：《中国城镇化进程中城乡住房融合研究》，《经济问题探索》2017 年第 10 期。

钟钰：《实施乡村振兴战略的科学内涵与实现路径》，《新疆师范大学学报》（哲学社会科学版）2018 年第 5 期。

左冰、万莹：《去内卷化：乡村旅游对农业发展的影响研究》，《中国农业大学学报》（社会科学版）2015 年第 4 期。

周国华等：《湖南乡村生活质量的空间格局及其影响因素》，《地理研究》2018 年第 12 期。

周佳宁等：《多维视域下中国城乡融合水平测度、时空演变与影响机制》，《中国人口·资源与环境》2019 年第 9 期。

周立等：《乡村振兴战略中的产业融合和六次产业发展》，《新疆师范大学学报》（哲学社会科学版）2018 年第 3 期。

曾贤刚等：《生态产品的概念、分类及其市场化供给机制》，《中国人口·资源与环境》2014 年第 7 期。

曾亿武：《淘宝村形成过程研究：以东风村和军埔村为例》，《经济地理》2015 年第 12 期。

曾亿武等：《电子商务有益于农民增收吗？——来自江苏沭阳的证据》，《中国农村经济》2018 年第 2 期。

曾哲、周泽中：《多元主体联动合作的社会共治——以"枫桥经验"之基层治理实践为切入点》,《求实》2018 年第 5 期。

朱翠明:《如何促进城乡融合发展》,《人民论坛》2019 年第 19 期。

朱凤凯:《北京市郊区农村居民点用地转型与功能演变研究》,博士学位论文,中国农业大学,2014 年。

朱竑等:《文化经济地理学:概念、理论和实践》,《经济地理》2019 年第 9 期。

朱启臻:《乡村振兴背景下的乡村产业》,《中国农业大学学报》(社会科学版) 2018 年第 3 期。

朱秋博等:《信息化提升了农业生产率吗?》,《中国农村经济》2019 年第 4 期。

朱文珏、罗必良:《行为能力、要素匹配与规模农户生成——基于全国农户抽样调查的实证分析》,《学术研究》2016 年第 8 期。

朱霞等:《中国乡村转型与复兴的策略及路径——基于乡村主体性视角》,《城市发展研究》2015 年第 8 期。

朱小娟:《特色村如何延续乡村文化肌理》,《人民论坛》2016 年第 26 期。

朱战辉:《城乡中国:乡村社会转型中的结构与秩序》,《华南农业大学学报》(社会科学版) 2019 年第 1 期。

网络资料

国家发改委等:《促进乡村旅游发展提质升级行动方案(2018—2020 年)》,2018 年,http://www.gov.cn/xinwen/2018－10/17/content_5331694.htm。

国家统计局:《中华人民共和国 2019 年国民经济和社会发展统计公报》,2020 年,http://www.stats.gov.cn/tjsj/zxfb/202002/t20200228_1728913.html。

国务院:《关于积极发挥新消费引领作用加快培育形成新供给新动力的指导意见》,2015 年,http://www.gov.cn/xinwen/2015－11/23/content_2970897.htm。

贺雪峰:《我为什么说山东合村并居是大跃进》,武汉大学中国乡村治理研究中心官方公众号《新乡土》,2020 年 6 月 20 日。

贺雪峰、桂华：《山东省大范围合村并居可能造成系统性风险》，武汉大学中国乡村治理研究中心官方公众号《新乡土》，2020年6月11日。

温铁军：《对"合村并居"的批评》，2020年，http://www.zgxczx.org.cn/guwen/1136.html。

民政部：《关于开展婚俗改革试点工作的指导意见》，2020年，http://www.mca.gov.cn/article/xw/mzyw/202005/20200500027608.shtml。

《农业部就〈关于加快发展农业生产性服务业的指导意见〉举行发布会》，2017年，http://www.gov.cn/xinwen/2017-09/19/content_5226128.htm#1。

农业部：《开展果菜茶有机肥替代化肥行动方案》，2017年，http://www.moa.gov.cn/govpublic/ZZYGLS/201702/t20170210_5472878.htm。

农业农村部：《社会资本投资农业农村指引》，2020年，http://www.moa.gov.cn/govpublic/CWS/202004/t20200415_6341646.htm。

农业农村部办公厅：《关于开展全国一村一品示范村镇监测与认定的通知》，2018年，http://www.moa.gov.cn/gk/tzgg_1/tfw/201803/t20180329_6139356.htm。

农业农村部等：《数字农业农村发展规划（2019—2025年）》，2020年，http://www.moa.gov.cn/nybgb/2020/202002/202004/t20200414_6341532.htm。

农业农村信息化专家咨询委员会：《中国数字乡村发展报告》，2019年，http://www.moa.gov.cn/xw/bmdt/201911/P020191119505821675490.pdf。

人民论坛编辑部：《2014年12月13日至14日习近平在江苏省调研时的讲话》，《习近平"三农"思想新观点新论述新要求》，http://theory.people.com.cn/n/2015/1021/c82288-27722874.html。

《山东"中国淘宝村"半数在曹县党员争当电商能手》，https://w.dzwww.com/p/386325.html。

赵春江：《发展智慧农业建设数字乡村》，2020年，http://www.jhs.moa.gov.cn/zlyj/202004/t20200430_6342836.htm。

郑风田：《山东"合村并居"，好事为何办坏?》，2020年，http：//news. ifeng. com/c/7xWlaeETR5w。

中共中央、国务院:《关于建立健全城乡融合发展体制机制和政策体系的意见》,2019 年,http：//www. gov. cn/zhengce/2019 - 05/05/content_ 5388880. htm? trs = 1。

中共中央、国务院:《关于落实发展新理念加快农业现代化 实现全面小康目标的若干意见》,2016 年,http：//www. moa. gov. cn/ztzl/jj2019zyyhwj/yhwjhg/201701/t20170124_ 5465022. htm。

中共中央、国务院:《乡村振兴战略规划（2018—2022 年）》,2018 年,http：//www. gov. cn/zhengce/2018 - 09/26/content _ 5325534. htm。

中共中央办公厅、国务院办公厅:《关于加快构建政策体系培育新型农业经营主体的意见》,2017 年,http：//www. gov. cn/zhengce/2017 -05/31/content_ 5198567. htm。

外文资料

Almstedt, Å., et al., "Beyond Post - productivism: From Rural Policy Discourse to Rural Diversity", *European Countryside*, Vol. 6 (4), 2014.

Alwarritzi, W., et al., "Analysis of the Factors Influencing the Technical Efficiency among Oil Palm Small Holderfarmers in Indonesia", *Procedia Environmental Sciences*, Vol. 28, 2015.

Amin, A. and N. Thrift, "Cultural - economy and Cities", *Progress in Human Geography*, Vol. 31, No. 2, 2007.

Ansoff, H., *Corporate Strategy (Revised Edition)*, London: Penguin Books, 1987.

Arrow, K. J., "The Economic Implications of Learning by Doing", *Review of Economic Studies*, Vol. 29, 1962.

Åsa Almstedt B. P., et al., "Beyond Post - productivism: From Rural Policy Discourse to Rural Diversity", *European Countryside*, Vol. 6, No. 4, 2014.

Audretsch, D. B. and M. P. Feldman, "R&D Spillovers and the Geography of Innovation and Production", *American Economic Review*, Vol. 86, No. 3, 1996.

Bathelt, H. , A. Malmberg and P. Maskell, "Clusters and Knowledge: Local Buzz, Global Pipelines and the Process of Knowledge Creation", *Progress in Human Geography*, Vol. 28, No. 1, 2004.

Beel, D. E. , et al. , "Cultural Resilience: The Production of Rural Community Heritage, Digital Archives and the Role of Volunteers", *Journal of Rural Studies*, Vol. 54, 2017.

Boschma, R. , A. Minondo and M. Navarro, "Related Variety and Regional Growth in Spain", *Papers in Regional Science*, Vol. 91, No. 2, 2012.

Bryden, J. M. and S. P. Dawe, "Development Strategies for Remote Rural Regions: What do We Know so Far", presented at the OECD International Conference on Remote Rural Areas: Developing through Natural and Cultural Assets, Albarracin, Spain, 1998.

Cloke, P. , "An Index of Rurality for England and Wales", *Regional Studies*, Vol. 1, 1977.

Cloke, P. and O. Jones, "Dwelling, Place and Landscape: An Orchard in Somerset", *Environment and Planning*, Vol. 33, No. 4, 2001.

Crang, M. , *Cultural Geography*, London and New York: Routledge, 1998.

Dixit, A. K. and J. E. Stiglitz, "Monopolistic Competition and Optimum Product Diversity", *American Economic Review*, Vol. 67, No. 3, 1977.

Elden, S. , *Understanding Henri Lefebvre: Theory and the Possible*, London and New York : Continuum, 2004.

Ettlinger, N. , "The Predicament of Firms in the New and Old Economies: A Critical Inquiry into Traditional Binaries in the Study of the Space – Economy", *Progress in Human Geography*, Vol. 32, No. 1, 2008.

Eusebio, C. , et al. , "Who is Consuming the Countryside? An Activity – based Segmentation Analysis of the Domestic Rural Tourism Market in Portugal", *Journal of Hospitality and Tourism Management*, Vol. 31, 2017.

Frosch, R. A. and N. E. Gallopoulos, "Strategies for Manufacturing", *Scientific American*, Vol. 261, No. 3, 1989.

Gibson, C. and L. Kong, "Cultural Economy: A Critical Review",

Progress in Human Geography, Vol. 29, No. 5, 2005.

Goodwin, M., "Uneven Development and Civil Society in Western and Eastern Europe", *Geoforum*, Vol. 20, No. 2, 1989.

Granovetter, M., "Economic Action and Social Structure: The Problem of Embeddedness", *American Journal of Sociology*, Vol. 91, 1985.

Halfacree, K., "Rural Space: Constructing a Three - fold Architecture", in *Handbook of Rural Studies*, Cloke, P., T. Marsden and P. Mooney, London: Sage, 2006.

Halfacree, K., "Talking about Rurality: Social Representation of the Rural as Expressed by Residents of Six English Parishes", *Journal of Rural Studies*, Vol. 11, No. 1, 1995.

Holmes, T. J. and J. J. Stevens, "Does Home Market Size Matter for the Pattern of Trade", *Journal of International Economics*, Vol. 65, No. 2, 2005.

Houthakker, H. S., "An International Comparison of Household Patterns, Commemorating the Century of Engel's Law", *Econometrica*, Vol. 25, No. 4, 1957.

Humphrey, J. and H. Schmitz, "How does Insertion in Global Value Chains Affect Upgrading in Industrial Clusters?" *Regional Studies*, Vol. 36, No. 9, 2002.

Ida J. Terluin, "Differences in Economic Development in Rural Regions of Advanced Countries: An Overview and Critical Analysis of Theories", *Journal of Rural Studies*, Vol. 19, 2003.

Jacobs, J., *The Economy of Cities*, New York: Vingage, 1969.

Jäkel, I. C. and M. Smolka, "Trade Policy Preferences and Factor Abundance", *Journal of International Economics*, Vol. 106, No. 12, 2017.

McCarthy, J., "Rural Geography: Multifunctional Rural Geographies—Reactionary or Radical?", *Progress in Human Geograhy*, Vol. 29, No. 6, 2005.

Scott, K., "Creating the Good Life? A Wellbeing Perspective on Cultural Value in Rural Development", *Journal of Rural Studies*, Vol. 59, 2018.

Kornai, J. , "The Great Transformation of Central Eastern Europe: Success and Disappointment", *Economics of Transition*, Vol. 14, No. 2, 2006.

Krugman, P. , "Increasing Returns, Monopolistic Competition and International Trade", *Journal of International Economics*, Vol. 9, No. 4, 1979.

Lee, W. M. and J. G. M. Schrock, "Rural Knowledge Clusters: The Challenge of Rural Economic Prosperity", This Report prepared by the State and Local Policy Program of the University of Minnesota's Hubert H. Humphrey Institute of Public Affairs, U. S. A, 2002.

Long, J. S. , *Regression Modes for Categorical and Limited Dependent Variables*, London: Sage, 1997.

Losch, B. , "Debating the Multifunctionality of Agriculture: From Trade Negotiations to Development Policies by the South", *Journal of Agrarian Change*, Vol. 20, No. 4, 2004.

Marsden, T. , "Rural Futures: The Consumption Countryside and Its Regulation", *Sociologia Ruralis*, Vol. 39, No. 4, 1999.

Mia Vepsäläinen and Kati Pitkänen, "Second Home Countryside. Representations of the Rural in Finnish Popular Discourses", *Journal of Rural Studies*, Vol. 26, No. 2, 2010.

Woods, M. , "Precarious Rural Cosmopolitanism: Negotiating Globalization, Migration and Diversity in Irish Smalltowns", *Journal of Rural Studies*, Vol. 64, No. 4, 2018.

Pant, L. P. and H. Hambly-Odame, "Innovation Systems in Renewable Natural Resource Management and Sustainable Agriculture: A Literature Review", *African Journal of Science, Technology, Innovation and Development*, Vol. 1, 2009.

Polanyi, K. , *The Great Transformation*, Boston: Beacon Press, 1944.

Porter, M. E. , "Clusters and the New Economics of Competition", *Harvard Business Review*, Vol. 76, No. 6, 1998.

Potter, R. B. , et al. , *Geographies of Development*, Routledge, N. C. : Duke University Press, 2004.

Roland Gérard, *Transition and Economics*, Cambridge, MA: The MIT Press, 2000.

Rye, J. F. , "Rural Youths' Images of the Rural", *Journal of Rural Studies*, Vol. 4, 2006.

Schmookler, J. and B. R. Mitchell, "Invention and Economic Growth", *The Economic Journal*, Vol. 78, No. 309, 1968.

Schuessler, K. F. and G. A. Fisher, "Quality of Life Research and Sociology", *Annual Review of Sociology*, Vol. 11, 1985.

Scott, A. J. , "The Culture Economy: Geography and the Creative Field", *Culture, Media, and Society*, Vol. 21, 1999.

Storper, M. , "The Resurgence of Regional Economics, Ten Years Later: The Region as a Nexus of Untraded Independencies", *European Urban and Regional Studies*, Vol. 2, No. 3, 1995.

Taylor, J. R. , "Rural Employment Trends and the Legacy of Surplus Labor, 1978 – 1989", in Kueh, Y. Y. and R. F. Ash (eds.), *Economic Trends in Chinese Agriculture: The Impact of Post – Mao Reforms*, New York: Oxford University Press, 1993.

Triomphe, B. and R. Rajalahti, "From Concept to Emerging Practice: What does an Innovation System Perspective Bring to Agricultural and Rural Development", in Coudel, E. , H. Devautour, C. T. Soulard, G. Faure, B. Hubert (eds.), *Renewing Innovation Systems in Agriculture and Food*, Wageningen: Wageningen Academic Publishers, 2013.

Viktória Vásáry, "Review on Multifunctional Agriculture: A New Paradigm for European Agriculture and Rural Development by Huylenbroeck, G. and Durand, G. ", *Acta Oeconomica*, Vol. 55, No. 2, 2005.

Wan, G. and Zhou, Z. , "Income Inequality in Rural China: Regression – based Decomposition Using Household Data", *Review of Development Economics*, Vol. 1, 2005.

Wilson, G. A. , "From Productivism to Post – productivism and Back Again? Exploring the (Un) changed Natural and Mental Landscapes of European Agriculture", *Transactions of the Institute of British Geographers*, Vol.

26, No. 1, 2001.

World Bank and Development Research Center of the State Council, *China 2030: Building a Modern, Harmonious, and Creative Society*, Washington, DC: World Bank, 2013.

Young, A., "Increasing Returns and Economic Progress", *The Economic Journal*, Vol. 38, 1928.

后　记

本书是在我的博士学位论文基础上修改而成的。论文写作过程中，刻录了太多饱含迷茫、困惑、欣喜与坚持的时光记忆：借着昏暗的路灯、踩着厚厚的积雪走在回家的路上，在书房时而蹙眉时而欢喜敲打着键盘、陡然发现万家灯火几乎灭尽的夜晚，正陪着雀跃的孩子玩耍却不自觉失神于论文的时刻……在本书付梓之际，脑海里冒出的更多是对未来的期待，以及更深沉的谢意！

首先要感谢我的恩师魏后凯研究员！从论文选题、论文框架到写作与完善的全过程，都倾注了老师大量的时间精力。老师对论文的意见与详尽批注，不仅提高了论文的研究质量，提升了我的科研能力，更让我领悟到了什么是深刻的学术自觉。老师广博的理论视野、敏锐的学术眼光和严谨的治学态度，成为我科研道路上的指路明灯。除了具体的论文指导，魏老师还为我们创造了丰富的学习机会，一次次的实地调研、课题讨论、学术会议，不仅开阔了我的个人眼界，也提供了高水平的学术交流平台。感谢老师四年来对一名在职博士研究生的理解与包容，感谢老师无微不至的关心与帮助，我将以此为动力继续在学术道路上加倍努力，不辜负老师的期望。

同时，还要感谢论文开题和预答辩过程中潘家华研究员、李国庆研究员、盛广耀研究员、陈迎研究员、王业强研究员、单菁菁研究员等城环所各位老师的宝贵指导意见，感谢参与论文答辩的孙久文教授、高国力研究员、杨开忠研究员、刘治彦研究员、宋迎昌研究员五位老师的中肯建议，感谢何丽老师在论文开题、预答辩等组织过程中的精心筹划与周密安排。感谢论文写作期间工经所吴利学研究员热情的答疑解惑，使我在重重迷雾中找到光亮；感谢农发所于法稳研究员字斟句酌的修改，使论文更加完善。四年学习过程中，也要感谢工作单位山东社会科学院的各位领导和同事，因为大家的理解与支持，使我能够心无旁骛、专心写作。特别是经济所原所长张卫国研究员、所长周德禄研究员，更是对论文给出很好的意见，在此表示感谢。对我的同学黄娟娟、曲海燕、温佳楠等提供的关心与帮助，一并致谢。

在村庄入户调查和资料收集过程中，济南市、菏泽市曹县和潍坊青州市各级领导为整个调研做了大量协调工作，大集镇、雪野镇和黄楼街道党委政府提供了充足的工作条件，丁楼村、房干村、迟家村村两委干部们给予了无私的具体帮助，还有热心接受我们采访的企业家和父老乡亲们，在此也致以深深的谢意！更应该感谢调研组同学们不辞辛苦、乐观向上的积极配合。

最后要感谢我亲爱的家人。感谢我的父母，虽然分隔两地，但他们乐观的精神永远激励着我；感谢我的爱人，对我一年多来"喋喋不休"地讨论论文，报以最大的宽容，也给以很好的建议；感谢我们这个大家庭的兄弟姐妹，虽然自己家庭需要照顾，但还是尽可能抽出时间来帮我解除后顾之忧。我还要把最特殊的感谢送给两位聪明美丽的女儿。大女儿有着超乎年龄的懂事，深深体会我写论文的不易，主动承担起照顾妹妹的责任。整个疫情期间，如果离开大女儿的协助，我怕是要把大把时间花费在带孩子上面，很难想象能按时完成论文。小女儿刚满三岁，活泼可爱，为我带来太多欢乐，常常甜糯糯地开问"妈妈论文写完了吗？可以陪我玩了吗？"成为我每天坚持的最大动力。完成论文，也是对两个孩子支持做出的最好回报。祝我的两个女儿健康快乐成长！

"以梦为马，不负韶华"，谨以此作为未来继续进步的纪念！

颜培霞
2020 年 5 月于济南